Daniel Goleman y Richard J. Davidson

Los beneficios de la meditación

La ciencia demuestra cómo la meditación cambia la mente, el cerebro y el cuerpo

Traducción del inglés de David González Raga

editorial Kairós

Título original: ALTERED TRAITS

© 2017 by Daniel Goleman and Richard Davidson
All rights reserved
© de la edición en castellano:
2017 by Editorial Kairós, S.A.
Numancia 117-121, 08029 Barcelona, España
www.editorialkairos.com

© de la traducción: David González Raga
Revisión: Amelia Padilla

Fotocomposición: Grafime. Mallorca, 1. 08014 Barcelona
Diseño cubierta: Katrien Van Steen
Impresión y encuadernación: Romanyà-Valls. Verdaguer, 1. 08786 Capellades

Primera edición: Noviembre 2017
ISBN: 978-84-9988-579-7
Depósito legal: B 22.506-2017

Sumario

1. El camino ancho y el camino profundo

Una soleada mañana de finales de verano, el teniente coronel Steve Z oyó una explosión y el techo del despacho del Pentágono en el que trabajaba se le vino encima, dejándole sepultado e inconsciente bajo un montón de escombros. Era el 11 de septiembre de 2001 y un avión de pasajeros acababa de estrellarse contra el enorme edificio, muy cerca de su oficina.

Los mismos escombros que le enterraron fueron los que salvaron su vida cuando el fuselaje del avión estalló y una bola de fuego atravesó lo que hasta entonces había sido su puesto de trabajo. Cuatro días más tarde, Steve estaba de nuevo trabajando, pese a las contusiones recibidas, desde las 6:00 de la tarde hasta las 6:00 de la mañana (porque esa era la jornada laboral de Afganistán). Poco después, se enroló como voluntario para pasar un año en Irak.

«Me alisté porque estaba tan hipervigilante que miraba con suspicacia a todo el mundo y no podía bajar la guardia ni un instante –recuerda Steve–. Ni siquiera podía entrar en un ascensor y, cada vez que tropezaba con un atasco, me sentía atrapado en el coche».

Esos síntomas evidenciaban la presencia de un trastorno de estrés postraumático (TEPT). El mismo día en el que Steve asumió que no podía enfrentarse solo a ese problema, decidió solicitar la ayuda de una psicoterapeuta –a la que todavía visita de vez en cuando– que, muy amablemente, le aconsejó probar el *mindfulness*.

«El mindfulness –recuerda– me enseñó algo que podía ayudarme a sentirme más tranquilo, menos estresado y menos reactivo». Más tarde, emprendió también la práctica de la bondad y asistió a retiros, lo que redujo considerablemente la frecuencia e intensidad de sus síntomas. Hoy en día, aunque su irritabilidad e inquietud sigan presentándose ocasionalmente puede, no obstante, verlas venir.

Relatos como el de Steve nos proporcionan noticias muy alentadoras sobre la meditación. Nosotros hemos sido meditadores durante toda nuestra vida adulta y conocemos, como él, por experiencia propia, sus muchos beneficios.

Pero, como no todos los efectos mágicos que se le atribuyen superan las pruebas más rigurosas y nuestra formación científica nos obliga a ser muy cautos, conviene diferenciar muy claramente lo que funciona de lo que no funciona.

Es cierto que algunas de las cosas que sabemos sobre la meditación pueden estar equivocadas, pero no lo es menos que son muchas todavía las cosas que desconocemos al respecto.

Muchas personas nos han contado experiencias parecidas a las de Steve que corroboran la utilidad de métodos de meditación como el mindfulness para liberarnos del TEPT y de un amplio abanico de trastornos emocionales.

El mindfulness forma parte de una antigua tradición de meditación cuyo objetivo original no tenía que ver con la curación, aunque recientemente se ha empleado como lenitivo para algunas formas modernas de angustia. Su objetivo fundamental, abrazado todavía en algunos círculos, consiste en la exploración profunda de la mente con la intención de provocar una transformación profunda de nuestro ser.

Por otra parte, las aplicaciones prácticas de la meditación –como el mindfulness que ayudó a Steve a recuperarse de su trauma– son muy amplias pero no muy profundas. Y, dado el fácil acceso a este enfoque amplio de la meditación, son muchas las personas que han decidido incluir, en su vida cotidiana, alguna que otra forma de meditación.

Existen dos caminos en la meditación que, por más que suelan confundirse, son muy diferentes: el camino amplio y el camino profundo.

En el camino profundo podemos advertir la existencia de dos niveles diferentes. El primero de ellos, al que llamaremos Nivel 1, constituye la forma más pura y está perfectamente ilustrada por el antiguo linaje del budismo Theravada, tal como se practica en el sudeste asiático y entre los yoguis tibetanos (de los que, en el capítulo 11, titulado «El cerebro de un yogui», veremos algunos casos notables).

El Nivel 2 engloba el conjunto de tradiciones que, desgajadas del estilo de vida total del que originalmente formaban parte (monje o yogui, por ejemplo), se han adaptado a formas más admisibles para el mundo occidental. Así pues, las meditaciones que configuran este Nivel 2 han soslayado aspectos de la fuente original oriental que no toleraban bien ese trasplante intercultural.

Entre los enfoques más representativos de lo que hemos llamado camino amplio destacamos el Nivel 3, compuesto por las prácticas meditativas despojadas de su contexto espiritual, cuya difusión es todavía mayor. Dos ejemplos claros de este tipo son el enfoque conocido como reducción del estrés basada en el mindfulness [más conocida por su acrónimo inglés MBSR], puesta en marcha por nuestro buen amigo Jon Kabat-Zinn (que actualmente se enseña, entre muchos otros lugares, en clínicas y centros médicos distribuidos por todo el mundo), y la meditación trascendental (MT) (basada en la repetición de mantras sánscritos clásicos en un formato accesible al usuario occidental).

El Nivel 4 incluye modalidades más amplias, descafeinadas y accesibles al gran público, un nivel ilustrado por las modas actuales de «mindfulness de escritorio» o las aplicaciones de meditación de unos pocos minutos.

También advertimos la emergencia de un Nivel 5 que, aunque de momento esté en pañales, no tardará en llegar a mucha más gente. Las lecciones aprendidas por los científicos en los demás niveles conducirán, en este último caso, a adaptaciones e innovaciones que pueden resultar muy beneficiosas (una posibilidad que exploraremos en el último capítulo, titulado «Una mente sana»).

Cuando entablamos contacto con la meditación nos fascinaron las profundas transformaciones asociadas al Nivel 1. Dan se dedicó al estudio de textos antiguos y a la práctica de los métodos ahí descritos, especialmente durante los dos años que siguieron a su graduación universitaria que pasó en la India y Sri Lanka. Richie (como todo el mundo le llama) siguió a Dan a Oriente en una larga visita durante la cual participó en retiros, conoció a eruditos del mundo de la meditación; más recientemente, se ha dedicado a escanear, en su laboratorio de la Universidad de Wisconsin, el cerebro de los meditadores de nivel «olímpico».

Aunque nuestra práctica meditativa se haya centrado fundamentalmente en lo que hemos llamado Nivel 2, también hemos estado interesados, desde el mismo comienzo, en el camino amplio (es decir, los Niveles 3 y 4). Nuestros maestros orientales nos dijeron que cualquier aspecto de la meditación que contribuya a aliviar el sufrimiento humano no es una propiedad exclusiva de quienes han emprendido un camino espiritual, sino que es patrimonio de la humanidad. Ese fue un consejo que tuvimos muy en cuenta en nuestras respectivas tesis doctorales, que dedicamos al estudio de los beneficios cognitivos y emocionales de la práctica de la meditación.

La historia que aquí contamos refleja nuestro viaje personal y profesional. Nos conocimos en Harvard durante la década de los años 1970 y desde entonces somos amigos y estamos interesados en la ciencia de la meditación, un arte que, pese a no haber dejado de practicar, estamos todavía muy lejos de dominar.

Aunque los dos nos formamos como psicólogos, tenemos habilidades complementarias para contar esta historia. Dan es un periodista científico que escribió, durante más de una década, para el *New York Times* y Richie, por su parte, es un neurocientífico que fundó y dirige el Center for Healthy Minds de la Universidad de Wisconsin y actualmente es director también del laboratorio de imagen cerebral del Waisman Center, lleno de escáneres RMf (resonancia magnética funcional), TEP (tomografía de emisión de positrones) y una auténtica batería de programas punteros de análisis de datos junto a centenares de potentes servidores destinados al procesamiento de los datos requeridos para este trabajo. Su equipo de investigación cuenta con más de 100 expertos en campos que van desde la medicina hasta la estadística, la informática, la neurociencia, la psicología, y eruditos también de las tradiciones meditativas.

Escribir un libro en colaboración con otra persona puede ser algo muy complicado. Y aunque, en nuestro caso, no hayamos dejado de tener algún que otro problema, las ventajas que nos ha proporcionado superan con creces sus inconvenientes. Hemos sido buenos amigos desde hace décadas, pero hemos trabajado aisladamente la mayor parte de nuestra vida... hasta el momento en que la preparación de este libro nos proporcionó la ocasión –y el auténtico regalo, todo hay que decirlo– de trabajar juntos.

Aunque siempre habíamos querido escribir un libro como el que el lector sostiene ahora en sus manos, las cosas nunca habían estado maduras para ello. Recientemente hemos contado con la ciencia y los datos necesarios para sustentar nuestras ideas. Por eso, ahora, alcanzado el punto crítico necesario, estamos muy satisfechos de poder compartir esto con nuestros lectores.

Y nuestra alegría también se deriva de la sensación de haber cumplido con la importante misión de descubrir cuáles son –y cuáles no son– los verdaderos beneficios de la meditación y cuál ha sido siempre el objetivo de la práctica meditativa.

El camino profundo

A su regreso de la India en otoño de 1974, Richie asistió a un seminario de psicopatología en Harvard. Un Richie de pelo largo y vestido con un atuendo acorde al *zeitgeist* de Cambridge de la época –que incluía una colorida faja tejida que llevaba a modo de cinturón– se sorprendió al escuchar a un profesor decir, sin dejar de mirarle: «Un signo de esquizofrenia es el modo extraño en que la persona se viste».

Y cuando Richie comentó a uno de sus profesores de Harvard que pensaba dedicar su tesis doctoral al estudio de la meditación, su respuesta no pudo ser más rotunda: «Una decisión que puede poner fin de inmediato a tu carrera».

Al enterarse de que Dan quería dedicarse a investigar los efectos de la meditación utilizando un mantra, uno de sus profesores de psicología clínica le preguntó con suspicacia «¿Y cuál sería la diferencia entre utilizar un mantra y el pensamiento recurrente de un paciente obsesivo que no puede dejar de repetir "mierda, mierda, mierda"?».[1] De nada sirvió la explicación de Dan de que la repetición silenciosa de un mantra es algo deliberado e intencional, mientras que la emisión de palabrotas del caso aducido es algo involuntario.

Estas reacciones ilustran perfectamente la oposición manifiesta de los jefes de nuestro departamento a la que nos enfrentábamos, que respondían con una negatividad reactiva a cualquier cosa que tuviese que ver con la conciencia. Quizás esa fuese una forma leve de TEPT derivada del escándalo en el que, cinco años antes, se habían visto implicados Timothy Leary y Richard Alpert por haber permitido que los estudiantes de Harvard experimentasen con psicodélicos y que había terminado con su expulsión del departamento de Psicología, un episodio cuyo eco todavía reverberaba.

Pese a que nuestros mentores académicos contemplaban nuestro interés en la investigación sobre la meditación como un callejón sin salida, nuestro corazón no dejaba de insistir en su importancia. La idea que nos alentaba era la de que, además de los estados placenteros provisionales que suelen acompañarla, la verdadera importancia de la meditación descansa en sus *rasgos* duraderos.

Un rasgo alterado –es decir, un efecto nuevo que aparece durante la práctica de la meditación– no se halla limitado al tiempo destinado a la meditación. Pues los rasgos alterados no solo determinan el modo en que nos sentimos mientras meditamos o inmediatamente después, sino que afectan también al modo en que nos comportamos en nuestra vida cotidiana.

El concepto de rasgo alterado ha sido una búsqueda permanente en cuya historia cada uno de nosotros ha desempeñado un papel sinérgico. Los años pasados por Dan en la India le permitieron advertir, en tanto observador-participante, las raíces orientales de esos métodos de alteración de la conciencia. A su regreso a los Estados Unidos, sin embargo, no supo transmitir a la psicología contemporánea los cambios positivos provocados por la meditación y la forma de lograrlos.

La experiencia de Richie con la meditación alentó su búsqueda durante décadas hacia la investigación científica que actualmente sustenta nuestra teoría de los rasgos alterados. Su equipo de investigación cuenta hoy en día con datos que corroboran un supuesto de lo que, de otro modo, no sería más que una mera fantasía. Y, en tanto líder de una nueva rama de la investigación, la neurociencia contemplativa, se ha dedicado a formar a una generación de científicos interesados en ese tema.

No es de extrañar que, en medio del tsunami de entusiasmo provocado por el camino amplio, el camino profundo –verdadero objetivo de la meditación– se olvidase con tanta frecuencia. Recordemos que el objetivo fundamental de la meditación no gira tanto en torno a la salud ni a la mejora del desempeño empresarial como a la mejora de nuestra naturaleza.

Los descubrimientos realizados sobre el camino profundo estimularon los modelos científicos relativos a los logros más elevados de nuestras potencialidades positivas. Otros logros adicionales del camino profundo alientan el cultivo de rasgos positivos y cualidades duraderas como el altruismo, la ecuanimidad, la presencia amorosa y la compasión.

Todo esto parecía algo muy positivo para la moderna psicología. Tengamos en cuenta el escaso respaldo que, cuando comenzamos nuestra investigación, tenía el concepto de rasgo alterado, que solo se basaba en las intuiciones derivadas de nuestros encuentros con practicantes orientales avanzados, las afirmaciones de los antiguos textos de meditación y nuestras incipientes incursiones en ese arte interior. Después de décadas de silencio e indiferencia, sin embargo, los descubrimientos realizados en los últimos años no han hecho sino confirmar nuestra intuición original. Recientemente, los datos científicos han alcanzado una masa crítica que corrobora lo que nuestra intuición sospechaba y lo que afirmaban los textos tradicionales, es decir, que esos cambios profundos son el correlato externo de un funcionamiento cerebral muy diferente.

Gran parte de los datos recopilados al respecto proceden del laboratorio de Richie, único centro científico que se ha ocupado de acumular datos de decenas de maestros contemplativos –fundamentalmente yoguis tibetanos–, el mayor conjunto de practicantes avanzados jamás estudiado.

Estos improbables compañeros de la investigación han sido decisivos para esbozar la existencia de una forma de ser que, pese a ser el objetivo de las grandes tradiciones espirituales del mundo, había eludido hasta ahora el pensamiento moderno. Hoy en día estamos en condiciones de afirmar la indudable existencia de transformaciones del ser muy profundas que superan con mucho lo que la ciencia psicológica consideraba logros más elevados de las potencialidades humanas.

La misma idea de «despertar» –objetivo fundamental del camino profundo– parece, a los ojos de la sensibilidad moderna, un cuento de hadas. Pero los descubrimientos realizados por el laboratorio de Richie, algunos de los cuales han visto la luz en revistas mientras este libro estaba en prensa, corroboran que los cambios positivos del cerebro y la conducta descritos por el camino profundo no son un mito, sino una realidad.

El camino amplio

Los dos hemos sido miembros, desde hace mucho tiempo, de la junta directiva del Mind and Life Institute, fundado con el objetivo básico de fomentar el diálogo entre el Dalái Lama y científicos sobre temas muy diversos.[2] El encuentro del año 2000 giró en torno a las «emociones destructivas» y contó con varios especialistas de primera línea en el campo de las emociones, entre los que se hallaba Richie.[3] Fue a mitad de ese encuentro cuando el Dalái Lama formuló, dirigiéndose a Richie, un reto muy estimulante.

Su tradición, según dijo, contaba con un conjunto de prácticas de eficacia probada destinadas al control de las emociones destructivas. Luego añadió que sería muy interesante despojar a esos métodos de su envoltorio religioso, llevarlos al laboratorio, someterlos a un riguroso escrutinio científico y, en el caso de que demostrasen ser útiles para ayudar a gestionar mejor las emociones destructivas, difundirlos para que todo el mundo pudiera beneficiarse de ellos. Ese reto resultó tan estimulante que esa misma noche –y las noches que la siguieron– nos dedicamos, después de cenar, a diseñar el curso general de la investigación cuyos resultados presentamos en este libro.

El reto del Dalái Lama llevó a Richie a reorientar el formidable poder de su laboratorio para determinar los efectos del camino ancho y del camino profundo. Y, en tanto fundador y director del Center for Healthy Minds, ha impulsado el desarrollo de aplicaciones útiles basadas en la evidencia para su uso en escuelas, clínicas, empresas y hasta la misma policía, para cualquier persona y lugar, en suma, desde programas para niños hasta preescolares y tratamientos para veteranos que padecen de TEPT.

La propuesta del Dalái Lama posibilitó la puesta en marcha de estudios dirigidos a investigar científicamente los efectos del camino ancho, es decir, de algo que pueda servir para todo el mundo. Entretanto, el camino ancho se ha convertido en algo viral, ha pasado a ser tema de blogs, tuits y aplicaciones. En estos momentos, por ejemplo, el mindfulness está en la cresta de la ola y lo practican centenares de miles –si no millones– de personas.

La investigación científica del mindfulness (o de cualquier tipo de meditación) comienza con preguntas como las siguientes: ¿Cuándo funciona y cuándo no? ¿Sirve este método para cualquier persona? ¿Son sus efectos distintos, por ejemplo, a los del ejercicio físico? Estas son, a fin de cuentas, algunas de las preguntas que nos llevaron a escribir este libro.

Del mismo modo que utilizamos el término «deporte» para referirnos a un amplio abanico de actividades atléticas, son muchas las modalidades de práctica contemplativa que abarca genéricamente el término «meditación». Por eso, los efectos, tanto del deporte como de la meditación, varían en función de la práctica concreta que llevemos a cabo.

Pero conviene que, quienes emprenden una práctica meditativa o prueban varias de ellas, tengan muy claro que, como sucede con la práctica de cualquier deporte, los beneficios de la práctica meditativa dependen de que descubramos la práctica que mejor nos cuadre y perseveremos en ella. Elija, pues, una práctica, determine el tiempo que realmente puede dedicarle –aunque solo sea unos minutos–, pruebe luego durante un mes y vea cómo se siente pasado ese tiempo.

De la misma manera que el ejercicio regular mejora nuestra salud física, la mayoría de las modalidades de meditación también mejoran, hasta cierto punto, nuestra salud mental. Y, como veremos, los beneficios concretos de uno u otro tipo de práctica son proporcionales al tiempo que hayamos invertido.

Una nota de advertencia

Swami X, como le llamaremos aquí, fue uno más de los muchos maestros de meditación orientales que, a mediados de la década de 1970 –nuestros años de estudiantes en Harvard–, arribaron a los Estados Unidos. Un buen día, este *swami* se nos acercó diciendo que estaba muy interesado en que los científicos de Harvard confirmasen sus hazañas.

Eran los años de apogeo del *biofeedback*, una tecnología entonces novedosa que nos proporciona información sobre algún que otro aspecto de nuestra fisiología como, por ejemplo, la presión sanguínea, que se halla lejos de nuestro control consciente. Contando con esta nueva información, la persona tiene la posibilidad de modificar su funcionamiento corporal en una dirección más sana... pero Swami X nos aseguró tener tal control que no necesitaba *feedback* alguno.

Satisfechos de contar con un sujeto aparentemente tan dotado, nos las arreglamos para utilizar el laboratorio de fisiología del Centro de Salud Mental de la Facultad de Medicina de Harvard.[4]

Cuando llegó, sin embargo, el momento de corroborar las habilidades del *swami* y le pedimos que bajase su presión sanguínea, la subió, y, cuando le pedimos que la subiera, la bajó. Y cuando, finalmente, le presentamos los resultados que habíamos obtenido, nos reprendió por haberle servido un «té tóxico» que, en su opinión, había boicoteado sus habilidades.

El registro fisiológico puso claramente de relieve que Swami X estaba lejos de poder hacer las hazañas mentales de las que tanto alardeaba. Lo que sí podía hacer, sin embargo, era utilizar un método al que llamaba «*samadhi* perro» (un nombre que todavía hoy nos desconcierta) para poner su corazón en fibrilación atrial, una modalidad de funcionamiento biológico que nadie en su sano juicio consideraría un «talento».

De vez en cuando, el *swami* desaparecía en el servicio de caballeros para fumarse un *bidi* (esos cigarrillos baratos tan populares en la India compuestos por unas pocas hebras de tabaco envueltas en la hoja de una planta). Un telegrama de unos amigos de la India no tardó en revelarnos que el supuesto «swami» era, en realidad, el antiguo director de una fábrica de zapatos que había abandonado a su esposa y sus dos hijos dispuesto a probar fortuna en los Estados Unidos.

No cabe la menor duda de que Swami X estaba buscando algo que le sirviera para atraer discípulos. En sus posteriores apariciones públicas, no dejó de mencionar que «científicos de Harvard» habían estudiado sus habilidades meditativas y fue un auténtico precursor en la comercialización de su peculiar «producto» apelando a los resultados de la investigación científica.

Dirijamos ahora, teniendo bien en cuenta esta advertencia, nuestra mente –tan abierta como escéptica (la actitud mental más adecuada del científico)– a la ola actual de investigación sobre la meditación. En general, contemplamos con agrado la emergencia del movimiento del mindfulness y su rápida difusión en el mundo escolar, empresarial y en nuestra vida privada (es decir, en lo que hemos dado en llamar el camino ancho). Lo que nos parece lamentable, sin embargo, es la frecuencia del uso distorsionado o exagerado de los datos de la investigación como anzuelo para las ventas.

Esta combinación entre meditación y dinero tiene una lamentable historia como receta utilizada por charlatanes y cantamañanas. Con más frecuencia de la deseable, se ha apelado, para vender la meditación, a afirmaciones cuestionables y distorsionadas de la investigación científica. Una web de negocios, por ejemplo, cuenta con un blog llamado «¿De qué manera mindfulness arregla tu cerebro, reduce el estrés y mejora el desempeño?». ¿Se hallan acaso estas afirmaciones respaldadas por los descubrimientos científicos? Sí y no... aunque el «no» fácilmente se soslaya.

Entre las afirmaciones cuestionables de los efectos positivos de la meditación que se han convertido en virales cabe destacar las que sostienen que engrosa el centro ejecutivo del cerebro (la corteza prefrontal) y reduce el tamaño de la amígdala (desencadenante de la respuesta de lucha-huida-parálisis); cambia el punto de ajuste de nuestro cerebro hacia un rango de emociones más positivo; ralentiza del envejecimiento y es útil para el tratamiento de enfermedades que van desde la diabetes hasta el trastorno de déficit de atención e hiperactividad.

Contemplados con más detenimiento, los estudios en los que se basan estas afirmaciones adolecen de problemas metodológicos o requieren de una verificación y corroboración adicional. Quizás entonces esos descubrimientos superen el escrutinio... o quizás no.

La investigación que habla de un encogimiento de la amígdala utilizó, por ejemplo, un método demasiado impreciso para determinar el volumen de la amígdala. Y el muy citado estudio que apuntaba a una ralentización del envejecimiento empleó un tratamiento complejo que, si bien incluía algo de meditación, lo combinaba con una dieta especial y el ejercicio intenso, con lo cual resultaba imposible determinar el efecto aislado de la meditación.

Los medios de comunicación están llenos de afirmaciones desproporcionadas. La nuestra, sin embargo, es una visión basada en los datos duros de la ciencia y sus afirmaciones; en consecuencia, no son tan categóricas como las hechas por aquellos.

Aun las personas mejor intencionadas tienen dificultades para diferenciar lo evidente de lo cuestionable... y lo manifiestamente absurdo. Y, dada la ola de entusiasmo creciente al respecto, la sobriedad nunca está de más.

Una nota a los lectores. Los tres primeros capítulos exponen nuestra incursión inicial en la meditación y la corazonada que alentó nuestra búsqueda. Los capítulos 4 a 12 relatan nuestro viaje científico y cada uno de ellos se ocupa de un tema concreto (como la atención o la compasión, por ejemplo), que concluye con una sección titulada «Resumen» para los lectores que estén más interesados en los descubrimientos realizados que en el modo de llegar a ellos. En los capítulos 11 y 12 llegamos por fin a nuestro más anhelado destino, compartir los extraordinarios descubrimientos que nos ha proporcionado el estudio de los meditadores más avanzados. El capítulo 13, titulado «Rasgos alterados», resume los beneficios de la meditación a tres niveles diferentes, principiante, avanzado y «olímpico», y, en el capítulo 14 y último, especulamos sobre lo que el futuro podría depararnos y los posibles beneficios de estos descubrimientos para el individuo y para la sociedad.

La aceleración

En una época tan temprana como la década de 1830, Thoreau, Emerson y sus colegas trascendentalistas coquetearon, atraídos por las primeras traducciones inglesas de antiguos textos espirituales orientales, con las artes internas asiáticas, pero carecían de instrucción sobre las prácticas mencionadas en esos textos. Un siglo más tarde, Sigmund Freud aconsejó a los psicoanalistas asumir, mientras escuchaban a sus pacientes, una «atención flotante» aunque sin ofrecer tampoco, para ello, método concreto alguno.

Pero la implicación más seria de Occidente al respecto no tuvo lugar hasta hace solo unas décadas con la llegada de maestros orientales a Occidente y el viaje a Oriente de una generación de occidentales dispuestos a estudiar meditación, algunos de los cuales volvieron convertidos en maestros. Estas incursiones prepararon el terreno para la aceleración que actualmente está experimentando el camino ancho y las nuevas puertas que todo ello abría a los pocos que decidían adentrarse en el camino profundo.

Número de estudios científicos publicados sobre meditación o el mindfulness entre 1970 y 2016

Cuando, en la década de 1970, empezamos a publicar nuestra investigación sobre meditación, solo había un puñado de artículos científicos acerca del tema. Según nuestro último recuento, el número de publicaciones al respecto en la literatura científica de habla inglesa era, en 2014, 2015, 2016, de 925, 1.098, 1.135 y 6.838, respectivamente, lo que pone de relieve la considerable aceleración que en los últimos tiempos está experimentando.[5]

Preparando el terreno

Estábamos en abril de 2001, en el último piso del Fluno Center del campus de la Universidad de Wisconsin (Madison) y habíamos quedado con el Dalái Lama en dedicar esa tarde a hablar de los descubrimientos realizados por la investigación científica sobre la meditación. Solo faltaba Francisco Varela, un neurocientífico chileno jefe del laboratorio de neurociencia cognitiva del Centre National de la Recherche Scientifique de París, entre cuya notable carrera destacaba haber sido cofundador del Mind and Life Institute, la institución organizadora de ese mismo encuentro.

Como practicante serio de meditación, Varela era muy consciente de los prometedores resultados de la colaboración entre meditadores avanzados y los científicos que los estudiaban, un modelo que acabó convirtiéndose en práctica habitual no solo en el laboratorio de Richie, sino en muchos otros lugares.

Aunque Francisco debía participar en ese encuentro, se vio obligado a renunciar debido a una grave recaída del cáncer de hígado que le aquejaba y le dejó postrado en su lecho de muerte.

Aunque eran tiempos previos a Skype y la videoconferencia, el grupo de Richie logró establecer una conexión bidireccional de vídeo entre nuestra sala de reuniones y la habitación de Francisco en su casa de París. El Dalái Lama le habló muy directamente, mirando con gran atención a la cámara, conscientes ambos de que, en esta vida, probablemente no volverían a verse.

Agradeciendo a Francisco lo que había hecho por la ciencia y por el mundo en general, el Dalái Lama le aconsejó ser fuerte y le dijo que permanecerían conectados para siempre. Fue un momento tan emotivo que los ojos de Richie y muchos de los presentes acabaron anegados. A los pocos días de ese encuentro, Francisco murió.

Tres años después, en 2004, ocurrió algo que hizo real un sueño que Francisco nos había contado a menudo. En el Garrison Institute, una hora río Hudson arriba de la ciudad de Nueva York, un centenar de científicos, doctores y graduados universitarios se reunieron por vez primera en lo que acabaría convirtiéndose en un encuentro anual, el Summer Research Institute (SRI), destinado a promover el estudio riguroso de la meditación.

El encuentro había sido organizado por el Mind and Life Insti-tute, creado en 1987 por el Dalái Lama, Francisco y Adam Engle, un abogado reciclado en hombre de negocios, y del que nosotros habíamos sido también miembros fundadores. La misión del Mind and Life consistía en «aliviar el sufrimiento y alentar el desarrollo integrando la ciencia con la práctica contemplativa».

Ese encuentro de verano del Mind and Life serviría para dar la bienvenida a quienes, como nosotros en nuestros días de estudiantes, quisieran hacer investigación sobre la meditación. Aunque nosotros habíamos sido pioneros aislados, nos pareció muy interesante esta-blecer una comunidad de eruditos y científicos que compartiesen nuestra búsqueda y sirviera de apoyo a quienes se hallaran, en este sentido, aislados en sus respectivas instituciones.

Los detalles del SRI se esbozaron en torno a la mesa de cocina de la casa de Richie en Madison en una conversación con Adam Engle. Richie y un puñado de científicos organizaron el primer seminario de verano y ejercieron de profesores durante esa semana hablando de temas tales como la neurociencia cognitiva de la atención y la imagen mental. Trece encuentros más se han llevado a cabo desde entonces (dos de los cuales se han celebrado en Europa y a los que posiblemente seguirán futuros encuentros en Asia y Sudamérica). Desde el primer SRI, el Mind and Life Institute puso en marcha un programa de «becas Varela», llamadas así en honor a Francisco. Esas modestas decenas de becas de investigación (cuyo importe asciende a 25.000 dólares, aunque la mayoría de las investigaciones cuestan mucho más) han logrado concitar más de 60 millones de dólares de subvenciones otorgadas por fundaciones y agencias federales de los Estados Unidos. Y hay que decir que se trata de una iniciativa muy provechosa porque, hasta el momento, unos 50 graduados del SRI han publicado varios centenares de artículos sobre meditación.

A medida que esos jóvenes científicos han ido ocupando puestos académicos, ha aumentado el número de investigadores que se inclinaban por este tipo de estudios impulsados, sin la menor duda, por el creciente número de publicaciones científicas sobre la meditación.

Y también han sido muchos los científicos establecidos que, alentados por el hecho de que los resultados corroboraban que se trata de un campo de investigación válida, han empezado a interesarse en estas cuestiones. Estos descubrimientos salen del laboratorio cerebral de Richie en la Universidad de Wisconsin y de científicos que trabajan, entre otras, en las facultades de Medicina de Stanford, Emory, Yale y Harvard y llenan habitualmente los titulares de los periódicos.

Dada la creciente popularidad de la meditación, necesitamos una mirada más detenida. Los beneficios neurológicos y biológicos más documentados por la ciencia no son necesariamente los que vemos en la prensa, Facebook o los correos electrónicos de publicidad comercial. Y lo más curioso es que la relevancia científica de los más difundidos suele dejar bastante que desear.

Son muchos los informes que insisten en los cambios positivos en la vida biológica y emocional provocados por una dosis cotidiana breve de meditación. Estas noticias se han difundido como un virus y han llevado a millones de personas de todo el mundo a hacer un hueco en su vida cotidiana para la práctica de la meditación. Pero, como las grandes posibilidades suelen ir acompañadas de grandes peligros, nos parece que ha llegado el momento de contar las cosas que esos titulares suelen soslayar.

Son varios los hilos que componen el tapiz que ahora estamos tejiendo. Uno de ellos entronca en la historia de la larga amistad de los autores y de nuestra sensación compartida de un objetivo mayor, al comienzo distante e improbable, pero en el que perseveramos a pesar de las dificultades. Otro rastrea las pruebas recopiladas por la neurociencia, según las cuales la experiencia conforma nuestro cerebro, una conclusión que apoya nuestra intuición original de que, al ejercitar nuestra mente, la meditación remodela también nuestro cerebro. Y también hay que mencionar el aluvión de datos acumulados que prueban el gradiente de este cambio.

Basta, al comienzo, con unos pocos minutos de práctica al día para obtener grandes beneficios (aunque no todos los que se reclaman). Además, sin embargo, de estos beneficios iniciales, estamos en condiciones de afirmar que los efectos conseguidos por la práctica de la meditación son proporcionales a las horas invertidas en su práctica. Y, en los niveles más elevados de la práctica, descubrimos la presencia de auténticos rasgos alterados, es decir, de cambios cerebrales que propusimos hace ya varias décadas, pero que la ciencia ha ignorado hasta hace bien poco.

2. Pistas antiguas

Nuestra historia empieza una buena mañana de comienzos de noviembre de 1970, cuando la niebla que salía del cercano río Niranjan ocultó la visión de la cúspide de la estupa de Bodhgaya junto a la cual hay plantado un descendiente del mismo árbol *bodhi* bajo el que, según cuenta la leyenda, se sentó a meditar el Buda hasta iluminarse.

A través de la niebla, Dan vislumbró la figura de un anciano monje tibetano que avanzaba sin prisas en su ronda matutina circunvalando ese lugar sagrado. Con su ralo pelo gris y gafas de cristal tan grueso como el culo de una botella de Coca-Cola, daba vueltas a las cuentas de su *mala* mientras murmuraba lentamente un mantra que alababa la santidad (*muni* en sánscrito) del Buda: *Muni, muni, mahamuni. Mahamuniya swaha!*

Pocos días después, unos amigos llevaron a Dan a visitar a ese mismo monje, Khunu Lama, que vivía en una celda pequeña y sin calefacción y cuyas paredes de hormigón todavía exudaban los últimos fríos del invierno. Y, como le corresponde a un monje, sus únicas pertenencias eran un *tucket* de plancha de madera que le servía de cama y sofá, una mesilla que le servía de atril y poco más.

Desde primera hora de la mañana hasta última hora de la noche, Khunu Lama se sentaba en esa cama, con un texto abierto frente a él. Y, cada vez que entraba un visitante –algo que, en el mundo tibetano, podía ocurrir en cualquier momento–, se veía invariablemente recibido con una mirada bondadosa y unas palabras amables.

Las cualidades de Khunu –la atención bondadosa con la que atendía a quien llamara a su puerta, su serenidad y su presencia amable– sorprendieron a Dan como algo muy infrecuente y mucho más positivo que los rasgos de personalidad que había estudiado para su licenciatura en Psicología clínica en Harvard, fundamentalmente centrados en los aspectos negativos (como las pautas neuróticas, los sentimientos desbordantes y la franca psicopatología).

Khunu, por su parte, irradiaba sin pretenderlo los aspectos más positivos de la naturaleza humana. Su humildad, por ejemplo, era proverbial. En cierta ocasión, según cuentan, el monasterio le ofreció, en reconocimiento a su estatus espiritual, la posibilidad de alojarse en una *suite* ubicada en el piso superior del monasterio, con un monje que le sirviera de asistente y una invitación a la que, prefiriendo la simplicidad de su pequeña y desnuda celda de monje, renunció amablemente.

Khunu Lama era uno de esos raros maestros reverenciados por todas las escuelas tibetanas. Aun el Dalái Lama solicitaba sus enseñanzas, recibiendo instrucciones sobre el *Bodhicharyavatara* de Shantideva, una guía sobre la vida desbordante de compasión de un *bodhisattva*. Hasta hoy, cada vez que el Dalái Lama enseña ese texto, uno de mis favoritos, reconoce a Khunu como su maestro en este tema.

Antes de encontrarse con Khunu Lama, Dan había pasado varios meses con un yogui indio, Neem Karoli Baba, que había sido la persona por la cual había viajado a la India. Neem Karoli, conocido con el título honorífico de *maharaji*, era famoso en Occidente por ser el gurú de Ram Dass que, por aquel entonces, estaba dando una gira por todo el país contando el fascinante relato de la transformación que le llevó de ser Richard Alpert (el profesor de Harvard que acabó despedido por experimentar con psicodélicos con su colega Timothy Leary) a convertirse en un devoto de ese viejo yogui. Durante las vacaciones de Navidad de Harvard en 1968, Dan se encontró casualmente con Ram Dass, que acababa de volver de una estancia con Neem Karoli en la India, un encuentro que fue el desencadenante del viaje de Dan a la India.

Dan consiguió de Harvard una beca predoctoral para viajar a la India en otoño de 1970 y localizó a Neem Karoli Baba en un pequeño *ashram* ubicado en las colinas del Himalaya. Viviendo la vida de un *sadhu*, las únicas pertenencias materiales del *maharaji* parecían ser un *dhoti* que llevaba los días de calor y una pesada manta de lana con la que se arropaba los días fríos. No seguía ningún programa concreto, carecía de organización y no enseñaba ningún programa físico de *asanas* de yoga o meditación. Como ocurre con la mayoría de los *sadhus*, era itinerante y no se atenía a un camino preestablecido. Y pasaba la mayor parte del tiempo acostado en un *tucket* en el porche del *ashram*, templo u hogar que, en ese momento, estuviera visitando.

Maharaji parecía estar continuamente absorto en un estado de rapto silencioso y paradójicamente atento a todo lo que le rodeaba.[1] Lo que más sorprendió a Dan fue la paz y amabilidad que irradiaba. Como Khunu, recibía con el mismo interés a quien se le acercara, y, entre sus visitantes, había desde mendigos hasta altos funcionarios del gobierno.

Había algo sorprendente en el estado mental inefable de *maharaji* que Dan no había visto nunca antes y es que, independientemente de lo que estuviera haciendo, parecía hallarse en un estado beatífico amoroso y relajado. Y ese no era un estado provisional de su mente, sino una forma de ser permanente, un rasgo de bienestar último.

Más allá del paradigma

Después de un par de meses aproximados de visitas diarias al *ashram* donde estaba *maharaji*, Dan y su amigo Jeff (hoy conocido como el devoto Krishna Das) estaban viajando con otro occidental que, después de haber pasado siete años en la India viviendo como *sadhu*, necesitaba renovar su visado.

Ese viaje concluyó en Bodhgaya, donde Dan estaba a punto de conocer a Khunu Lama.

Bodhgaya es un pueblo ubicado en el estado de Bihar, en el norte de la India, un lugar de peregrinaje para los budistas de todo el mundo y en el que la mayoría de los países donde esa confesión es mayoritaria tienen un edificio que proporciona alojamiento a sus peregrinos. El *vihara* o albergue birmano había sido construido antes del golpe de estado de un dictador militar que prohibió viajar a los ciudadanos birmanos, el cual, como tenía muchas más habitaciones que peregrinos, no tardó en convertirse en estación de paso para los muchos occidentales que deambulaban por la ciudad.

Cuando, en noviembre de 1970, Dan arribó allí, se encontró con el único residente estadounidense de larga duración, Joseph Goldstein, antiguo trabajador del Cuerpo de Paz en Tailandia, que llevaba más de cuatro años en el *vihara* estudiando con el maestro de meditación Anagarika Munindra, menudo y vestido siempre de blanco, que pertenecía a la casta barua de Bengala, cuyos miembros eran budistas desde la época del mismo Gautama.[2]

Munindra había estudiado *vipassana* (la meditación Theravada de la que se derivan muchas formas hoy populares de mindfulness) con reputados maestros birmanos. Munindra, que se convirtió en el primer instructor de Dan en el método, acababa de invitar a su amigo S.N. Goenka, un sonriente y panzudo hombre de negocios recientemente convertido en maestro de meditación, a dirigir, en el *vihara*, una serie de retiros de 10 días de duración.

Goenka era, pues, maestro de meditación en una tradición creada, a comienzos del siglo XX, por el maestro birmano Ledi Sayadaw como parte de un renacimiento cultural que, tratando de contrarrestar la influencia colonial británica, revolucionó la meditación enseñando a los legos una técnica que, hasta ese momento, había sido propiedad exclusiva de monjes y monjas. Así fue como Goenka aprendió *vipassana* de U Ba Khin (U es un título honorífico en Birmania), primer Contable General de Birmania, un método que había aprendido de un granjero que, a su vez, lo había recibido de Ledi Sayadaw.

Dan se inscribió en cinco cursos seguidos dirigidos por Goenka sumergiéndose, junto a un buen centenar de viajeros, en ese rico método de meditación. Ese encuentro, que tuvo lugar en el invierno de 1970-1971, supuso un auténtico hito en la expansión del mindfulness desde su origen como práctica esotérica oriental hasta su difusión actual por todo el mundo, un proceso en el que resultó decisivo el papel desempeñado por un puñado de participantes en esos cursos, entre los que destacaba Joseph Goldstein.[3]

Desde sus días de universidad, Dan había desarrollado el hábito de meditar 20 minutos un par de veces al día, pero esa inmersión de 10 días de práctica continua le permitió alcanzar nuevos niveles. El método de Goenka empieza prestando atención a las sensaciones de la respiración entrando y saliendo de las fosas nasales… y no solo durante 20 minutos, sino durante muchas horas al día. Este cultivo de la concentración deja luego paso a un escaneo sistemático de las sensaciones que afloran en cualquier parte del cuerpo. De este modo, lo que comienza siendo «mi cuerpo» o «mi rodilla» acababa convirtiéndose en un océano de sensaciones cambiantes, lo que evidenciaba un auténtico cambio de conciencia.

Por más, sin embargo, que la observación del ir y venir ordinario de las sensaciones nos proporcione una comprensión adicional de la naturaleza de la mente, el mindfulness solo nos permite advertir el flujo de las sensaciones.

El siguiente paso es el discernimiento, que nos permite entender cómo convertimos esas sensaciones en algo «nuestro». La comprensión del dolor, por ejemplo, nos enseña el modo en que, al agregarle una sensación de «identidad», el tornadizo caleidoscopio de sensaciones acaba convirtiéndose en «mi dolor».

Ese proceso interno se explicaba minuciosamente en desgastados folletos –debido al paso de mano en mano propio de las publicaciones *underground* de la época– repletos de consejos prácticos escrito por Mahasi Sayadaw, el maestro birmano de meditación de Munindra. Esos folletos proporcionaban instrucciones detalladas sobre el mindfulness y los estadios posteriores hasta alcanzar los logros más avanzados del camino.

Esos manuales prácticos incluían recetas que, desde hacía milenios, se habían utilizado para «hackear» la mente.[4] De este modo, el uso combinado de esos manuales y de la enseñanza oral personalizada conducían al meditador hasta el dominio de la técnica.

Los manuales compartían la premisa de que la meditación y otras prácticas relacionadas producen transformaciones del ser que parecen confirmar las cualidades personales exhibidas por Khunu, *maharaji* y un puñado de otras personas con las que Dan se cruzó en sus viajes por la India.

La literatura espiritual de Eurasia está llena de referencias a la posibilidad de liberarnos de las fijaciones, del egocentrismo, de la ambivalencia y de la impulsividad, algo que se experimenta como una liberación de las preocupaciones por uno mismo, una ecuanimidad independiente de las circunstancias, una atención profunda al aquí y ahora y un interés amoroso por todo.

La psicología moderna no tenía, por su parte, el menor indicio, durante su siglo de existencia, de estos dominios del potencial humano. Por eso, mientras que la psicología clínica, la especialidad de Dan, se centraba en identificar un problema concreto –como, por ejemplo, la ansiedad– y trataba de corregirlo aisladamente, la visión que las psicologías orientales tenían de la vida humana era mucho más amplia y apuntaba a mejorar nuestro lado positivo. Fue entonces cuando Dan decidió que, a su regreso a Harvard, convencería a sus colegas de la necesidad de llevar a cabo una revisión y profundización de la psicología.[5]

Poco antes de volver a la India, Dan escribió un artículo –basado en sus primeras incursiones en la meditación que se produjeron durante su estancia en la universidad y en las escasas fuentes sobre el tema disponibles entonces en inglés– en el que sugería la existencia de un nuevo estado positivo y duradero de conciencia.[6] Desde la perspectiva de la ciencia de la época, los grandes estados de conciencia eran la vigilia, el sueño y el sueño profundo, que iban acompañados de ondas cerebrales muy distintas. La modalidad de conciencia a la que Dan se refería en ese artículo –más controvertida y que carece de toda prueba científica– consiste en la absorción total en un estado de concentración despojado de distracciones (*samadhi* en sánscrito) al que puede accederse mediante la meditación.

Solo había, en ese tiempo, un estudio científico –bastante cuestionable, por otra parte– relacionado con el *samadhi* que Dan pudiese citar, un informe de un investigador que tocaba con un tubo caliente a un yogui que se hallaba en estado de *samadhi* y cuyo electroencefalograma (EEG) supuestamente revelaba que permanecía ajeno al dolor.[7]

Pero como no había, por aquel entonces, indicio alguno que sugiriese la existencia de una cualidad de ser positiva y duradera, lo máximo que Dan pudo hacer fue esbozar una hipótesis. En la India, sin embargo, Dan había conocido a personas que encarnaban esos estados de conciencia tan especiales… o eso era, al menos, lo que parecía.

El budismo, el hinduismo y el jainismo –religiones que han brotado en el suelo de la civilización india– comparten, en una u otra medida, el concepto de «liberación» y, en consecuencia, el arquetipo de la persona «liberada» es, en la cultura india, muy importante. Pero Dan sabía que, como nuestras creencias sesgan nuestra percepción, un sistema de creencias muy extendido y poderoso puede alentar proyecciones ilusorias y una falsa imagen de perfección.

No es de extrañar, pues, que Dan se formulase la siguiente pregunta: ¿Son esas cualidades hechos o meros cuentos chinos?

La forja de un rebelde

Cada hogar indio tiene un altar y lo mismo sucede con sus vehículos. Si se trata de uno de esos omnipresentes, enormes y pesados camiones Tata y el conductor es un sheik, la imagen será la de Guru Nanak, el venerado fundador de esa religión, y, si es hindú, se tratará de una deidad como Hanuman, Shiva o Durga y un santo o gurú favorito. De ese modo, el asiento del conductor se convierte en una especie de *puja* móvil, es decir, una especie de altar sagrado ante el cual los indios realizan cotidianamente sus plegarias.

La Combi Volkswagen roja que Dan conducía en Cambridge después de volver a Harvard desde la India en otoño de 1972 llevaba consigo su propio panteón. Entre las imágenes que llenaban el salpicadero se hallaba la de Neem Karoli Baba, junto a otros santos de los que Dan había oído hablar, una imagen ultramundana de Nityananda, un sonriente Ramana Maharsi y el rostro divertido y con mostacho de Meher Baba y su lema, popularizado luego por Bobby McFerrin con su canción «Don't worry. Be happy».

Dan había aparcado su furgoneta cerca de la sala donde iba a celebrar el curso de psicofisiología en el que se había matriculado con el fin de adquirir las habilidades de laboratorio necesarias para su tesis doctoral, un estudio sobre la meditación y su efecto para el tratamiento de las reacciones corporales al estrés. Un puñado de alumnos se sentaban en torno a la mesa de seminario de esa habitación del decimocuarto piso del William James Hall y Richie se sentó junto a Dan. Ese fue el día en que nos conocimos y descubrimos que compartíamos el mismo objetivo: dedicar nuestras tesis doctorales a documentar algunos de los beneficios proporcionados por la meditación. Y esa había sido también la razón por la que nos habíamos inscrito en ese seminario de psicofisiología, con la intención de aprender los métodos que necesitábamos para llevar a cabo nuestro proyecto.

Al salir de clase, Dan se ofreció a llevar a Richie en coche hasta el apartamento que compartía con Susan (su novia por aquel entonces y actualmente su esposa). La reacción de Richie al ver el *puja* del salpicadero del Volkswagen fue la de arquear las cejas sorprendido, pero lo cierto es que estaba muy contento de haber conocido a Dan porque, aun siendo un pregraduado, leía muchas revistas de psicología, incluida el *Journal of Transpersonal Psychology*, donde había leído el artículo de Dan.

Richie se quedó tan sorprendido –según recuerda– de que alguien de Harvard hubiera escrito un artículo como ese, que lo tomó como un signo, mientras rellenaba el impreso de solicitud de ingreso en la universidad, para decidirse por Harvard. Dan, por su parte, estaba muy complacido de que alguien se hubiese tomado en serio su artículo.

El interés de Richie por la conciencia se derivaba de las obras de autores como Aldous Huxley, el psiquiatra británico Ronald D. Laing, Martin Buber y, posteriormente, Ram Dass, cuyo *Aquí y ahora* vio la luz durante sus primeros años de universidad.

Pero ese interés se había visto fundamentalmente motivado por los años pasados en el departamento de Psicología del campus de la Universidad de Nueva York, en el Bronx, un departamento dominado, por aquel entonces, por seguidores del conductismo extremo de B.F. Skinner,[8] que creían que el único objeto adecuado de la psicología era la conducta observable y que mirar en el interior de la mente no solo era algo cuestionable, sino una auténtica pérdida de tiempo. La vida mental, desde su punto de vista, era completamente irrelevante para entender la conducta.[9]

El texto de psicopatología del curso en el que Richie se matriculó era tan conductista que reducía toda patología a una consecuencia del condicionamiento operante, que consiste en premiar la conducta deseada con una recompensa como, por ejemplo, ofrecer una sabrosa semilla a una paloma que acaba de presionar el botón adecuado. Pero esa era, para Richie, una visión muy limitada que no solo ignoraba la mente, sino que tampoco tenía en cuenta el cerebro. Es comprensible que, sin estómago para comulgar con tales ruedas de molino, abandonase el curso pasada la primera semana.

Richie estaba convencido de que la psicología debe ocuparse del estudio de la mente y no limitarse a elaborar programas destinados a reforzar la conducta deseada de las palomas. No es de extrañar que, dadas esas circunstancias, su interés por lo que ocurría en el interior de la mente acabara convirtiéndole, desde una perspectiva conductista, en un rebelde.[10]

Por ello se dedicaba, durante el día, a luchar contra la moda conductista, mientras ocupaba las noches en la exploración de sus intereses. Fue entonces cuando se apuntó como ayudante de investigación en un estudio sobre el sueño que se llevó a cabo en el Maimonides Medical Center, donde aprendió a monitorizar la actividad cerebral con EEG, una habilidad que acabaría resultándole de mucha utilidad.

Su asesora de tesis fue Judith Rodin, con la que llevó a cabo una investigación sobre la ensoñación cotidiana y la obesidad. Ese estudio se basó en la hipótesis de que, como la divagación nos saca del presente, nos insensibiliza a las señales de saciedad de modo que, en lugar de detenernos una vez hemos comido lo suficiente, seguimos comiendo. Esa tesis conjugaba así el interés de Rodin por la obesidad con la ensoñación, que se convirtió en la puerta de entrada de Richie en el estudio de la conciencia.[11] Además, ese estudio le permitió aprender técnicas para demostrar, empleando medidas fisiológicas y conductuales, lo que realmente ocurre en el interior de la mente. Richie monitorizó la tasa cardiaca y la sudoración de los sujetos de su investigación mientras divagaban o llevaban a cabo tareas mentales. Esa fue la primera vez que utilizó medidas fisiológicas para inferir procesos mentales, un método muy inusual en esa época.[12]

Esta especie de malabarismo metodológico que combinaba algún elemento relacionado con la conciencia con otro elemento respetado por la investigación de la época fue el rasgo distintivo de las investigaciones llevadas a cabo por Richie durante la siguiente década, un tiempo en el que su interés por la meditación suscitaba poco apoyo.

Diseñar una tesis que no se centrase exclusivamente en la meditación, sino que pudiera ser un estudio independiente que interesara a los no meditadores, resultó ser un movimiento inteligente. Gracias a ella, Richie se aseguró su primer puesto académico en el campus de Purchase de la Universidad Estatal de Nueva York. De este modo, mientras mantenía para sí su interés en la meditación, hacía sus pinitos en el campo emergente de la neurociencia afectiva, es decir, en el estudio de los correlatos cerebrales de las emociones.

Dan, por su parte, al no encontrar un puesto docente en ninguna universidad en el que volcar su interés por la conciencia, aceptó gustoso un puesto en el campo del periodismo, un ámbito profesional que acabó convirtiéndole en redactor científico del *New York Times*. Ahí empezó su trabajo de recopilación de los resultados de la investigación llevada a cabo por Richie (y muchos otros) sobre las emociones y el cerebro en su libro *Inteligencia emocional*.[13]

Solo unos pocos de los más de 800 artículos que Dan escribió para el *Times* tenían que ver con la meditación... aunque, en nuestro tiempo libre, ambos seguimos asistiendo a retiros. Así fue como, durante una década o dos, aparcamos públicamente nuestro interés por la meditación mientras seguíamos recopilando pruebas, a nivel privado, de que la meditación intensa y prolongada puede transformar el núcleo mismo del ser de la persona.

Estados alterados

El William James Hall se yergue sobre Cambridge como un desatino arquitectónico, un edificio modernista de hormigón blanco de 15 pisos completamente ajeno al entorno de casas victorianas y los edificios bajos de ladrillo y piedra que rodean el campus de Harvard. A comienzos del siglo XX, William James se convirtió en el primer profesor de psicología de Harvard, un campo que contribuyó a inventar cuando dio el paso que le condujo del universo teórico de la filosofía a una visión más empírica y pragmática de la mente. El antiguo hogar de James todavía permanece en pie en las proximidades.

Resulta curioso que, a pesar de esta historia, jamás se nos invitara, en tanto estudiantes del departamento de Psicología ubicado en el William James Hall, a leer una sola página de los escritos de James, porque hacía mucho tiempo que había pasado de moda. Pese a ello, sin embargo, James se convirtió, para nosotros, en una fuente de inspiración, porque estaba comprometido con el tema que nuestros profesores menospreciaban y a nosotros, en cambio, nos fascinaba: la conciencia.

Entre finales del siglo XIX y comienzos del XX hubo, entre la *intelligentsia* de Boston, una moda que consistió en inhalar «el gas de la risa», nombre con el que se conoció al óxido nitroso cuando los dentistas empezaron a utilizarlo rutinariamente. Con la ayuda del óxido nitroso, James tuvo lo que él calificó como «la inconmovible convicción» de que «nuestra conciencia despierta normal [...] solo es un tipo particular de conciencia mientras que, por encima de ella y separada por la más delgada de las pantallas, existen formas potenciales de conciencia completamente diferentes».[14]

Después de afirmar la existencia de los estados alterados de conciencia (aunque no por ese nombre), James añadió: «Podemos atravesar la vida sin sospechar siquiera su existencia, pero, si aplicamos el estímulo requerido, basta con un simple toque para que se desplieguen en toda su plenitud».

El artículo de Dan empezaba con este mismo pasaje del libro de James *Las variedades de la experiencia religiosa*, una especie de invocación al estudio de los estados alterados de conciencia. En opinión de James, estos estados son discontinuos con la conciencia ordinaria y, según dijo: «Ninguna explicación del universo será definitiva si ignora esas otras formas de conciencia». La misma existencia de estos estados «impide, en cualquier caso, cerrar prematuramente nuestras explicaciones de la realidad».

La topografía mental de la psicología no admite ese tipo de relatos y, en ella, tampoco caben las experiencias trascendentales. Y, si hay alguna mención al respecto, es para relegarlas a reinos menos que deseables. Desde la época de Freud, los estados alterados se vieron desdeñados como síntomas de una u otra forma de psicopatología. Cuando, a comienzos del siglo XX, por ejemplo, el poeta francés y laureado con el premio Nobel Romain Rolland se convirtió en un discípulo de Sri Ramakrishna, describió por carta a Freud el estado místico que experimentó, este no tuvo el menor empacho en diagnosticarlo como una simple regresión a la infancia.[15]

En la década de 1960, los psicólogos menospreciaban de forma sistemática los estados alterados inducidos por drogas como psicosis artificialmente inducidas (recordemos que el término original con el que se conocía a los psicodélicos era el de drogas «psicotomiméticas», lo que etimológicamente significa «que imitan la psicosis»).

Y también descubrimos que la meditación –una sospechosa nueva ruta para alterar la conciencia– era recibida, al menos entre el cuadro docente de nuestra universidad, con parecida suspicacia.

En 1972, sin embargo, la época en que Richie entró en Harvard y Dan regresó de la primera de sus dos estancias en Asia para emprender su tesis doctoral, el *zeitgeist* de Cambridge alentaba un creciente interés por la conciencia. El éxito de ventas de Charles Tart de la época, titulado *Estados alterados de conciencia*, recopilaba artículos sobre *biofeedback*, drogas, autohipnosis, yoga, meditación, etcétera, y esos «otros estados» de los que hablaba James y que capturaban el *ethos* de la época.[16] En el campo de la ciencia cerebral, por ejemplo, el entusiasmo giraba en torno al reciente descubrimiento de los neurotransmisores, moléculas mágicas responsables de la conexión interneuronal que pueden llevarnos tanto al éxtasis como a la desesperación (como la serotonina, por ejemplo, que se encarga de la regulación de nuestro estado de ánimo).[17]

El trabajo de laboratorio sobre los neurotransmisores sirvió de pretexto científico para el estudio de los estados alterados empleando drogas como el LSD. Eran los días de la revolución psicodélica que hundía sus raíces en el mismo departamento de Harvard en el que estábamos, lo que quizás contribuya a explicar el escaso interés que sus miembros mostraron por cualquier cosa que oliese a estado alterado.

Un viaje interno

Dalhousie se halla enclavada en la cordillera de Dauladhar, una rama de los Himalayas que se adentra en los estados indios de Punjab e Himachal Pradesh. Fundada a mediados del siglo XIX como estación de montaña en la que los funcionarios del *raj* británico solían refugiarse del calor abrasador que en verano asolaba la llanura indo-gangética, Dalhousie gozaba de un entorno extraordinario. Con sus pintorescos *bungalows* de la época colonial, esa estación de montaña lleva mucho tiempo siendo una gran atracción turística.

Pero no fue la belleza del lugar la que, ese verano de 1973, atrajo a Richie y Susan hasta Dalhousie. Ellos habían ido para participar en un retiro de 10 días –su primera zambullida profunda– dirigido por S.N. Goenka, el mismo maestro con el que, unos años antes, Dan había llevado a cabo sucesivos retiros en Bodhgaya durante su primera estancia en la India en relación con su beca de viaje predoctoral. Richie y Susan acababan de visitar a Dan en Kandy (Sri Lanka) donde, gracias a una beca postdoctoral, estaba viviendo, durante su segundo viaje a Oriente.[18]

Fue Dan el que alentó a la pareja a inscribirse en un curso de *vipassana* dirigido por Goenka como puerta de acceso a la meditación intensiva. El curso resultaba, al comienzo, un tanto desconcertante. Por una parte, hombres y mujeres debían dormir en tiendas separadas. Por otra parte, la imposición, desde el mismo comienzo, del «noble silencio» significaba que uno nunca podía saber con quién compartía la tienda… aunque Richie tenía la vaga sensación de que la gran mayoría de los asistentes eran europeos.

La sala de meditación estaba llena de *zafus* (esos cojines redondos utilizados en el Zen) esparcidos por el suelo que iban a ser el asiento de Richie durante las 12 horas de sentada meditativa del programa.

Al sentarse en ese *zafu* en su postura habitual de medio loto, Richie advirtió una punzada de dolor en su rodilla derecha, que siempre había sido la frágil. A medida que las horas de sentada iban acumulándose, la punzada se convirtió en un dolor que no solo se extendió a la otra rodilla, sino también a la región lumbar, algo habitual en el caso de cuerpos occidentales poco familiarizados a permanecer sentados durante horas sobre un cojín situado en el suelo.

La tarea mental de Richie consistía en permanecer conectado durante todo el día con las sensaciones de la respiración procedentes de las fosas nasales. Pese a ello, sin embargo, la sensación más vívida no giraba en torno a la respiración, sino al intenso y continuo dolor físico de la rodilla y la espalda, una tortura que, al finalizar el primer día, creyó que no podría soportar 9 días más.

El tercer día, sin embargo, se produjo un gran cambio con la instrucción de Goenka de «barrer» con una atención cuidadosa su cuerpo desde la cabeza hasta los pies y desde los pies hasta la cabeza observando las muchas y variadas sensaciones procedentes del cuerpo. Y, aunque la atención de Richie volvía una y otra vez al dolor punzante de la rodilla, también empezó a atisbar la aparición de una sensación de bienestar y ecuanimidad.

Richie no tardó en descubrirse en un estado de absorción total que, hacia el final del retiro, le permitía permanecer sentado 4 horas de un tirón. Había días en los que, en el momento de apagar las luces, se dirigía a la sala de meditación vacía y seguía meditando en sus sensaciones corporales, a veces hasta la una o dos de la noche.

Ese retiro supuso un hito muy importante en la historia de Richie, porque le proporcionó la convicción profunda de que había métodos que podían transformar nuestra mente y generar un profundo bienestar. No estamos condenados, pues, a vernos desbordados por la mente, sus asociaciones azarosas, sus miedos y sus angustias repentinas, y siempre tenemos la posibilidad de recuperar el timón de nuestra vida.

Días después de concluido el retiro, Richie todavía se hallaba bajo sus efectos. Ese estado mental le acompañó todo el tiempo que permanecieron en Dalhousie y fue desvaneciéndose lentamente durante el camino de regreso al valle, cuando atravesaba aldeas y pueblos con casuchas de barro y techos de paja, las ciudades más pobladas del valle y las atestadas calles de la ajetreada Delhi.

Una vez ahí, Richie sintió que el estado alcanzado durante el retiro empezaba a disiparse mientras él y Susan pasaban unos días en el modesto albergue que estaba al alcance de su magro presupuesto de estudiantes universitarios, aventurándose en las bulliciosas y abigarradas calles de Delhi para hacerse unos trajes a medida y comprar algunos recuerdos.

Quizás el desencadenante de la pérdida de ese elevado estado meditativo fue el trastorno gastrointestinal que a ambos afectó, un problema que les persiguió durante el trasbordo que tuvieron que hacer en el aeropuerto de Fráncfort en el vuelo de bajo coste que les condujo desde Delhi hasta el aeropuerto Kennedy. Después de un día de viaje aterrizaron finalmente en Nueva York, donde les esperaban los padres de ambos, contentos de ver a sus hijos después de un verano en Asia.

Cuando Susan y Richie salieron de la aduana –enfermos, agotados y ataviados al estilo indio de la época– sus familias, en lugar de recibirlos amorosamente, les gritaron alarmados: «¿Pero qué os ha pasado? ¡Tenéis un aspecto espantoso!».

Durante el viaje que les llevó a la casa de campo de la familia de Susan, situada al norte del estado de Nueva York, Richie tocó fondo y se sentía tan mal que ni fuerzas tenía para salir del avión.

De nada sirvieron sus esfuerzos por revivir el estado alcanzado durante el curso de Dalhousie, porque ya no quedaba de él el menor rastro. Era como si todo hubiera sido un viaje psicodélico porque, si bien le quedaba una vívida sensación de lo ocurrido durante el retiro, no estaba encarnado, era el mero recuerdo de algo que ya había pasado y no reflejaba una transformación duradera.

Esa experiencia alentó lo que acabaría convirtiéndose en una pregunta científica: ¿Cuánto duran los efectos de un estado como el que Richie acababa de atravesar? ¿En qué momento podemos hablar de rasgos duraderos? ¿Qué es lo que permite que una situación así acabe desvaneciéndose en las brumas del pasado?

¿Y, por encima de todo, qué territorio mental había visitado Richie?

Una guía para meditadores

Era más que probable que los detalles del viaje interno de Richie se hallaran en alguna página del *Visuddhimagga*, ese grueso libro que Munindra había alentado a estudiar a Dan durante su primera estancia en la India. Este texto del siglo v, cuyo título pali (el lenguaje del antiguo canon budista) significa «El camino de la purificación», era la fuente original de los manuales ciclostilados que Dan había estudiado en Bodhgaya.

El *Visuddhimagga* seguía siendo, pese a su antigüedad, la guía utilizada por los meditadores en países como Birmania y Tailandia, que siguen la tradición Theravada y que, a través de interpretaciones modernas, sigue conformando el esquema fundamental de la meditación de la atención plena, el núcleo de lo que hoy en día se conoce como «mindfulness».

Este manual de meditación ilustra el modo de atravesar las regiones más sutiles de la mente y proporciona una cuidadosa fenomenología de los estados meditativos y de su progresión a lo largo de todo el camino que conduce hasta el nirvana (*nibbana* en pali). Según el manual, el camino que lleva al tesoro de la paz última consiste en la combinación entre una mente muy concentrada y una conciencia profundamente atenta.

El manual explica con claridad los pasos experienciales que jalonan el camino meditativo. El camino de la concentración, por ejemplo, empieza prestando atención a la respiración (o a cualquiera de los más de 40 objetos de atención sugeridos como, por ejemplo, un punto de color… cualquier cosa, en suma, que favorezca la concentración de la mente), lo que implica, en el caso de los principiantes, una alternancia entre la concentración y la divagación.

Al comienzo, el flujo de los pensamientos discurre como una cascada lo que, de algún modo, desalienta a los principiantes, que sienten como si su mente se hubiera desbordado. En realidad, esa sensación es el simple resultado de darnos cuenta de nuestro estado natural que las culturas orientales denominan, debido a su desenfrenada y caótica actividad, «mente del mono».

El fortalecimiento de la concentración disminuye el flujo de los pensamientos errantes, que ya no nos arrastran a callejones sin salida. Como dice una antigua metáfora, el asentamiento de la práctica meditativa reduce la corriente de los pensamientos hasta descansar finalmente en la tranquilidad de un lago.

Según dice el manual, el mantenimiento del foco atencional proporciona el primer indicio de avance, la llamada «concentración de acceso», donde la atención permanece claramente asentada en el objetivo elegido. En este nivel, la concentración va acompañada de sensaciones de gozo y tranquilidad y, en ocasiones, de fenómenos sensoriales como *flashes* de luz o una sensación de ligereza corporal.

El término «acceso» se refiere aquí a la proximidad de la concentración total, la absorción plena llamada *jhana* (semejante al término sánscrito *samadhi*) en la que cesa todo pensamiento distractivo. En *jhana*, la mente experimenta un éxtasis, una beatitud y una concentración unidireccional ininterrumpida en el objeto de meditación elegido.

El *Visuddhimagga* enumera siete niveles más de *jhana*, que se caracterizan por sensaciones de beatitud y éxtasis cada vez más sutiles y una intensa ecuanimidad, junto a una concentración sin esfuerzo cada vez más estable. En los últimos cuatro niveles desaparece incluso la beatitud, una sensación relativamente ordinaria, dejando tan solo un foco y una ecuanimidad inconmovible. El logro más elevado de esta conciencia purificada tiene tal sutileza que se conoce como *jhana* de «ni percepción ni no percepción».

En la época del Buda Gautama, la absorción plena en el *samadhi* se consideraba el camino directo a la liberación yóguica. Ese fue, según la leyenda, el camino inicialmente seguido por el Buda con un grupo de ascetas errantes, un camino que finalmente abandonó para descubrir una versión innovadora de la meditación que consiste en dirigir una atención profunda a la mecánica de la conciencia.

Pero, según se dice, el Buda concluyó que *jhana* no es el camino que conduce a una mente liberada. Por eso, aunque la concentración pueda ser una ayuda extraordinaria, el camino del Buda apunta a un tipo de atención muy diferente: el camino de la atención plena.

A diferencia de lo que sucede con el camino de la concentración, la conciencia no se limita, en este caso, a una sola cosa (con exclusión de todas las demás), sino que se dirige hacia todo lo que aparece en la mente. La capacidad de mantener esta atención plena –una atención despierta, aunque no reactiva– varía en función de nuestra capacidad de concentración en un punto.

En el caso del mindfulness (o la atención plena), el meditador se da cuenta sin reaccionar de todo lo que pasa por su mente independientemente de que se trate de pensamientos, impresiones sensoriales (como sonidos, por ejemplo), etcétera, y los deja ir. De lo que se trata en este caso es, precisamente, de soltar y dejar ir. Si pensamos mucho en algo que acaba de aparecer o dejamos que desencadene una reacción, perdemos el hilo de nuestra actitud atenta… a menos, claro está, que el pensamiento o la reacción en cuestión se conviertan en objeto del mindfulness.

El *Visuddhimagga* describe cómo el mindfulness sostenido –es decir, la conciencia clara y firme de lo que ocurre en nuestra experiencia instante tras instante– va perfeccionando nuestra práctica atencional y puede conducirnos, a través de una secuencia de estadios sucesivos, a la epifanía final, el nirvana/*nibbana*.[19]

Este cambio a la meditación de la atención plena afecta a la relación que mantenemos con la conciencia de nuestros sentimientos. Habitualmente, nuestros pensamientos nos impulsan en una u otra dirección y los sentimientos y acciones que acompañan al odio hacia los demás o hacia nosotros mismos son muy diferentes a los generados por nuestras fantasías románticas. La atención plena, sin embargo, nos permite experimentar la misma sensación profunda independientemente de que se trate de un pensamiento de odio o de un pensamiento romántico, considerándolos a ambos –como a cualquier otro pensamiento– acontecimientos pasajeros de nuestra mente. No estamos condenados a vernos perseguidos día y noche por nuestros pensamientos, porque estos no dejan de ser más que ensayos, pruebas y descartes que discurren de continuo por el escenario de nuestra mente.

A partir del momento en que vemos nuestra mente como un conjunto de procesos, dejamos de vernos arrastrados por el contenido de nuestros pensamientos y nos adentramos en el camino de la atención plena. Entonces se modifica nuestra relación con ese espectáculo interno y aumenta nuestra comprensión de la naturaleza de la conciencia.

Del mismo modo que el asentamiento del lodo nos deja ver el fondo de un estanque, la disminución de la corriente de los pensamientos nos permite ver con más claridad la dinámica de nuestra mente. A lo largo de camino, por ejemplo, el meditador asiste a un desfile de instantes de percepción que atraviesan su mente a una velocidad tal que no suele darse cuenta de ello.

Así pues, aunque el estado meditativo alcanzado por Richie podía coincidir perfectamente con alguno de esos hitos de referencia del avance, lo cierto es que acabó desvaneciéndose en la niebla del recuerdo. ¡*Sic transit* los estados alterados!

En la India se cuenta la historia de un yogui que pasó muchos años aislado en una caverna alcanzando estados de *samadhi* muy elevados. Un buen día, satisfecho de haber llegado a lo que consideraba el final de su viaje, bajó de su montaña y se adentró en la aldea. Pero ese día el mercado estaba atestado y, mientras se abría paso entre la muchedumbre, se vio atrapado en un atasco para dejar pasar a un terrateniente local que cruzaba el camino a lomos de su elefante. En ese momento, el joven que se hallaba delante de nuestro yogui dio un paso atrás y le pisó. Entonces este, enfadado y dolorido, levantó su bastón dispuesto a golpear al joven que acababa de pisarle. Pero, dándose súbitamente cuenta de lo que estaba punto de hacer y de la ira que le había obligado a levantar el brazo, dio media vuelta y se encaminó hacia su caverna para seguir practicando.

Este relato subraya la gran diferencia que existe entre las alturas de la meditación y el cambio duradero. Y es que, además de los estados provisionales como el *samadhi* (o su equivalente, los éxtasis jhánicos), puede haber cambios duraderos en nuestro ser, una transformación que, según el *Visuddhimagga*, es el fruto verdadero de los logros más elevados del camino de la comprensión. Como dice el texto, por ejemplo, los sentimientos fuertemente negativos como la codicia, el egoísmo, la ira y la animadversión desaparecen dejando espacio a la aparición de cualidades positivas como la ecuanimidad, la amabilidad, la compasión y la alegría.

Por más que esta lista resuene con afirmaciones similares procedentes de otras tradiciones meditativas, todavía no estamos en condiciones de afirmar que esos rasgos se deban a alguna experiencia transformadora que acompañe al logro de esos niveles o a las horas de práctica en el camino. Sea como fuere, no fue suficiente con el elevado estado inducido por la meditación de Richie –próximo a la concentración de acceso, sino al primer *jhana*– para estabilizar ese estado y convertirlo en un rasgo permanente.

El descubrimiento del Buda –que consiste en alcanzar la iluminación a través del camino de la atención plena– supuso un reto para las tradiciones yóguicas de su época, que seguían el camino de la concentración a varios niveles de *samadhi*, el estado de beatitud plena característico de la absorción última. En ese tiempo, el debate entre atención plena y concentración era un tema candente en la política de la conciencia que giraba en torno al mejor camino para el logro de los rasgos alterados.

En los años sesenta del pasado siglo, las revelaciones súbitas derivadas del consumo de ciertas drogas llevaron a algunos a creer, como dijo un usuario habitual, que «el LSD nos permite experimentar en veinte minutos lo que los monjes tibetanos tardan veinte años en alcanzar».[20]

Pero ese es un craso error porque, cuando la substancia desaparece de tu cuerpo –y, con ella, desaparecen también sus efectos–, sigues siendo la misma persona. Y lo mismo ocurre –como Richie descubrió por experiencia propia– con las experiencias más elevadas de la meditación.

3. El después es el antes del siguiente durante

El segundo viaje de Dan a Oriente tuvo lugar en 1973 gracias a una beca postdoctoral en «etnopsicología» que le concedió el Social Science Research Council para estudiar los sistemas orientales destinados a analizar la mente y sus posibilidades. La estancia comenzó con seis meses en Kandy, un pueblo de las colinas de Sri Lanka donde Dan visitó cada pocos días a Nyanaponika Thera, un monje theravada alemán conocedor de la teoría y práctica de la meditación, y continuó pasando varios meses en Dharamsala (India), donde estudió en la Library of Tibetan Works and Archives.

Los escritos de Nyanaponika se centraban en el *Abhidhamma*, un modelo de la mente que cuenta con mapas y métodos destinados a la transformación de la conciencia en dirección a los rasgos alterados. Así pues, mientras que el *Visuddhimagga* y los manuales de meditación que Dan había leído eran, por así decirlo, manuales prácticos para el usuario de la mente, el *Abhidhamma* era una guía teórica para el empleo de esos manuales. Este sistema psicológico cuenta con una explicación detallada de los elementos clave de la mente y del modo adecuado de atravesar ese paisaje interno para provocar cambios duraderos en el núcleo de nuestro ser.

Algunas de sus secciones son relevantes para la psicología, especialmente las que se refieren a la dinámica existente entre estados mentales «sanos» y estados mentales «insanos».[1] Con más frecuencia de la deseable, nuestros estados mentales se mueven en un rango centrado en los deseos, el egoísmo, la pereza, la agitación y similares a los que este mapa de la mente considera estados insanos.

Entre los estados sanos, por el contrario, se hallan la estabilidad mental, la compostura, la atención plena continua y la confianza realista. Y resulta curioso que un subconjunto de los estados sanos (como la resiliencia, la flexibilidad, la adaptabilidad y la elasticidad) resulten tan aplicables al cuerpo como a la mente.

Los estados sanos inhiben la aparición de los insanos, y viceversa. El mejor indicador de avance en este camino consiste en ver si nuestras reacciones en la vida cotidiana se inclinan hacia los estados sanos. Y el objetivo del trabajo consiste en establecer los estados sanos como rasgos predominantes y duraderos.

Mientras uno se halla inmerso en un estado de concentración profunda, los estados mentales insanos desaparecen, pero, como sucede con el yogui en el mercado del que hablábamos al final del capítulo anterior, pueden irrumpir con fuerza apenas acaba la meditación. Según esta antigua psicología budista, por el contrario, el logro de los niveles más profundos de la atención plena provoca una transformación radical que libera definitivamente a la mente del meditador de esta nociva influencia. Un practicante muy avanzado no tarda en recuperar sin esfuerzo el lado sano, encarnado por la confianza, la resiliencia y similares.

Dan vio esta psicología oriental como un modelo operativo de la mente corroborado a lo largo de los siglos, una teoría del modo en que el entrenamiento mental puede conducir a rasgos alterados muy positivos. Y el hecho de que esa teoría llevase más de dos milenios guiando la práctica de la meditación era una prueba incuestionable de su utilidad.

En verano de 1973, Richie y Susan llegaron a Kandy para una visita de seis semanas antes de encaminarse hacia la India donde iban a asistir a ese emocionante e instructivo retiro con Goenka. Una vez juntos en Kandy, Richie y Dan se internaron en la jungla hasta la remota ermita de Nyanaponika para hablar con él de este modelo del bienestar mental.[2]

Pocos meses después, Dan regresó de su segunda estancia en Asia como becario de investigación en ciencias sociales y fue contratado en Harvard como profesor invitado. En el semestre del otoño de 1974 impartió un curso titulado «La psicología de la conciencia» que cuadraba perfectamente con el *ethos* de esos días, al menos entre los estudiantes, muchos de los cuales estaban llevando a cabo su propia incursión extracurricular en el mundo de los psicodélicos, el yoga y hasta un poco de meditación.

Fueron muchos los estudiantes de Harvard que se interesaron por ese curso de la conciencia que giraba en torno a la meditación y sus estados alterados asociados, el sistema psicológico budista y lo poco que, por aquel entonces, se sabía sobre la dinámica de la atención. La afluencia fue tal que el curso tuvo que desviarse al teatro Sanders, el mayor auditorio de Harvard, con capacidad para 1.000 personas.[3] Richie que, por aquel entonces, estaba en su tercer año de postgrado, fue uno de los profesores auxiliares del curso.[4]

La mayor parte de los temas abordados en ese curso (incluido, obviamente, el mismo título) estaban lejos del mapa convencional de la psicología de esos días. No es de extrañar que a Dan no le invitaran a permanecer, después de ese semestre, en el departamento. Por aquel entonces, sin embargo, él y Richie habían realizado alguna investigación y escrito algún artículo juntos y Richie estaba muy emocionado por su propio camino de investigación, que estaba ansioso de emprender.

Comenzamos a escribir un artículo durante nuestra estancia en Sri Lanka y continuamos durante ese semestre de enseñanza de Dan del curso de psicología de la conciencia, subrayando la importancia de los rasgos alterados. Aunque Dan había basado necesariamente su primer artículo sobre estas afirmaciones en una pobre investigación y demasiadas conjeturas, ahora contábamos con un marco de referencia del camino de los estados alterados, un algoritmo de la transformación interior y nos esforzábamos en conectar este mapa con los escasos datos que la ciencia había recopilado al respecto.

De nuevo en Cambridge, seguimos hablando de todo esto en largas conversaciones en Harvard Square. Y, como éramos vegetarianos, nos sentábamos ante un helado de caramelo en la heladería de Bayley de Brattle Street. Ahí elaboramos lo que acabó convirtiéndose en un artículo que recogía los pocos datos relevantes que pudimos encontrar en apoyo de nuestra primera afirmación de la existencia de rasgos alterados extraordinariamente positivos.

El artículo en cuestión recibió el nombre de «The Role of Attention in Meditation and Hypnosis: A Psychobiological Perspective on Transformations of Consciousness», donde la expresión más importante era «transformaciones de conciencia» con la que entonces nos referíamos a los rasgos alterados, que nosotros considerábamos un cambio «psicobiológico» (al que hoy llamaríamos «neuronal»); nuestra conclusión consistía en que a diferencia de lo que sucede con la meditación, que produce un efecto rasgo, la hipnosis se limita a producir un efecto estado.

En esos tiempos, la fascinación no giraba en torno a los rasgos, sino a los estados alterados, ya fuese de los psicodélicos o de la meditación. Pero, como decíamos en nuestras charlas de Bailey, «Cuando el estado elevado desaparece, sigues siendo el mismo estúpido», una idea que posteriormente recogimos en un artículo.

Nosotros hablábamos de una confusión básica –todavía muy habitual, por cierto– en el modo en que la meditación puede cambiarnos. Algunas personas se fijan en los interesantes estados alcanzados durante una sesión de meditación (especialmente durante largos retiros), sin prestar mucha atención –si es que prestan alguna– al modo en que esos estados se traducen en cambios positivos y duraderos cuando regresan a su vida cotidiana. Esta supravaloración de los estados elevados los lleva a olvidar que el verdadero objetivo de la práctica consiste en la transformación duradera.

Recientemente tuvimos la oportunidad de aclarar con el Dalái Lama este punto relativo a los estados meditativos y las pautas de onda cerebral exhibidas por un practicante avanzado en el laboratorio de Richie. Pues el perfil neuronal que nos muestra la imagen cerebral de ese yogui varía en función del tipo de meditación asumida (y es distinto, por ejemplo, en una visualización, o mientras uno medita en la compasión).

«Es muy bueno –comentó el Dalái Lama– y muestra algunos signos de capacidad yóguica», refiriéndose, con ello, a la meditación intensiva practicada durante meses y hasta años por los yoguis en las cavernas del Himalaya, a diferencia de la práctica habitual fundamentalmente centrada en el mantenimiento del estado físico tan popular en estos días.[5]

«Pero el rasgo distintivo –añadió luego– de los meditadores es que han disciplinado su mente hasta el punto de liberarse de las emociones negativas».

Esta regla básica se ha mantenido constante desde la época en la que se escribió el *Visudhimagga*: «Lo que importa no es tanto la altura que alcances como la persona en la que te conviertes».

Interesados en conciliar el mapa de la meditación con nuestra experiencia y la escasa evidencia científica con la que entonces contábamos, esbozamos la siguiente hipótesis: «El después es el antes del siguiente durante».

El término «después» de esta afirmación se refiere a los cambios duraderos de la meditación que perduran después de la práctica.

«Antes» se refiere al estado en el que nos hallábamos al comienzo (es decir, antes de sentarnos a meditar). Y «durante» es lo que ocurre mientras estamos meditando, es decir, los cambios provisionales de estado que se desvanecen apenas dejamos de meditar. O, dicho en otras palabras, la práctica repetida de la meditación provoca rasgos duraderos: es decir, el «después».

Nosotros estábamos intrigados por la posibilidad de que la práctica reiterada consolidase senderos biológicos que estabilizasen rasgos positivos como la bondad, la paciencia, la presencia y la relajación en cualquier circunstancia... y suponíamos que la meditación era una herramienta para alentar precisamente esos rasgos beneficiosos.

Publicamos nuestro artículo en una de las dos o tres publicaciones académicas interesadas, en la década de 1970, en temas tan exóticos como la meditación.[6] Ese fue el primer atisbo de nuestro pensamiento sobre los rasgos alterados, asentado, por cierto, sobre un fundamento científico muy endeble. Se trataba de un ejemplo perfecto del axioma según el cual «probabilidad no es prueba», solo que nosotros teníamos alguna posibilidad, pero muy pocas probabilidades y ninguna prueba.

Cuando escribimos por vez primera sobre esto, no había ningún estudio científico que proporcionase el tipo de prueba que necesitábamos. Solo décadas después publicamos el artículo en el que Richie descubrió que el «antes» de los meditadores muy avanzados es muy distinto al de las personas que nunca han meditado, o que han hecho muy poca meditación, y presentan así un claro indicador de un rasgo alterado (como veremos en el capítulo 12 titulado «El tesoro oculto»).

Nadie hablaba, en esos días, en el ámbito de la psicología, de *rasgo* alterado. Además, nuestra materia prima era muy inusual para los psicólogos: antiguos manuales de meditación difíciles de encontrar fuera de Asia, nuestra propia experiencia en retiros de meditación intensiva y encuentros ocasionales con practicantes muy avanzados. Éramos, por decirlo en pocas palabras, un caso atípico en el campo de la psicología, auténticos frikis a los ojos de nuestros colegas de Harvard. Nuestra visión de los rasgos alterados iba mucho más allá de lo aceptado por la ciencia psicológica de nuestro tiempo, una empresa ciertamente arriesgada.

La ciencia se pone al día

Cuando un investigador creativo esboza una nueva idea, se inicia una cadena de acontecimientos semejante a la provocada en la evolución por la variación natural, y, en la medida en que las pruebas empíricas ponderan las nuevas ideas, descartan las malas hipótesis y se quedan con las buenas.[7]

Pero, para que esto suceda, debe haber una adecuada proporción entre escépticos y personas imaginativas que piensen en redes amplias y se pregunten «qué sucedería si...». La red de conocimiento crece verificando las ideas originales proporcionadas por especuladores como nosotros; poca innovación habría si la ciencia se limitase a tener en cuenta lo que dicen los escépticos.

El economista Joseph Schumpeter se ha hecho famoso por haber popularizado el concepto de «destrucción creativa», donde lo nuevo perturba a lo viejo en un mercado. Nuestra corazonada sobre los rasgos alterados coincidía con lo que Schumpeter denominaba «visión»: un acto intuitivo que moviliza y orienta el esfuerzo analítico. La visión nos permite ver las cosas bajo una perspectiva nueva que, en sus propias palabras, «no existía en los hechos, los métodos y los resultados de la ciencia preexistente».[8]

Obviamente, nosotros teníamos una visión en ese sentido, pero carecíamos de métodos y datos que nos permitiesen explorar este rango positivo de rasgos alterados y no teníamos la menor idea de los mecanismos cerebrales que posibilitarían un cambio tan profundo. Por más clara que estuviera nuestra decisión, sin embargo, era demasiado pronto para encontrar la pieza científica que nos permitiera acabar de componer el puzle.

Los datos con que contábamos en apoyo de nuestra tesis de que las horas de práctica meditativa determinan la duración de sus efectos más allá de la sesión eran débiles... a decir verdad, *muy* débiles.

En la medida, sin embargo, en que la ciencia cerebral ha ido evolucionando, hemos asistido a la emergencia de razones que corroboran nuestra intuición original.

Richie asistió en 1973 al primer congreso de la Society for Neuroscience celebrado en Nueva York junto a otros 2.500 científicos, entusiasmados por asistir al nacimiento de un nuevo campo (y nadie sospechaba entonces que años después esos encuentros congregarían a más de 30.000 neurocientíficos).[9] A mediados de la década de 1980, Bruce McEwen, de la Universidad Rockefeller y uno de los primeros presidentes de la sociedad, nos proporcionó los primeros argumentos científicos.

McEwen puso en la misma jaula, durante 28 días, una musaraña arborícola dominante y una semejante que ocupaba un escalón jerárquico inferior (la versión roedora, por así decirlo) para compartir durante un mes el mismo espacio veinticuatro horas al día los siete días de la semana de todo un mes. El gran descubrimiento del estudio de McEwen fue el encogimiento, en el cerebro del roedor dominante, de las dendritas del hipocampo, un nódulo crucial para la memoria. Estas proyecciones ramificadas de las células del cuerpo les permiten llegar e influir en otras células, de modo que el encogimiento de las dendritas implica necesariamente menos memoria.

Los resultados del experimento de McEwen se extendieron como un reguero de pólvora por el ámbito de las ciencias cerebrales y conductuales, abriendo las puertas a la posibilidad de que una determinada experiencia pudiese dejar una impronta en el cerebro. De este modo, McEwen estaba poniendo en cuestión un santo grial de la psicología: que los eventos estresantes dejan cicatrices neuronales duraderas. El hecho de que una experiencia de ese tipo pudiese dejar su marca en el cerebro había sido, hasta ese momento, algo impensable.

El estrés, a decir verdad, formaba parte del destino de una rata de laboratorio y McEwen solo aumentó la intensidad. El entorno estándar para una rata de laboratorio era el equivalente roedor al confinamiento en solitario: semanas o meses encerrada en una pequeña jaula de alambre con la única compañía, en el caso de tener suerte, de una noria para hacer ejercicio.

Comparemos esa vida en completo aburrimiento y aislamiento social con algo semejante a un *spa* para roedores lleno de juguetes, cosas a las que subirse, paredes coloridas, parejas y espacios interesantes para explorar. Ese es el estimulante hábitat que construyó Marion Diamond en la Universidad de California en Berkeley para sus ratas de laboratorio. Trabajando al mismo tiempo que McEwen, Diamond descubrió que el efecto de ese entorno engrosaba las ramas dendríticas del cerebro de las ratas que conectaban las neuronas y era mayor en regiones, como la corteza prefrontal, esenciales para la atención y la autorregulación.[10]

Así pues, mientras que el trabajo de McEwen mostraba el modo en que los eventos adversos pueden encoger ciertas partes del cerebro, el estudio de Diamond se centraba en el efecto de los acontecimientos positivos. Lo curioso es que su trabajo tropezó con la indiferencia de la neurociencia, quizás porque cuestionaba abiertamente las creencias dominantes del campo. El dogma convencional de la época daba por sentado que nacemos con un determinado número de neuronas que vamos perdiendo inexorablemente a lo largo de la vida, algo que no puede verse modificado, en modo alguno, por la experiencia.

Pero los descubrimientos realizados por McEwen y Diamond en el cerebro de las ratas nos llevaron a preguntarnos si no podrían, las experiencias adecuadas, modificar nuestro cerebro y contribuir al establecimiento de rasgos alterados beneficiosos. ¿No podría ser acaso la meditación una especie de gimnasia interna útil?

El vislumbre de esta posibilidad fue muy estimulante. Pero, por más que sintiéramos que estábamos a punto de asistir a algo realmente revolucionario, todavía tuvimos que esperar un par de décadas para que la evidencia científica corroborase nuestra corazonada.

El gran salto

Estábamos en 1992 y Richie estaba nervioso cuando el departamento de Sociología de la Universidad de Wisconsin le pidió que organizase un gran coloquio en el departamento. Sabía que estaba adentrándose en el meollo de un gran debate intelectual, la batalla entre «lo innato» y «lo adquirido» [*nature-nurture*] en la que, desde hacía años, se hallaban sumidas las ciencias sociales.

Los partidarios de lo innato consideraban que la conducta está determinada por los genes, mientras que los partidarios de lo adquirido creían que la conducta depende de la experiencia. Esta batalla tenía una historia tan larga como fea: los racistas de los siglos xix y xx apelaban a la genética de su tiempo como fundamento «científico» en apoyo de sus prejuicios contra los negros, los nativos americanos, los judíos, los irlandeses y la larga lista de grupos hacia los que dirigían su fanatismo. Los racistas atribuían los retrasos educativos y económicos del grupo elegido a su destino genético, ignorando la inmensa desigualdad de oportunidades de la que partían. Por eso, la reacción resultante en el campo de las ciencias sociales había convertido a muchos de los miembros del departamento de Sociología en escépticos ante cualquier explicación biológica.

Pero Richie consideraba que los sociólogos incurrían en una falacia científica al asumir que las explicaciones estrictamente biológicas reducían las diferencias del grupo a mera genética y que, en consecuencia, se consideraban inmutables. Esos sociólogos, en opinión de Richie, se veían arrastrados por una actitud ideológica.

Por primera vez, Richie expuso públicamente el concepto de «neuroplasticidad» como forma de resolver la pugna entre naturaleza y crianza. La neuroplasticidad, en su opinión, probaba que las experiencias repetidas pueden conformar y transformar nuestro cerebro. No estamos obligados, pues, a elegir entre naturaleza o crianza, porque esos dos factores interactúan y se moldean mutuamente.

El concepto de neuroplasticidad reconciliaba puntos de vista que hasta entonces habían permanecido hostiles. Pero Richie estaba yendo más allá de la ciencia del día, porque los datos de la neuroplasticidad todavía eran muy vagos.

Las cosas cambiaron pocos años después con una cascada de descubrimientos científicos que demostraban, por ejemplo, que el dominio de un instrumento musical influye en la estructura de los centros cerebrales implicados.[11] Los violinistas, por ejemplo, cuya mano izquierda no deja de moverse mientras tocan, tienen más grandes las áreas cerebrales que se ocupan de controlar el funcionamiento de los dedos. O, dicho de otro modo, cuanto más práctica, más grandes son esas regiones.[12]

Un experimento natural

Mire ahora hacia delante y extienda un brazo con un dedo levantado. Sin dejar de mirar hacia delante, desplace entonces el brazo hacia la derecha hasta que el dedo caiga en el campo de su visión periférica, el límite externo de lo que percibe su sistema visual.[13]

Llega un momento en el que la mayoría de las personas pierden de vista el dedo cuando lo mueven hacia el lado derecho o izquierdo de su nariz... pero hay un grupo que no lo hace así, los sordos.

Aunque esta curiosa ventaja visual de los sordos se conoce desde hace mucho, su fundamento cerebral acaba de ser descubierto; y el mecanismo que lo explica es, de nuevo, la neuroplasticidad.

Situaciones como la sordera congénita son «experimentos naturales» que nos permiten estudiar aspectos relativos al funcionamiento de nuestro cerebro. Esta es una situación que aprovechó Helen Neville, neurocientífica de la Universidad de Oregon y apasionadamente interesada en la plasticidad cerebral, para llevar a cabo un escáner cerebral, una imagen por resonancia magnética (IRM), de personas sordas y de personas que oyen con una simulación visual que imita lo que la persona sorda ve cuando lee el lenguaje de signos.

Los signos son gestos expansivos. Cuando una persona sorda está leyendo el lenguaje de signos de otra, no mira tanto el movimiento de las manos mientras hace signos como el rostro de la persona que está hablando. Algunos de estos gestos expansivos se mueven en la periferia del campo visual y ejercitan de manera natural la capacidad del cerebro para percibir lo que sucede en los límites de su visión. La plasticidad permite que estos circuitos asuman tareas visuales cuando la persona sorda aprende el lenguaje de signos, lo que le permite percibir lo que está ocurriendo en el límite de su campo visual.

La región neuronal que habitualmente opera como corteza auditiva primaria (conocida como área de Heschl) no recibe, en el caso de los sordos, ningún impulso sensorial. Y, como descubrió Neville, el cerebro de los sordos se había transformado hasta el punto de que una región normalmente vinculada al sistema auditivo acaba formando parte del circuito neuronal asociado al sistema visual.[14]

Esos descubrimientos ponen claramente de relieve la posibilidad de que el cerebro se reconfigure en respuesta a experiencias repetidas.[15] Así es como los descubrimientos hallados en los músicos y los sordos –entre otros– empezaron a poner claramente de relieve lo que estábamos esperando. La neuroplasticidad proporciona un marco de referencia basado en la evidencia y un lenguaje que tiene sentido en términos del pensamiento científico actual.[16] Esa era la plataforma científica que necesitábamos, una forma de pensar en el modo en que un ejercicio mental deliberado como la meditación puede acabar reconfigurando nuestro cerebro.

El espectro de los rasgos alterados

Los rasgos alterados abarcan un amplio espectro que llega, en su lado negativo, hasta el trastorno de estrés postraumático. La amígdala actúa como una especie de radar neuronal para las amenazas. Los traumas desbordantes ajustan el umbral de disparo de la amígdala para que secuestre todo el cerebro en respuesta a cualquier cosa que se perciba como una emergencia.[17] En el caso de las personas aquejadas de TEPT, cualquier indicio que recuerde la experiencia traumática –que, para la persona normal y corriente, no es especialmente notable– desencadena una cascada de reacciones neuronales desproporcionadas que generan los *flashbacks*, el insomnio, la irritabilidad y la hipervigilancia ansiosa características de este trastorno.

En el lado positivo de este espectro de rasgos se hallan los impactos neuronales beneficiosos de haber sido un niño seguro, cuyo cerebro se ha visto moldeado por un parentaje empático, preocupado y nutriente. Esta configuración cerebral infantil se traduce, al llegar la madurez, por ejemplo, en la capacidad de tranquilizarse cuando uno se inquieta.[18]

Pero nuestro interés en los rasgos alterados no se limita a la banda sana del espectro, sino que llega incluso a una franja todavía más positiva que incluye los rasgos sanos del ser. Esos *rasgos alterados extraordinariamente positivos*, como, por ejemplo, la ecuanimidad y la compasión, son objetivos del entrenamiento mental propio de las tradiciones contemplativas. A este rango altamente positivo es al que nos referimos cuando utilizamos la expresión *rasgo alterado*.[19]

La neuroplasticidad nos proporciona el fundamento científico para explicar que el entrenamiento repetido puede crear las cualidades duraderas que hemos visto en un puñado de yoguis, *swamis*, monjes y *lamas* excepcionales. Sus rasgos alterados concuerdan con antiguas descripciones de transformaciones duraderas en los niveles superiores.

Una mente libre de las preocupaciones tiene valor para aliviar el sufrimiento humano, un objetivo compartido por la ciencia y los caminos meditativos. Dejando a un lado, sin embargo, las alturas más elevadas del ser, existe, en cada uno de nosotros, un potencial más práctico al que suele conocerse como florecimiento.

Florecimiento

Cuenta la leyenda que, cuando Alejandro el Grande atravesaba con su ejército lo que hoy en día es Cachemira, se encontró, en Taxila, una próspera ciudad que se hallaba en una de las ramas de la Ruta de la Seda que llevaba a las planicies de la India, con un grupo de ascetas yóguicos.

Los yoguis respondieron con indiferencia a la presencia de los fieros soldados de Alejandro diciéndoles que, como ellos, solo podían poseer la tierra en la que estaban y que un buen día también morirían.

La palabra derivada del griego con la que se refirieron a esos yoguis era la de *gimnosofistas*, lo que literalmente significa «filósofos desnudos» (aun hoy en día algunos grupos de yoguis indios pasean desnudos cubiertos de cenizas). Impresionado por su ecuanimidad, Alejandro los consideró «hombres libres», convenciendo incluso a uno de ellos, llamado Kalyana, para que le acompañase durante su viaje de conquista. No tenemos la menor duda de que el estilo de vida del yogui y su visión estaban en sintonía con la educación recibida por Alejandro, que había sido educado por el filósofo griego Aristóteles. Conocido por su amor al aprendizaje permanente, Alejandro reconoció a los yoguis como modelos de otra fuente de sabiduría.

Las escuelas griegas de filosofía aspiraban a un ideal de transformación personal notablemente parecido a los de Asia, como descubrió Alejandro en sus conversaciones con Kalyana. Los griegos y sus herederos romanos, obviamente, establecieron los cimientos del pensamiento occidental que perdura hasta nuestros días.

El objetivo de la vida era, para Aristóteles, la *eudaimonia* –una cualidad del florecimiento basada en la virtud– que sigue viva, bajo formas muy diversas, en el pensamiento moderno. Las virtudes, para Aristóteles, se logran parcialmente descubriendo el «justo medio» entre los extremos (así, por ejemplo, el valor y la moderación se hallan a mitad de camino entre la asunción de riesgos impulsiva y la cobardía, y lo mismo ocurre con la moderación, que templa la autocomplacencia con la negación ascética).

Aunque, en su opinión, el ser humano no sea naturalmente virtuoso, todos tenemos la posibilidad, realizando el esfuerzo adecuado, de tornarnos virtuosos. Y ese esfuerzo incluye lo que hoy en día podríamos denominar automonitorización, es decir, la práctica continua de darnos cuenta de nuestros pensamientos y de nuestras acciones.

Otras escuelas filosóficas grecorromanas empleaban, en su camino al florecimiento, prácticas similares. Para los estoicos, por ejemplo, nuestra felicidad no depende de los acontecimientos de nuestra vida, sino de nuestros sentimientos al respecto, y la ecuanimidad consiste en diferenciar claramente lo que podemos controlar de lo que queda fuera de nuestro control. Este es un credo que hoy en día encuentra un eco en la versión de la oración del teólogo Reinholt Niebuhr popularizada por los 12 pasos de Alcohólicos Anónimos:

> Concédeme, Dios mío, la serenidad para aceptar las cosas que no puedo cambiar,
> el valor para cambiar las cosas que puedo cambiar
> y la sabiduría para conocer la diferencia.

El camino clásico a la «sabiduría para conocer la diferencia» descansa en el entrenamiento mental. Estas escuelas griegas consideraban la filosofía como un arte aplicada y enseñaban ejercicios y disciplinas contemplativas como caminos para el florecimiento. Al igual que sus pares de Oriente, los griegos creían en la posibilidad de cultivar cualidades mentales que alientan el bienestar.

Algunas de las prácticas griegas para el desarrollo de las virtudes se enseñaban a todo el mundo, mientras que otras solo se enseñaban a iniciados como Alejandro, que advirtió que la plena comprensión de esos textos solo se da en el contexto de esas enseñanzas secretas.

La tradición grecorromana consideraba fundamentales para el bienestar duradero cualidades como la integridad, la amabilidad, la paciencia y la humildad. Y esos pensadores occidentales consideraban asimismo muy positivo, como las tradiciones espirituales orientales, el cultivo de una vida virtuosa a través de una transformación similar del ser. En el caso del budismo, por ejemplo, el ideal de florecimiento interno se puso en términos de *bodhi* (en pali y en sánscrito), un camino de autorrealización que nutre «lo mejor de nuestro ser».[20]

Los descendientes de Aristóteles

La psicología actual utiliza el término «bienestar» para referirse a una versión del meme aristotélico *florecimiento*. La psicóloga (y colega de Richie) Carol Ryff, de la Universidad de Wisconsin, esbozó –basándose, entre otros, en Aristóteles– el siguiente modelo de bienestar compuesto de seis facetas diferentes:

- *Autoaceptación*, que consiste en tener una actitud positiva hacia uno mismo; reconocer nuestras cualidades buenas y no tan buenas y sentirnos bien tal como somos. Esto es algo que requiere ser conscientes de nosotros mismos sin enjuiciarnos.
- *Crecimiento personal*, es decir, la sensación de que podemos seguir cambiando y creciendo hasta alcanzar nuestro pleno potencial –y mejorar a medida que pasa el tiempo– adoptando nuevas formas de ver o de ser y poniendo en juego todos nuestros talentos. «Cada uno de nosotros es perfecto tal como es –dijo, en cierta ocasión, el maestro Zen Suzuki Roshi a sus discípulos. Y luego añadió–: Y también podemos mejorar», reconciliando así claramente la aceptación con el crecimiento.
- *Autonomía*, a saber, independencia de pensamiento y de acción, libertad de las presiones sociales y valorarnos en función de nuestros propios criterios. Esto es algo más habitual en culturas individualistas como las de Australia y los Estados Unidos, a diferencia de lo que ocurre en culturas como la japonesa, que valoran más la armonía con el grupo.

- *Maestría*: es decir, sentirnos en condiciones de gestionar las complejidades de la vida, aprovechando las oportunidades que se nos presentan y creando situaciones que se adapten a nuestras necesidades y a nuestros valores.
- *Relaciones satisfactorias* basadas en la cordialidad, la empatía, la confianza, la preocupación por los demás y el establecimiento de relaciones sanas de intercambio.
- *Sentido de la vida*, que consiste en tener objetivos y creencias que nos transmitan una sensación de dirección y de significado. Algunos filósofos afirman que la verdadera felicidad es un subproducto del propósito y el sentido de la vida.

Ryff ve estas cualidades como una versión moderna de la *eudaimonia* que es «el más elevado de todos los bienes humanos» y consiste, según Aristóteles, en la actualización de nuestro potencial único.[21] Como veremos en los siguientes capítulos, diferentes tipos de meditación parecen cultivar una o más de estas capacidades. También se han llevado a cabo varios estudios centrados en el modo en que la meditación alentaba el logro de puntuaciones positivas en la línea del bienestar elaborado por Ryff.

Según los Centers for Disease Control and Prevention, menos de la mitad de los estadounidenses afirman sentir una fuerte sensación de propósito en la vida más allá de sus obligaciones familiares y laborales.[22] Ese es un aspecto concreto del bienestar que puede tener implicaciones muy importantes: Victor Frankl había escrito sobre cómo una sensación de sentido y propósito le permitieron a él y a unos pocos más sobrevivir a un campo de concentración nazi mientras miles de personas morían a su alrededor.[23] Continuar con su trabajo como terapeuta de otros prisioneros dio sentido a su vida dentro del campo algo que, para otro, descansaba en tener un hijo fuera y, para un tercero, consistía en escribir un libro.

Esta opinión concuerda con el descubrimiento de que, después de un retiro de meditación de tres meses (en torno a 540 horas en total), los practicantes que, durante ese tiempo, habían fortalecido una sensación de propósito en la vida, mostraban también un aumento simultáneo, cinco meses después, en la actividad de la telomerasa en sus células inmunitarias, una enzima que protege la longitud de los telómeros, las cápsulas que hay al final de las hebras de ADN y que reflejan la vida de la célula.[24]

Es como si las células del cuerpo dijeran: «No te vayas, todavía te quedan cosas que hacer». Pero, como señalan los mismos investigadores, estos experimentos deben replicarse, para poder estar seguros, en estudios bien diseñados.

Otra investigación parece reflejar también, después de ochos semanas de práctica, de una variedad de mindfulness, un aumento en una región del tallo cerebral relacionada con un aumento en la puntuación del bienestar elaborado por Ryff.[25] Pero el estudio en cuestión era pequeño (solo 14 personas) y, para poder extraer conclusiones más que meramente provisionales, debe ser repetido con un grupo mayor.

Otro estudio señala que las personas que practican una forma popular de mindfulness presentan, un año después, niveles elevados de bienestar y otros beneficios parecidos y que, cuanto mayor es el tiempo invertido en la meditación, mayor es el aumento de la sensación subjetiva de bienestar.[26] Pero también, en este caso, el número de participantes era muy pequeño y sería mucho más convincente utilizar una medida cerebral que, como ya hemos dicho, son mucho menos sesgadas que las autoevaluaciones.

Así que, aunque a nosotros, en cuanto meditadores, nos parezca interesante la idea de que la meditación mejore el bienestar, la ciencia sigue mostrándose bastante escéptica al respecto.

Este tipo de estudios se esgrimen a menudo para «demostrar» los méritos de la meditación, especialmente en tiempos como los actuales en los que el mindfulness se ha convertido en el plato del día. Pero la validez científica de los estudios realizados sobre la meditación varía extraordinariamente cuando se utiliza para publicitar una determinada rama, aplicación o «producto» de la contemplación, una verdad incómoda que suele olvidarse.

En los siguientes capítulos utilizaremos criterios rigurosos para separar el trigo de la paja. ¿Qué es lo que realmente nos dice hoy la ciencia sobre los efectos de la meditación?

4. Lo mejor que tenemos

La escena discurre en un taller de carpintería en la que dos trabajadores –a los que llamaremos Al y Frank– charlan despreocupadamente mientras Al acerca una enorme hoja de madera contrachapada a una gigantesca sierra circular. Entonces, súbitamente te das cuenta de que Al no ha activado la protección de seguridad y tu corazón se desboca al advertir que su pulgar está acercándose peligrosamente a la rueda dentada.

Inconscientes del peligro que se avecina, Al y Frank siguen hablando animadamente mientras tu frente se llena de diminutas perlas de sudor. Tienes ganas de avisar a Al, pero eso no serviría de nada, porque es el actor de una película que estás viendo.

It Didn't Have to Happen [*No tenía que suceder*] es una película filmada por el Canadian Film Board para advertir a los carpinteros de la necesidad de que los operarios de maquinaria industrial utilicen los dispositivos de seguridad y que, en apenas 12 minutos, muestra tres accidentes. El suspense crece en cada uno de los tres episodios en los que Al pierde el pulgar en la sierra circular, otro trabajador sufre un desgarro en los dedos y un tablón de madera sale disparado y acaba clavándose en el cuerpo de un tercer trabajador que pasaba por ahí.

Pero esta película no se limitó a advertir a los carpinteros, sino que tuvo una segunda vida. Estas fueron las imágenes utilizadas, durante más de una década, por Richard Lazarus, un psicólogo de la Universidad de California en Berkeley, como estresor emocional fiable en su notable investigación; y le entregó generosamente una copia para que Dan la utilizara en su propia investigación en Harvard.[1]

Dan mostró la película a 60 personas, la mitad de las cuales eran voluntarios (alumnos de Harvard que asistían a cursos de psicología) que no tenían la menor experiencia en meditación y la otra mitad a instructores de meditación con, al menos, dos años de experiencia. La mitad de los participantes de cada grupo meditó justo antes de ver la película y Dan enseñó a los novatos de Harvard a meditar y pidió a quienes formaban parte del grupo de control seleccionado al azar que simplemente se sentaran y relajasen.

Mientras el ritmo cardiaco y la tasa de sudoración de los sujetos aumentaban y se reducían en función del accidente, Dan permanecía sentado en la sala de control situada al lado. La investigación puso de relieve que los meditadores experimentados se recuperaban más rápidamente del estrés generado por el visionado de acontecimientos más inquietantes que las personas nuevas en esa práctica, o eso era, al menos, lo que parecía.[2]

Aunque esa investigación, que se vio publicada en una de las principales revistas del campo, le permitió conseguir un doctorado en Harvard, no es difícil advertir en ella, mirando hacia atrás, la existencia de muchas limitaciones. Las personas encargadas de conceder las becas y revisar los artículos para publicar tienen criterios muy estrictos sobre la bondad de los diseños de investigación que garanticen la fiabilidad de los resultados obtenidos. Desde ese punto de vista, la investigación realizada por Dan –al igual que la mayoría de los estudios sobre meditación realizados hasta la fecha– adolece de varios problemas.

Dan, por ejemplo, era la persona que enseñaba a los voluntarios a meditar o les decía que se relajasen. Pero Dan conocía el resultado deseado, según el cual, la meditación debería ayudar, lo que pudo haber influido en el modo en que se dirigía a los dos grupos y alentar así en consecuencia, sin darse cuenta, resultados positivos de los meditadores, y pobres en el caso de los participantes del grupo de control que recibían simplemente la instrucción de relajarse.

Ninguno de los 313 artículos que han citado los descubrimientos realizados por el estudio de Dan trató de replicarlo para ver si obtenía resultados similares. Esos autores dieron por sentado que los resultados eran lo suficientemente sólidos como para fundamentar en ellos sus propias conclusiones.

Y este es un problema que no solo afecta al estudio de Dan, sino que se trata de una actitud prevalente hasta hoy en día. La replicabilidad, uno de los pilares del método científico, es el nombre técnico con el que se conoce a la posibilidad de reproducir un determinado experimento y obtener los mismos resultados o revelar, por el contrario, el fracaso en reproducirlos. Lamentablemente, son muy pocas las veces que se llevan a cabo estudios en este sentido.

La ausencia de replicación es un problema continuo en el campo de la ciencia que afecta muy en especial a las investigaciones que se ocupan de la conducta humana.[3] Un estudio realizado recientemente al respecto ha puesto de relieve que solo el 39% de los intentos de replicar metodológicamente los descubrimientos más citados en el campo de la psicología corroboraron los resultados originales. Y, como los incentivos del campo no favorecen tanto la replicación como el trabajo original, solo una pequeña fracción de los estudios realizados en el campo de la psicología se ven replicados. Además la psicología, como todas las ciencias, tiene un fuerte «sesgo de publicación», es decir, una fuerte tendencia a publicar los estudios que obtienen resultados significativos en detrimento de aquellos otros que no los obtienen, pese a la significatividad que tienen, en sí mismos, los descubrimientos nulos.

Existe una diferencia substancial entre las medidas «blandas» y las medidas «duras». Si pedimos a las personas que informen de su conducta, de sus sentimientos y similares (medidas blandas todas ellas), es muy probable que su respuesta se vea determinada por factores psicológicos, como su deseo de complacer al investigador o el estado de ánimo en el que, en ese momento, se halle la persona. Y también es muy probable, por el contrario, que esos sesgos influyan menos (o nada) en medidas duras referidas a procesos psicológicos como la tasa cardiaca o la actividad cerebral.

La investigación llevada a cabo por Dan confió en una medida blanda en la que las personas evaluaban sus propias reacciones. Para ello empleó una forma de evaluación muy popular (entre los psicólogos) que ofrecía a los sujetos de estudio la posibilidad de estimar el grado de ansiedad que experimentaban eligiendo entre ítems que iban desde «casi siempre» hasta «casi nunca», pasando por «estoy muy preocupado», «estoy preocupado» o «no estoy nada preocupado».[4] Este método ha puesto de relieve que los sujetos se sentían menos estresados después de haber establecido contacto con la meditación, un descubrimiento muy habitual en los últimos años de estudios sobre la meditación. Pero tales autoinformes son evidentemente susceptibles de verse afectados por la «expectativa de demanda», es decir, por las señales implícitas que informan de la presencia de un resultado positivo.

Aun los principiantes en meditación afirman sentirse más tranquilos y menos estresados una vez que empiezan a meditar. Los autoinformes que hablan de gestionar mejor el estrés aparecen mucho antes en los datos proporcionados por los meditadores que medidas duras como la actividad cerebral. Y esto puede significar que la atenuación de la sensación de ansiedad que experimentan los meditadores ocurre antes que cambios discernibles en las medidas duras, o que el autoinforme de los meditadores se ve sesgado por la expectativa de tales efectos.

Pero el corazón no miente. El estudio de Dan empleó medidas psicológicas, como la tasa cardiaca y la respuesta de sudoración, que no pueden verse controladas deliberadamente y nos ofrecen un retrato más exacto de las verdaderas reacciones de la persona, especialmente cuando lo comparamos con las medidas subjetivas y más fácilmente sesgadas proporcionadas por los autoinformes.

La principal medida fisiológica utilizada por Dan en su tesis fue la respuesta galvánica de la piel (GSR) que tiene que ver con los pulsos de actividad eléctrica que acompañan al sudor. En este sentido, la respuesta galvánica de la piel refleja un aumento del estrés corporal. Quizás, como algunos han especulado, la sudoración posee un valor de supervivencia ya que, al atenuar el brillo de la piel, protegió al ser humano durante el combate cuerpo a cuerpo.[5]

Las medidas cerebrales son más fiables que los valores fisiológicos «periféricos», como la tasa cardiaca. Pero aún era demasiado pronto para métodos menos sesgados y más convincentes. En la década de los años 1970, todavía no se habían inventado sistemas de imagen cerebral como la RMf, la SPECT (del inglés *single photo emission computed tomography*, tomografía por emisión de fotón único) y el análisis fino asistido del EEG asistido por ordenador.[6] De modo que lo mejor con lo que Dan contaba eran medidas de respuestas fisiológicas distantes al cerebro (como la tasa cardiaca y respiratoria, la sudoración, etcétera)[7] que, al reflejar una combinación compleja de fuerzas, resultan bastante más difíciles de interpretar.[8]

Otra debilidad del estudio se deriva de la tecnología de registro de la época, muy anterior a la digitalización de los datos. Las tasas de sudoración se registraban mediante el trazo dejado por una aguja en un rollo de papel continuo que Dan debía luego contabilizar minuciosamente para el posterior análisis de los datos (lo que implicaba contar las manchas que reflejaban un chorro de sudor antes y después del visionado de cada accidente).

La cuestión clave consiste en advertir la existencia de una diferencia significativa en la velocidad de recuperación de los picos de excitación durante los accidentes en las cuatro condiciones (experto *versus* novato y meditando *versus* permanecer tranquilamente sentado). Los resultados obtenidos por Dan sugirieron que la meditación acelera la tasa de recuperación, algo de lo que los meditadores avanzados se recuperan más rápidamente.[9]

La expresión «obtenidos por Dan» sugiere otro posible problema derivado del hecho de que era Dan quien llevaba a cabo la puntuación y de que la tarea consistía simplemente en apoyar una hipótesis formulada por él mismo. Esta es una situación que favorece el sesgo del experimentador según el cual, cuando la persona que diseña un estudio es la misma que analiza los datos, puede sesgar los resultados en la dirección deseada.

El difuso recuerdo de Dan (un recuerdo ciertamente muy difuso), después de cerca de 50 años, es que la presencia, entre los meditadores, de un GSR ambiguo –que podía coincidir con la cúspide de la reacción al accidente o inmediatamente después– se puntuaba más como si se hallara en la cumbre que al comienzo de la recuperación. El efecto neto de ese sesgo sería hacer que la respuesta de sudoración de los meditadores pareciera reaccionar más al accidente y recuperarse más rápidamente (lo que, sin embargo, como veremos, ha sido precisamente la pauta descubierta en los meditadores más avanzados estudiados hasta la fecha).

La investigación realizada sobre los sesgos ha puesto de relieve dos tipos diferentes de sesgo: nuestras predilecciones conscientes y nuestras tendencias inconscientes (más difíciles de contrarrestar). Por eso, Dan no puede garantizar que su puntuación de esas manchas de tinta no se hallara sesgada. Conviene decir que, en este mismo sentido, Dan compartía el dilema que afecta a la mayoría de los científicos que hacen investigación sobre la meditación ya que, al ser ellos mismos meditadores, pueden alentar –aunque sea de manera inconsciente– tal sesgo.

Ciencia sin sesgos

Pudo haber sido perfectamente la escena de una versión bollywoodiana de la película *El padrino*: una limusina Cadillac negra se detiene, a la hora y el lugar previstos, se abre la puerta y Dan entra en ella. Sentado junto a él está el gran jefe, pero no se trata de Marlon Brando/Don Corleone, sino de un pequeño yogui barbudo vestido con un *dhoti* blanco.

Yogui Z había llegado de Oriente a Estados Unidos en la década de 1960 y llamó rápidamente la atención de los titulares por codearse con todo tipo de celebridades. Fueron muchas las personas a las que atrajo y centenares los jóvenes estadounidenses que se convirtieron en instructores de su método. En 1971, poco antes de su primer viaje a la India, Dan asistió a un campo de verano de formación de instructores dirigido por el yogui.

Al enterarse, de algún modo, de que Dan era un estudiante graduado de Harvard y de que había recibido una beca predoctoral para viajar a la India, el yogui Z esbozó un plan para su predoctorado y le entregó una lista de nombres y direcciones de sus seguidores en la India, instruyéndole para que los visitara, los entrevistase y escribiera una tesis doctoral con la conclusión de que su método era el único válido para «iluminarse».

A Dan, esa idea le pareció detestable. Tal secuestro directo de la investigación para promover una determinada rama de meditación ilustra los trapicheos que desgraciadamente rodean a cierto tipo de «maestro espiritual» (recordemos a Swami X). El maestro que incurre en el tipo de autobombo característico de algunas marcas comerciales muestra su interés por servirse de la apariencia de progreso espiritual para utilizarlo con fines comerciales. Y el mismo tipo de sesgo cuestionable aparece cuando un investigador insiste en los resultados positivos de una determinada marca de meditación, hasta el punto de que uno se pregunta: «¿Y cuáles son los resultados negativos que no se han visto publicados?».

Los maestros de meditación que participaron en el estudio de Dan, por ejemplo, enseñaban meditación trascendental (TM). La investigación sobre la TM ha tenido una historia un tanto accidentada, porque ha sido llevada fundamentalmente a cabo por personal de la Maharishi University of Management (antiguamente llamada Universidad Internacional de Maharishi), dependiente de la organización que promueve la TM. No es de extrañar, por tanto, que, pese a que la investigación se haya llevado adecuadamente a cabo, nos preguntemos si no hay ahí un evidente conflicto de intereses.

Por eso, el laboratorio de Richie empleaba deliberadamente a científicos escépticos sobre los efectos de la meditación y que formulaban un número sano de preguntas y cuestiones que los «creyentes» podrían soslayar u ocultar bajo la alfombra. Un ejemplo de ello podemos verlo en el hecho de que el laboratorio de Richie ha publicado varios «no descubrimientos», es decir, estudios que, en su intento de verificar una determinada hipótesis sobre el efecto de la meditación, no han logrado obtener el resultado deseado, y también ha publicado «fallos de replicación», es decir, estudios que, en su intento de replicar algunos efectos positivos de la meditación, no han logrado reproducir los resultados obtenidos por la publicación original. Ese fracaso pone en cuestión los resultados obtenidos por la investigación original.

Apoyarse en escépticos es uno de los muchos modos de minimizar el sesgo del experimentador. Otro puede serlo el hecho de estudiar a un grupo al que, si bien se le habla de la práctica de la meditación y de sus beneficios, no se le ofrece, no obstante, instrucción alguna. Y mejor aún es el empleo de un grupo de control activo que se compromete en una actividad distinta a la meditación que cree que puede resultarle beneficiosa como, por ejemplo, el ejercicio físico.

Un problema adicional de nuestra investigación en Harvard –y que sigue afectando todavía al campo de la psicología– es que los estudiantes universitarios que participaron en el experimento no eran representativos de la población en general. Nuestros experimentos se realizaron con sujetos que el campo consideraba raros, es decir, occidentales, educados, industrializados, ricos y de culturas democráticas [*weird*: acrónimo, en inglés, de *western*, *educated*, *industrialized*, *rich* y *democratic*].[10] Y el hecho de trabajar con estudiantes de Harvard, un grupo atípico entre los atípicos, quita valor de universalidad a los datos obtenidos sobre la naturaleza humana.

Las variedades de la experiencia meditativa

Richie fue, en su tesis doctoral, uno de los primeros neurocientíficos en preguntarse por la posibilidad de identificar una signatura neuronal de la habilidad de la atención, un tema básico que, en esos días, era muy respetable.

Su tesis doctoral evidenciaba el mismo interés oculto en la mente que había caracterizado su trabajo de pregraduado. La agenda secreta inmersa en su estudio consistía en explorar la existencia de indicios de habilidades atencionales distintas entre los meditadores y los no meditadores. ¿Acaso se concentraban mejor los meditadores? *No* era, en esos días, una pregunta muy respetable.

Richie midió las señales eléctricas cerebrales procedentes del cuero cabelludo de meditadores mientras escuchaban tonos o veían *flashes* de luces led mientras se les instruía para que se concentrasen en estos ignorando aquellos, o viceversa. Richie analizó las señales eléctricas del «potencial relacionado con el evento» (ERP) indicado por un pitido en respuesta a una luz o a un tono. El ERP, inmerso en un fondo de ruido, es una señal tan minúscula que se mide en microvoltios (la millonésima parte de 1 voltio), una señal muy débil que, pese a ello, nos proporciona una ventana para ver hacia dónde dirigimos nuestra atención.

Richie descubrió una reducción en la magnitud de esas débiles señales en respuesta al tono cuando los meditadores se concentraban en la luz, y una reducción en la magnitud de la respuesta a las señales desencadenadas por la luz cuando los meditadores dirigían su atención al tono, un descubrimiento, por cierto, que cabría esperar. Pero esta pauta de bloqueo de la modalidad no deseada resultaba mucho más clara en los meditadores que en los sujetos pertenecientes al grupo de control, una de las primeras pruebas de que los meditadores concentran mejor su atención que los no meditadores.

Como la selección de un objetivo en el que concentrarse ignorando simultáneamente las distracciones jalona una habilidad atencional clave, Richie concluyó que el registro de la actividad eléctrica cerebral (el EEG) podía ser utilizado para esta evaluación (rutinaria actualmente, pero un auténtico avance en el progreso científico en aquellos días). Pese a ello, apenas había prueba de un mejor desempeño en los meditadores que en los sujetos pertenecientes al grupo de control, que nunca habían meditado.

A posteriori es fácil ver la razón por la cual esta evidencia era, en sí misma, cuestionable: Richie había reclutado a meditadores que empleaban métodos muy distintos. Y, si nos remontamos a 1975, éramos muy ingenuos sobre la importancia de estos detalles técnicos. Hoy en día sabemos que la atención tiene muchas dimensiones y que diferentes tipos de meditación ejercitan hábitos mentales muy diferentes e influyen de manera muy distinta en las habilidades mentales.

En el Max Plank Institute for Human Cognitive and Brain Sciences de Leipzig (Alemania), por ejemplo, los investigadores utilizaban tres tipos diferentes de meditación para que los practicasen cotidianamente los meditadores novatos: concentrarse en la respiración, generación de bondad y control de los pensamientos sin dejarse arrastrar por ellos.[11] Según descubrieron, la concentración en la respiración era tranquilizadora y parecía confirmar la difundida creencia de la utilidad de la meditación como forma de relajación. La práctica de la bondad o el control de los pensamientos, por su parte, no relaja el cuerpo, debido aparentemente al hecho de que exige un mayor esfuerzo mental porque, cuando uno observa los pensamientos, se ve arrastrado por ellos y, al advertir esa situación, debe hacer un esfuerzo consciente para volver a observar de nuevo. Por su parte, la práctica de la bondad, en la que uno desea el bien para uno mismo y para los demás, genera comprensiblemente un estado de ánimo positivo, cosa que no sucede con los otros dos métodos.

Aunque diferentes tipos de meditación produzcan resultados diferentes, algo que debería obligarnos a identificar el tipo concreto de meditación estudiado, la confusión al respecto sigue siendo demasiado habitual. Un determinado grupo de investigación, por ejemplo, ha recopilado recientemente datos sobre la anatomía cerebral de 50 meditadores, algo de un valor incalculable.[12] Lamentablemente, sin embargo, las prácticas de meditación incluidas revelaron que el estudio aglutinaba un batiburrillo de métodos diferentes. De haber registrado metódicamente el entrenamiento mental concreto implicado en cada tipo de meditación, el valor de los resultados hubiese sido muy superior (aunque bienvenida, sin embargo, sea esa información que a menudo pasa inadvertida).

Nuestra revisión del inmenso número de investigaciones actuales sobre la meditación nos ha proporcionado sorpresas sobre la confusión e ingenuidad de algunos científicos al respecto. A menudo están sencillamente equivocados, como ilustra el artículo científico que afirma que tanto en el Zen como en el *vipassana* de Goenka los meditadores mantienen los ojos abiertos (cuando, en este último caso, la práctica se realiza con los ojos cerrados).

Son varios los estudios que han empleado como control activo un método «antimeditación». En una de estas versiones se pidió a los voluntarios que se concentrasen en tantos pensamientos positivos como les fuera posible, lo que se asemeja a algunos métodos contemplativos (como la meditación de la bondad amorosa que revisaremos en el capítulo 6). Y el hecho de que algunos experimentadores no consideren que esta sea una forma de meditación pone de relieve su desconocimiento de lo que están investigando.

La regla según la cual lo que se ejercita se desarrolla subraya la importancia de equiparar una determinada estrategia mental meditativa a su resultado. Esto es algo tan cierto para quienes estudian meditación como para quienes meditan: uno debe ser consciente del resultado probable de un determinado enfoque meditativo porque, contrariamente a lo que suponen algunos investigadores –y hasta algunos practicantes–, no todas las meditaciones son iguales.

En el reino de la mente (como todo el mundo sabe), lo que uno hace determina lo que obtiene. La «meditación», en suma, no se refiere a una sola actividad, sino a un amplio abanico de prácticas cuyos efectos sobre la mente y el cerebro son muy distintos.

Perdida en el país de las maravillas, Alicia le preguntó al gato de Cheshire qué camino debía seguir.

–Eso depende –respondió el gato– del lugar al que quieras ir.

El consejo del gato de Cheshire resulta también aplicable al caso de la meditación.

Contando las horas

Los meditadores «expertos» del estudio de Dan, instructores todos ellos de meditación trascendental, habían practicado TM al menos dos años. Pero Dan no tenía modo alguno de saber cuántas horas totales habían dedicado a la práctica a lo largo de los años, ni cuál pudo haber sido la cualidad real de esas horas.

Pocos investigadores, aun hoy en día, reconocen la importancia de este aspecto de los datos. Pero, como veremos con detalle en el capítulo 13, titulado «Rasgos alterados», nuestro modelo de cambio tiene en cuenta las horas de práctica realizadas y si tuvieron lugar en la vida cotidiana o en el entorno de un retiro. El número total de horas de práctica está relacionado con cambios en las cualidades de nuestro ser y en las diferencias cerebrales subyacentes de las que se derivan.

A menudo, los meditadores se aglutinan en categorías burdas de experiencia como «principiante» y «experto» sin más detalles. Un grupo de investigación informó del tiempo que sus sujetos dedicaban a la meditación (desde 10 minutos unas pocas veces por semana hasta 4 horas diarias), pero no decía nada de los meses o años que lo habían hecho, lo que resulta esencial para calcular las horas de práctica total.

Este es un dato que suele soslayar la inmensa mayoría de los estudios de meditación. Un estudio clásico realizado en la década de los años 1960 sobre practicantes Zen que mostraba un fracaso en habituarse a los sonidos repetidos –uno de los pocos entonces existentes y que nos había interesado en primer lugar– apenas si daba algún dato relativo a la experiencia meditativa de los monjes investigados. ¿Meditaban una hora al día, diez minutos, cero algunos días o seis horas cada día? ¿Y a cuántos retiros (*seshins*) de práctica intensiva habían asistido y cuántas horas totales habían dedicado a la meditación? No tenemos la menor idea.

La lista de estudios que muestran esta incertidumbre es interminable. Pero obtener información detallada sobre el número total de horas de práctica de un determinado meditador se ha convertido, en el laboratorio de Richie, en un procedimiento operativo estándar. Cada uno de los meditadores estudiados informa del tipo de práctica meditativa realizada, de la frecuencia y duración en una determinada semana y de su asistencia o no a retiros.

En tal caso, se toma nota de las horas diarias de práctica en el retiro, de los días que dura el retiro y del número de retiros a los que se ha asistido. Además, los meditadores revisan cuidadosamente cada retiro y estiman el tiempo dedicado a los diferentes tipos de práctica meditativa. Esta estimación permite al grupo de Davidson analizar los datos obtenidos en términos de horas totales de práctica y determinar el tiempo dedicado a diferentes estilos y horas de retiro *versus* horas de práctica en casa.

Como veremos, a veces hay una relación dosis-respuesta en lo que respecta a los beneficios cerebrales y conductuales de la meditación, ya que los beneficios dependen de las horas invertidas en la práctica. Esto significa que, cuando los investigadores no informan de las horas de práctica realizadas por los meditadores estudiados, están soslayando un dato muy importante. Y lo mismo ocurre con los estudios de meditación que incluyen un grupo «experto», pero muestran una gran variación en el significado de ese término y no utilizan una métrica exacta sobre el número de horas que esos «expertos» han practicado.

Si las personas estudiadas son meditadores novatos –es decir, si han sido entrenados en mindfulness–, su número de horas de práctica es directo (el número de horas de instrucción más las horas de práctica realizada en casa). Pero muchos de los estudios más interesantes realizados con meditadores maduros no tienen en cuenta las horas de práctica, que pueden variar considerablemente. ¡Uno, por ejemplo, aglutinaba a meditadores con un año de experiencia con otros con un historial meditativo de 29 años!

Por último, también hay que tener en cuenta la experiencia de las personas que desempeñan el papel de instructores. Un puñado de estudios, entre los muchos que consideramos, pensaron en calcular los años de experiencia meditativa de los maestros, pero ninguno de ellos calculó las horas de práctica. En un estudio, el número total era de 15 años y, en el más bajo, de cero.

Más allá del efecto Hawthorne

Volviendo a la década de 1920, en el Hawthorne Works, una fábrica de equipamiento eléctrico situada en las afueras de Chicago, los experimentadores descubrieron que la mejora de las condiciones de iluminación de la fábrica y el ligero ajuste de los programas de trabajo iban asociados a un aumento de la productividad, al menos durante un tiempo.

La moraleja es que cualquier intervención positiva (y hasta el simple hecho de saber que estaban siendo objeto de un estudio) motivaba a los obreros a decir que se sentían mejor o a mejorar de algún modo. Y este efecto Hawthorne no significa que una determinada intervención vaya acompañada de un solo valor añadido, porque la misma mejora ocurriría en cualquier cambio que las personas considerasen positivo.

Sensible a cuestiones como el efecto Hawthorne, el laboratorio de Richie ha dedicado mucha reflexión y esfuerzo a buscar, en sus estudios sobre la meditación, adecuadas condiciones de comparación. Pues, como el entusiasmo de los instructores de un determinado método puede llegar a afectar a quienes están aprendiéndolo, el método de «control» debe ser enseñado con la misma positividad que la meditación.

Para separar los efectos extraños como este de los efectos reales de la meditación, Richie y sus colegas desarrollaron el Health Enhancement Program (HEP), que ayuda al establecimiento de un grupo de comparación adecuado para los estudios de reducción del estrés basada en el mindfulness. De este modo, los integrantes del grupo HEP se ven sometidos a terapia musical con relajación, educación racional y ejercicios destinados a mejorar la postura, el equilibrio, el fortalecimiento básico, estiramientos y paseo o *jogging*.

Los instructores destinados a enseñar HEP en los estudios de laboratorio creían que podían ayudar con la misma intensidad que lo hacían quienes enseñaban meditación. Este tipo de «control activo» puede neutralizar factores como el entusiasmo y ayudar a identificar los beneficios específicos que acompañan a cualquier intervención –en este caso, la meditación– y descubrir lo que añade, además del efecto Hawthorne.

El grupo de Richie asignó azarosamente voluntarios al grupo HEP y al grupo de quienes iban a recibir formación en reducción del estrés basada en el mindfulness (MBSR) que debían rellenar, antes y después del entrenamiento, un cuestionario destinado a reflejar las mejoras de la meditación. En ese estudio, sin embargo, ambos grupos informaron de una mejora parecida en medida subjetiva de valores sobre el nivel general de estrés, la ansiedad y los síntomas médicos. Los resultados de este estudio llevaron al grupo de Richie a concluir que gran parte de las mejoras del estrés que los principiantes atribuyen a la meditación no parecen ser únicas.[13]

Además, un cuestionario específicamente destinado a medir el mindfulness no descubrió diferencia alguna entre el nivel relativo de mejora asociada a los grupos MBSR y HEP.[14]

Esto llevó al laboratorio de Richie a concluir que, para esta variedad de mindfulness –y probablemente para cualquier otro tipo de meditación–, muchos de los beneficios informados en los tempranos estadios de la práctica pueden deberse a la expectativa, la vinculación social del grupo, el entusiasmo del instructor u otras «características de la demanda». Más que ser un efecto de la meditación, algunos de los beneficios descubiertos pueden ser simples signos de las esperanzas y expectativas positivas de las personas.

Convendría que, quienes buscan una práctica de meditación, tuvieran muy en cuenta estos datos. Y también deberían servir de advertencia para que la comunidad científica fuese más rigurosa en el diseño de estudios sobre la meditación. El simple hecho de descubrir que las personas que practican tal o cual tipo de meditación va acompañado de ciertas mejoras comparadas con las obtenidas por un grupo de control no implica que tales beneficios se deban exclusivamente a la meditación. Pero este quizás sea el paradigma más habitualmente utilizado en la investigación sobre los beneficios de la meditación, lo que no nos permite ver cuáles son los verdaderos beneficios de la práctica.

Podríamos esperar informes similares de resultados entusiastas de alguien que espera un aumento del bienestar al empezar a practicar pilates, bolos o la paleodieta.

¿Qué es exactamente el «mindfulness»?

También debemos tener en cuenta la confusión que acompaña al término «mindfulness», el método actualmente más popular entre los investigadores. Algunos científicos utilizan el término como sinónimo de cualquier tipo de meditación y, a pesar de que no sea más que uno entre una amplia variedad de métodos, en su uso popular se refiere genéricamente a la meditación.

Si quisiéramos profundizar un poco más, deberíamos decir que «mindfulness» es la traducción inglesa más común de la palabra pali *sati*. Los eruditos, no obstante, traducen *sati* de muchos otros modos, como «conciencia», «atención», «retención» e incluso «discernimiento».[15] No hay, pues, una sola palabra equivalente a *sati* en la que coincidan todos los expertos.[16]

Algunas tradiciones meditativas reservan el término «mindfulness» al hecho de darse cuenta del modo en que la mente va de un lado a otro. En este sentido, mindfulness forma parte de una secuencia mayor que comienza con la mente centrada en una cosa, luego se desvía a otra cosa, después se da cuenta de que se ha desviado y, por último, dirige de nuevo la atención al punto original.

Esa secuencia –con la que cualquier meditador está familiarizado– podría ser llamada también «concentración», donde el mindfulness desempeña un papel de apoyo en el esfuerzo de centrar la atención en una cosa. En el caso de la concentración en un mantra, por ejemplo, la instrucción suele ser «cada vez que adviertas que tu mente se distrae, comienza de nuevo el mantra». En la dinámica de la meditación, el hecho de centrarse en una cosa implica advertir también el momento en que nuestra mente se dispersa para dirigirla de nuevo al objeto elegido. Concentración y mindfulness, pues, van de la mano.

Otro significado común del término «mindfulness» se refiere a una conciencia flotante que atestigua sin juzgar ni reaccionar todo lo que ocurre en nuestra experiencia. Quizás la definición de mindfulness más ampliamente citada en este sentido sea la de Jon Kabat-Zinn cuando dice: «Mindfulness es la conciencia que aparece al prestar atención deliberadamente, en el momento presente y sin juzgar, al despliegue de nuestra experiencia».[17]

Desde el punto de vista de la ciencia cognitiva debemos tener también muy en cuenta el método concreto utilizado, porque lo que los científicos y practicantes denominan «mindfulness» puede referirse a formas muy distintas del despliegue de la atención. El modo en que se define el mindfulness en el ámbito del Zen o del Theravada es muy distinto a la comprensión del término propia de algunas tradiciones tibetanas.

Cada una se refiere a actitudes atencionales (a veces sutiles) y correlatos cerebrales posiblemente muy distintos. Es esencial, por tanto, que los investigadores sepan qué tipo de mindfulness están realmente estudiando, o si una determinada variedad de meditación *es* o no es realmente mindfulness.

El significado del término «mindfulness» en la investigación científica ha dado un giro inesperado. Una de las medidas del mindfulness más ampliamente utilizadas no fue desarrollada basándose en lo que ocurre durante la verdadera meditación mindfulness, sino basándose en los resultados de un cuestionario pasado a centenares de estudiantes universitarios que los investigadores consideraban que capturaba diferentes facetas del mindfulness.[18] El cuestionario estudia, por ejemplo, si afirmaciones como estas son ciertas para usted: «Observo mis sentimientos sin dejarme arrastrar por ellos», o «Tengo dificultades para concentrarme en lo que sucede en el momento presente».

Este test incluye cualidades como la de no juzgarse a uno mismo cuando, por ejemplo, tiene un sentimiento inapropiado lo que, a primera vista, parece muy adecuado. Esa medida del mindfulness se correlaciona con el progreso de la gente en programas de formación como el MBSR y las puntuaciones obtenidas en el test se correlacionan con la cantidad y calidad de la práctica del mindfulness.[19] Esto, desde un punto de vista técnico, está muy bien y se conoce, en el ámbito de los tests, como «validez del constructo».

Pero, cuando el grupo de Richie sometió esa medida a otra prueba técnica, encontró dificultades con la «validez discriminante», es decir, con la capacidad de la medida no solo para correlacionarla con lo que se debe correlacionar (como el MBSR), sino también para *no* correlacionarla con lo que no debe correlacionar. En este caso, la prueba no debía reflejar los cambios entre quienes se hallan en el grupo de control activo HEP, que *no* estaba destinado a mejorar, en modo alguno, el mindfulness.

Pero los resultados del grupo HEP se asemejaban mucho a los del MBSR, un repunte en el mindfulness valorado por los autoinformes. No había, hablando más formalmente, evidencia alguna de que esa medida tuviese la menor validez discriminante. ¡Vaya por Dios!

Otra medida de autoinforme de mindfulness ampliamente utilizada mostraba, en un determinado estudio, una correlación positiva entre beber alcohol compulsivamente y el mindfulness ya que, cuanto más bebían, mayor era el mindfulness, un resultado que parecía completamente fuera de lugar.[20] Y un pequeño estudio con 12 meditadores experimentados (con un promedio de 5.800 horas de práctica) y 12 meditadores todavía más experimentados (con un promedio de 11.000 horas de práctica) descubrió que los resultados no diferían de un grupo de no meditadores en dos medidas de cuestionarios más ampliamente utilizadas en mindfulness, quizás porque eran más conscientes que la mayoría de la gente de sus distracciones.[21]

Cualquier cuestionario que pida a los sujetos que informen sobre sí mismos es susceptible de incurrir en sesgos. Un investigador lo dijo más directamente: «¡Esto puede mejorarse!». Así es como el grupo de Davidson acabó esbozando una medida conductual más robusta: la capacidad de mantener la concentración mientras uno cuenta, una tras otra, las respiraciones.

Esto no es tan sencillo como a primera vista parece. La prueba en cuestión consiste en presionar, a cada espiración, la flecha de un teclado que apunta hacia abajo y que, para aumentar las probabilidades, hay que teclear, cada novena espiración, una tecla distinta, la que apunta hacia la derecha. Luego hay que empezar a contar de nuevo las respiraciones de 1 a 10.[22] La fortaleza de esta prueba radica en el hecho de que la diferencia entre contar el número real de respiraciones proporciona una medida objetiva mucho menos proclive al sesgo psicológico. Cuando la mente divaga, la exactitud del cuenteo sufre. Como era de esperar, los meditadores expertos se desempeñaban significativamente mejor que los no meditadores, y las puntuaciones en esta prueba mejoran con el entrenamiento en mindfulness.[23]

Todas estas advertencias –los problemas con los primeros intentos de llevar a cabo una investigación sobre la meditación, las ventajas de tener un grupo de control activo y la necesidad de más rigor y precisión en la medición de los efectos de la meditación– parecen un preludio adecuado para vadear el océano emergente de la investigación sobre la meditación.

Para resumir estos resultados hemos tratado de aplicar los criterios experimentales más estrictos que nos conducen a concentrarnos en los descubrimientos más claros. Esto significa dejar a un lado la inmensa mayoría de la investigación realizada sobre la meditación, incluidos aquellos resultados que los científicos consideran cuestionables, no concluyentes o sencillamente equivocados.

Como ya hemos visto, algunos de los métodos de investigación erróneos de nuestros días de universitarios en Harvard reflejaban la cualidad –o, mejor dicho, la falta de cualidad–, característica de las dos primeras décadas de estudios sobre la meditación (las de 1970 y 1980). Nuestros intentos de investigación iniciales no cumplirían con los estándares actuales. Y lo mismo sucede con una gran mayoría de los estudios de meditación que, por una u otra razón, no cumplen con los criterios básicos de los métodos de investigación necesarios para ser publicados en las principales revistas científicas.

En todo este tiempo ha habido un aumento de la sofisticación y el número de estudios sobre la meditación ha explotado a más de 1.000 al año. Este tsunami de investigación sobre la meditación nos proporciona una imagen muy confusa, con un cúmulo aún más confuso de resultados. Por eso, además de subrayar los descubrimientos más importantes, trataremos de descubrir las pautas significativas dentro de este caos.

Podemos agrupar la masa de descubrimientos realizados al respecto en torno a los cambios de rasgo descritos en la literatura clásica de muchas grandes tradiciones espirituales. Esos textos nos proporcionarán hipótesis de trabajo procedentes de tiempos antiguos que pueden ser muy útiles para la investigación actual.

También hemos identificado, hasta donde los datos nos lo permiten, el sistema cerebral implicado en estos cambios de rasgo. Los cuatro grandes senderos neuronales que se ven afectados por la meditación son, en primer lugar, los que reaccionan a acontecimientos perturbadores, el estrés y el modo de recuperarnos de él (que Dan trató de documentar con escaso éxito). El segundo sistema cerebral, relacionado con la compasión y la empatía, resulta estar en condiciones, como veremos, de una actualización. Tampoco resulta extraño que el tercer circuito, el circuito asociado a la atención, uno de los intereses tempranos de Richie, mejore también en varios sentidos porque, en el fondo, la meditación fortalece nuestros hábitos de concentración. El cuarto sistema neuronal, asociado a la sensación de identidad, aunque tradicionalmente ha sido uno de los grandes objetivos de la alteración, recibe poca prensa en la charla moderna sobre la meditación.

Dos son los grandes beneficios del esfuerzo contemplativo asociados al entrelazamiento de estas cuatro hebras del cambio: un cuerpo sano y una mente sana. Más adelante veremos capítulos dedicados a revisar la investigación realizada en cada uno de ellos.

En nuestro intento de desentrañar los principales efectos rasgos de la meditación, nos hemos enfrentado a una empresa formidable que hemos simplificado limitando nuestras conclusiones a los mejores estudios. Esta visión más rigurosa contrasta con la práctica demasiado habitual de aceptar –y pregonar– simplemente nuestros descubrimientos porque se han visto publicados en revistas «revisadas por pares». Por una parte, los criterios utilizados por las distintas revistas académicas para publicar un artículo no son los mismos y nosotros solo hemos tenido en cuenta los publicados en las revistas de nivel A, que sostienen los estándares más elevados. Por otra parte, en lugar de ignorar los muchos inconvenientes y limitaciones de los estudios publicados que diligentemente se enumeran al final de tales artículos, hemos tenido muy en cuenta los métodos utilizados.

Para empezar, el grupo de investigación de Richie recopiló una colección exhaustiva de todos los artículos publicados sobre un determinado tema como, por ejemplo, los efectos de la meditación de la compasión. Luego seleccionaron aquellos que satisfacían los estándares de diseño experimental más elevados (lo que, en el caso del cultivo de la bondad o la compasión, por ejemplo, se limitaba a 37 de los 231 informes originales). Después Richie miró a través de las lentes de la fortaleza e importancia del diseño y eliminó el solapamiento (o, dicho de otro modo, los destiló), un escrutinio más estrecho que redujo a 8 aproximadamente el número de estudios, cuyos descubrimientos resumimos en el capítulo 6, titulado «Predispuestos al amor», junto a unos cuantos más que abordaban temas especialmente importantes.

Quizás nuestros colegas científicos esperasen un relato mucho más detallado –y hasta obsesivo– de todos los estudios relevantes realizados al respecto hasta la fecha, pero ese no es aquí nuestro objetivo. Dicho eso, debemos expresar nuestro agradecimiento a los muchos esfuerzos de investigación que no incluimos cuyos descubrimientos coinciden con nuestro relato (o que están en desacuerdo o le añaden un matiz), unos excelentes y otros no tanto.

Pero vayamos paso a paso.

5. Una mente imperturbable

«Lo que haces, sea grande o pequeño, no es más que una octava parte del problema –dijo un monje cristiano del siglo VI a sus compañeros renunciantes–, mientras que mantener tu estado inalterado, aun cuando no logres llevar a cabo la tarea, son los siete octavos restantes».[1]

Los caminos de meditación de las grandes tradiciones espirituales apuntan al logro de una mente serena. Thomas Merton, un trapense contemplativo, escribió su propia versión de un poema procedente de los antiguos anales del taoísmo que alababa esta cualidad. De un artesano que era capaz de trazar círculos más perfectos a mano alzada que con un compás dijo que podía hacerlo gracias a que «su mente estaba libre de preocupaciones».[2]

Lo opuesto a una mente sin preocupaciones son los problemas de la vida (problemas con el dinero, la familia, la salud o el trabajo). Los problemas que nos depara la naturaleza como encontrarnos, por ejemplo, con un predador, son esporádicos y dejan al cuerpo, por tanto, el tiempo necesario para recuperarse. Los estresores de la vida moderna, sin embargo, son más psicológicos que biológicos y pueden ser continuos (aunque solo sea en nuestro pensamiento) como, por ejemplo, los problemas familiares o los generados por un jefe terrible. Esos estresores desencadenan las mismas antiguas reacciones biológicas, pero cuando duran mucho, pueden acabar enfermándonos.

Nuestra vulnerabilidad a las enfermedades generadas por el estrés, como la diabetes o la hipertensión, por ejemplo, refleja las debilidades de nuestro diseño cerebral. Las ventajas reflejan las glorias de la corteza humana que ha construido civilizaciones... y el ordenador en el que ahora mismo estoy escribiendo. Pero el centro ejecutivo del cerebro, situado en la corteza prefrontal inmediatamente detrás de la frente, nos proporciona una ventaja sobre los animales, la capacidad de anticipar el futuro y de recordar el pasado (y sus paradójicas desventajas, de preocuparnos por aquel y arrepentirnos de este, respectivamente).

Como dijo Epicteto, un filósofo griego, hace ya muchos siglos, no son las cosas que suceden las que nos inquietan, sino la visión que tenemos de ellas. Y lo mismo dijo Bukowski cuando afirmó que no son las grandes cosas las que nos enloquecen, sino «el cordón de los zapatos que se nos desata cuando más apurados estamos».

La ciencia prueba en este sentido que, cuanto más percibimos esas molestias en nuestra vida, mayor es nuestra tasa de hormonas de estrés, como el cortisol. Y esto resulta un tanto inquietante porque el aumento crónico de cortisol tiene efectos letales que aumentan, por ejemplo, el riesgo de morir de una enfermedad cardiaca.[3] ¿Puede la meditación proporcionarnos alguna ayuda en este sentido?

Escrito en el reverso de un sobre

Conocimos a Jon Kabat-Zinn durante el tiempo que pasamos en Harvard, cuando acababa de terminar su doctorado en biología molecular en el MIT y estaba explorando la meditación y el yoga. Jon era discípulo del maestro coreano Seung Sahn, que tenía un centro de meditación en el mismo vecindario de Cambridge en el que vivía Dan. Y no muy lejos de ahí, en el segundo piso del apartamento de

Richie en Harvard Square, Jon dio a Richie, poco antes de su viaje a la India, su primera clase de meditación y yoga.

Científico orientado hacia la meditación, Jon se había unido a nuestro equipo cuando estábamos estudiando a Swami X en la Facultad de Medicina de Harvard. Jon acababa de obtener una beca en anatomía y biología celular en la recién abierta Facultad de Medicina de la Universidad de Massachusetts en Worcester, a una hora en coche de Cambridge. La anatomía era que lo que más le interesaba y Jon había empezado a dar clases de yoga en Cambridge.

Durante esos días, Jon asistió a retiros en la Insight Meditation Society (IMSL) recientemente fundada en Barre, a una hora también de Boston y no lejos de Worcester. En 1974, varios años antes de que se fundara IMS, Jon había pasado un par de semanas de un frío comienzo de abril en un curso de *vipassana* que se llevó a cabo en un campamento sin calefacción de *girl scouts* situado en los Berkshires que había sido alquilado para esa ocasión. El maestro, Robert Hover, había sido contratado para enseñar por el maestro birmano U Ba Khin que, como recordarán, era también maestro de S.N. Goenka, a cuyo retiros asistieron Dan y Richie en la India.

Como el de Goenka, el método que enseñaba Hover comenzaba con tres días dedicados a la práctica de la respiración para fortalecer así la concentración y escanear luego lenta y sistemáticamente, una y otra vez, durante los siete días siguientes, las sensaciones corporales desde el cuero cabelludo hasta los dedos de los pies. Y la norma de ese linaje meditativo consiste en concentrar toda su atención, durante el escáner corporal, en las simples sensaciones corporales.

Las instrucciones de Hover incluían varias sentadas de meditación de un par de horas durante las cuales se comprometían a no hacer ningún movimiento voluntario (el doble de tiempo que en los cursos de Goenka). Esas sesiones le produjeron, según dijo, el dolor más intenso que jamás había experimentado. Pero cuando, pese al dolor insoportable, permaneció sentado y escaneó su cuerpo para concentrarse en su experiencia, el dolor acabó disolviéndose en sensaciones puras.

En ese retiro, Jon tuvo una idea –de la que tomó rápidamente buena nota en el reverso de un sobre–, la de compartir los beneficios de la práctica de la meditación con sus pacientes, especialmente con aquellos que estaban experimentando dolor crónico que no desaparecía cambiando de postura ni deteniendo la práctica meditativa. Esa comprensión, junto a una súbita visión que tuvo años después durante un retiro del IMS,[4] le permitieron hilvanar partes separadas de su propia historia práctica en un enfoque que resultara accesible a todo el mundo, un programa que hoy en día se conoce en todo el mundo como Reducción del Estrés Basada en Mindfulness [MBSR, acrónimo inglés de Mindfulness-Based Stress Reduction] y que se puso en marcha en septiembre de 1979 en la Facultad de Medicina de la Universidad de Massachusetts.

Su visión le permitió ver que la clínica del dolor estaba llena de personas cuyos síntomas eran tan insoportables que solo podían escapar de ellos mediante narcóticos debilitadores. Entonces se dio cuenta de que el escáner corporal y otras prácticas de mindfulness podían ayudar a sus pacientes a diferenciar los aspectos cognitivos y emocionales de su experiencia del dolor de las sensaciones puras, un cambio perceptual que, en sí mismo, puede resulta profundamente liberador.

Como la mayoría de sus pacientes –un puñado aleatorio de personas de los vecindarios de la clase trabajadora de Worcester– no podían permanecer sentados el tiempo que Hover enseñaba a sus meditadores avanzados, Jon esbozó un método de su entrenamiento de yoga, un tipo de escáner corporal acostado similar al enfoque de Hover, donde uno comienza estableciendo contacto con una determinada región corporal como, por ejemplo, los dedos del pie izquierdo y luego pasa a otra región, ascendiendo así hasta llegar a la coronilla. El punto clave consiste en la posibilidad de registrar, explorar y transformar la relación que uno mantiene con una determinada región del cuerpo, por más desagradable que esta sea.

Basándose en su experiencia del Zen y del *vipassana*, Jon añadió una meditación sentada en la que las personas prestaban una atención cuidadosa a la respiración, soltando todos los pensamientos o sensaciones que aparecían y cobrando conciencia no solo del objeto de atención –la respiración al comienzo–, sino de otros objetos como los sonidos, los pensamientos, las emociones y, finalmente, todo tipo de sensaciones corporales. Tomando otro elemento procedente del Zen y del *vipassana*, añadió luego el paseo meditativo, la comida atenta y una conciencia general de las actividades de la vida, incluyendo las relaciones interpersonales.

Nos alegró que Jon señalara nuestra investigación en Harvard como prueba (muy escasa, ciertamente, en esos días) de la utilidad, para el mundo moderno, de métodos derivados de los caminos contemplativos despojados de su contexto.[5] En estos días en los que contamos con muchas más pruebas, el MBSR se halla en la cúspide de las prácticas meditativas que superan el escrutinio científico. El MBSR quizás sea hoy la forma de mindfulness más utilizada en todo el mundo, desde hospitales hasta clínicas, escuelas y hasta el mundo empresarial. Uno de los principales beneficios del MBSR es que favorece el modo en que las personas gestionan el estrés.

En un temprano estudio sobre el impacto del MBSR en la reactividad al estrés, Philippe Goldin (uno de los asistentes al SRI) y James Gross, su mentor en la Universidad de Stanford, estudiaron el efecto del programa estándar de ocho semanas MBSR en un pequeño grupo de pacientes con trastornos de ansiedad social.[6] Antes y después de entrar en el proceso, se vieron sometidos a un escáner RMf mientras se les presentaba, a modo de estresores, afirmaciones procedentes de los comentarios de sus propias experiencias de «colapso» social y sus pensamientos durante esas situaciones (como, por ejemplo, «soy un incompetente» o «estoy avergonzado de mi timidez»).

Cuando se presentaban esos pensamientos estresantes, los pacientes utilizaban una de las dos siguientes estrategias atencionales: prestar atención a la respiración, o distraerse haciendo ejercicios mentales de aritmética. Los resultados de este estudio revelaron que solo el mindfulness a la respiración redujo la actividad de la amígdala –principal vía para una pronta recuperación– y fortalecía las redes atencionales del cerebro, mientras los pacientes informaban de una menor reactividad al estrés. La misma pauta beneficiosa aparecía cuando se comparaba a los pacientes que habían pasado por el MBSR con los que solo habían recibido entrenamiento en aerobic.[7]

Este no es más que uno de los centenares de estudios realizados sobre los efectos del MBSR que, como veremos a lo largo de este libro, revelan una multitud de ventajas. Y lo mismo podemos decir con respecto al mindfulness, el primo hermano de MBSR.

La atención plena

Cuando empezamos a participar en los diálogos entre el Dalái Lama y científicos en el Mind and Life Institute, nos quedamos impresionados por la precisión con la que Alan Wallace, uno de sus intérpretes, encontraba el equivalente científico de un término tibetano, un idioma que carece de terminología técnica. Alan resultó ser doctor en estudios religiosos de la Universidad de Stanford y, después de varios años como monje budista tibetano, estaba tan familiarizado con la física cuántica como con un riguroso entrenamiento filosófico.

Basándose en su experiencia contemplativa en el contexto tibetano, Alan esbozó un programa meditativo accesible a todo el mundo al que denomina Mindful Attention Training. Este programa empieza centrándose en la respiración y va perfeccionando luego progresivamente la atención para observar el flujo natural de la corriente de la mente hasta descansar finalmente en la conciencia sutil de la conciencia.[8]

En un estudio llevado a cabo en la Universidad Emory, personas que nunca antes habían meditado se vieron asignadas aleatoriamente a un grupo dedicado a la práctica del Mindful Attention Training, o a un grupo de meditación de la compasión. Un tercer grupo de control activo asistiría simplemente a una serie de charlas sobre la salud.[9]

Antes y después de las ocho semanas preceptivas de entrenamiento, los participantes se vieron sometidos a un escáner mientras visionaban una serie de imágenes –algo habitual en las investigaciones sobre la emoción–, algunas de las cuales inquietantes, como la imagen de una persona quemada. El resultado de este estudio puso de relieve, en el grupo de atención plena, una reducción de la actividad de la amígdala en respuesta a las imágenes inquietantes. Y, como los cambios en el funcionamiento de la amígdala se presentaron durante el estado basal, ello sugiere la presencia de un posible efecto rasgo.

Recordemos que la amígdala desempeña un papel fundamental como radar utilizado por el cerebro para detectar amenazas: examina los *inputs* sensoriales con la intención de detectar situaciones que pongan en peligro nuestra seguridad. Y, en el caso de que perciba una amenaza, los circuitos de la amígdala desencadenan una respuesta cerebral de lucha, huida o parálisis, una corriente de hormonas (como el cortisol y la adrenalina) que nos predisponen a la acción. La amígdala también responde a cualquier cosa importante a la que, independientemente de que nos guste o nos desagrade, tenemos que prestar atención.

La tasa de sudoración medida por Dan en su estudio era un indicador indirecto de esta reacción motivada por la amígdala. En efecto, Dan estaba tratando de descartar un cambio en la función de la amígdala –una recuperación más rápida de la excitación–, pero lamentablemente utilizaba, para ello, la respuesta de sudoración, un parámetro muy indirecto y alejado. No olvidemos que esa era una época muy anterior a la invención de los escáneres que permiten rastrear directamente la actividad de diferentes regiones cerebrales.

La amígdala tiene fuertes conexiones nerviosas con los circuitos cerebrales destinados a concentrar la atención y con circuitos asociados a reacciones emocionales intensas. Este doble papel explica por qué cuando nos vemos desbordados por la ansiedad, nos distraemos con mucha facilidad, especialmente por cualquier cosa que nos genere ansiedad. En cuanto radar cerebral para la ansiedad, la amígdala fija nuestra atención en lo que le resulta perturbador. Por eso, cuando algo nos preocupa o inquieta, nuestra mente da vueltas y más vueltas en torno a esa cosa, hasta el punto de la fijación, como hemos visto que ocurría con los espectadores de la película del accidente que hemos mencionado en el capítulo anterior al acercarse el pulgar de Al a la sierra circular.

Aproximadamente al mismo tiempo que Alan descubrió que el mindfulness tranquiliza la amígdala, otros investigadores llevaron a cabo un estudio en el que voluntarios que jamás habían meditado practicaron mindfulness 20 minutos al día durante una semana y pasaron luego por un escáner fRMI mientras visionaban, durante su estado mental cotidiano y mientras practicaban mindfulness, imágenes que iban desde víctimas de un incendio hasta chicas hermosas.[10]

La respuesta amigdalar de esos sujetos a las imágenes durante la atención plena era significativamente inferior (comparada con la de los no meditadores). Y este signo de menor perturbación era claramente mayor en la amígdala del lado derecho del cerebro (porque hay amígdalas en ambos hemisferios), que suele tener una respuesta más intensa a lo que nos inquieta que la amígdala del lado izquierdo.

En este segundo estudio, la reactividad atenuada de la amígdala solo apareció durante la práctica de la atención plena y no durante la conciencia ordinaria, lo que no parece indicar la presencia de un rasgo alterado como de un efecto de estado. Recordemos que un cambio de rasgo se presenta «antes», no «después».

El dolor está en el cerebro

Aunque, cuando nos pinchamos en el dorso de la mano, se activan diferentes sistemas cerebrales –algunos centrados en la sensación pura de dolor y otros, en nuestro desagrado al respecto–, el cerebro los aglutina a todos en la misma unidad visceral: «¡Ay!».

Pero esa unidad se disgrega practicando mindfulness al cuerpo y dedicando tiempo a observar detalladamente nuestras sensaciones corporales. Y, en la medida en que mantenemos esa concentración, cambia también nuestra conciencia.

Lo que comenzó siendo un doloroso pinchazo se transforma y disgrega así en sus elementos constitutivos: la intensidad del pinchazo, la sensación dolorosa y el tono emocional. A nosotros nos desagrada el dolor y queremos que desaparezca rápidamente.

Pero si perseveramos en nuestra investigación atenta, ese pinchazo se convierte en una experiencia que descomponemos con interés y hasta con ecuanimidad. Entonces advertimos que nuestra aversión se desvanece y el «dolor» deja paso a sensaciones más sutiles como vibración, calor o intensidad.

Imagine ahora que escucha el sonido sordo de un recipiente de unos 20 litros de agua que empieza a hervir y envía, a través de una delgada manguera de caucho, un chorro de agua caliente que llega a una placa de metal de unos cinco centímetros cuadrados que tiene unida a su muñeca. La placa se calienta, de un modo agradable al comienzo, pero ese sensación placentera no tarda en dar paso al dolor cuando, al cabo de un par de segundos, la temperatura del agua sube varios grados. Finalmente, no podemos aguantar más, porque es como si hubiéramos tocado un horno caliente, y retiramos instantáneamente la mano. Pero, como no podemos quitarnos la placa de metal, experimentamos, durante unos 10 segundos, un calor casi insoportable, convencidos de que vamos a quemarnos.

Pero lo cierto es que no nos quemamos y nuestra piel está perfectamente. Lo único que ha pasado es que hemos alcanzado el límite de tolerancia, es decir, el umbral superior, exactamente lo que este dispositivo (conocido como simulador térmico Medoc) está destinado a detectar. Usado por los neurólogos para identificar problemas como la neuropatía, que revela trastornos del sistema nervioso central, el estimulador térmico cuenta con dispositivos de seguridad integrados para que, pese a calibrar precisamente el umbral máximo de dolor, no queme la piel de las personas. Porque hay que decir que ese umbral queda lejos del rango en el que se produce la quemadura. Esta es la razón por la cual el Medoc ha sido utilizado con voluntarios experimentales para determinar el modo en que la meditación modifica nuestra percepción del dolor.

Entre los muchos componentes del dolor se hallan las sensaciones estrictamente fisiológicas (como la quemazón) y las reacciones psicológicas a esa sensación.[11] La meditación, afirma la teoría, enmudece nuestra respuesta emocional al dolor y hace más soportable la sensación de calor.

Los practicantes Zen, por ejemplo, aprenden a suspender sus reacciones mentales y su categorización de cualquier cosa que aparezca en su mente o que los rodee, una actitud mental que va extendiéndose gradualmente hasta llegar a impregnar nuestra vida cotidiana.[12] «El practicante experimentado de Zazen no depende de sentarse en tranquilidad –dice la maestra Zen Ruth Sasaki–, porque los estados de conciencia que inicialmente solo se alcanzan durante la meditación acaban extendiéndose gradualmente a todas las actividades».[13]

El escáner cerebral de meditadores Zen expertos (y a los que se les pedía que «no meditasen») soportó sin problemas la estimulación térmica.[14] Aunque hemos señalado las razones por las que es importante contar con un grupo de control activo, esta investigación no contaba con ninguno, un problema menor, en este caso, debido a contar aquí con los datos proporcionados por la imagen cerebral. Si las medidas de los resultados se basaran exclusivamente en autoinformes (los más susceptibles de ser influidos por las expectativas) o en la conducta observada por otra persona (una persona menos susceptible al sesgo), el empleo de un grupo de control activo mejoraría las cosas. Pero, por lo que respecta su actividad cerebral, las personas no tenían el menor indicio de lo que estaba ocurriendo, de modo que el control activo importaría menos.

Los practicantes Zen más experimentados no solo eran capaces de soportar más dolor que los sujetos pertenecientes al grupo de control, sino que también mostraban, durante el dolor, una menor actividad en las áreas ejecutivas, evaluativas y las relacionadas con la emoción, regiones que, cuando se hallan en una situación de intenso estrés, suelen mostrar un considerable aumento de la actividad. Sus cerebros parecían desconectar el vínculo habitual que existe entre los circuitos del centro ejecutivo que nos permiten evaluar («¡Esto duele!») y los circuitos que nos permiten sentir el dolor físico («¡Esto quema!»).

Así pues, los meditadores Zen parecían responder al dolor como si se tratara de una sensación más neutra. Dicho en términos más técnicos, sus cerebros mostraban un «desacople funcional» entre las regiones cerebrales superiores e inferiores que registran el dolor de modo que, aunque sus circuitos sensoriales experimentan el dolor, sus pensamientos y emociones no reaccionan a él. Esto parece proporcionar pruebas de una estrategia habitual de la terapia cognitiva, la *reevaluación* del estrés grave, que consiste en pensar en el estrés de un modo menos amenazador, lo que suele atenuar tanto la sensación subjetiva de gravedad como la respuesta cerebral. Aquí, sin embargo, los meditadores Zen parecían emplear una estrategia neural de *no evaluación* más acorde con la actitud mental propia del Zazen.

Una lectura más detenida de este artículo nos permite advertir, en la diferencia entre el grupo de meditadores Zen y los sujetos pertenecientes al grupo de control, una mención pasajera a un efecto rasgo significativo. Pues, durante la lectura basal inicial, la temperatura iba aumentando en una secuencia escalonada destinada a establecer el umbral máximo de dolor de cada persona, lo que puso de manifiesto que el umbral de dolor de los practicantes Zen se hallaba un par de grados centígrados por encima del umbral de los no meditadores.

Aunque esto no parezca muy importante en el modo en que experimentamos el dolor del calor, significa que un ligero aumento de temperatura puede tener un impacto extraordinario tanto en la subjetividad como en la respuesta de nuestro cerebro. Y, por más trivial que parezca esa diferencia, su importancia en el mundo de la experiencia del dolor es extraordinaria.

Los investigadores se muestran escépticos ante descubrimientos como estos, que parecen indicar la presencia de rasgos, porque esos datos también pueden ser explicados por un proceso de autoselección que diferencia a quienes eligen seguir con la meditación de quienes la han abandonado de un modo que parece producir, en aquellos, un efecto de rasgo. La máxima *correlación no implica causación* es aplicable a este caso.

Pero, cuando un rasgo puede ser entendido como un efecto duradero de la práctica, eso requiere de una explicación alternativa. Y cuando distintos grupos de investigación coinciden en descubrir rasgos similares, la convergencia de resultados nos obliga a tomárnoslos más en serio.

Comparemos ahora la recuperación de la reactividad al estrés de los practicantes Zen con el estado de *burnout*, el agotamiento y la desesperación que acompañan a años de presiones continuas e incesantes de trabajos muy exigentes. El *burnout* se ha convertido en un problema galopante que afecta a profesionales de la salud mental, como médicos y enfermeras, y a las personas que se ocupan de cuidar a seres queridos con problemas como el alzhéimer, por ejemplo. Y, obviamente, también pueden experimentar *burnout* los trabajadores que se ven obligados a enfrentarse a la ira de clientes groseros o a cumplir con fechas de entrega implacables continuas, como sucede con el ritmo frenético que caracteriza la puesta en marcha de una empresa.

Parece, pues, que un estrés tan constante transforma el cerebro para peor.[15] Los escáneres cerebrales de personas que se han visto obligadas a enfrentarse durante años a esas situaciones hasta 70 horas por semana han revelado un aumento de la amígdala y débiles conexiones entre las áreas de la corteza prefrontal que, en un momento inquietante, podrían tranquilizar la amígdala. Y, cuando a esos trabajadores estresados se les pedía que atenuasen su reacción emocional a imágenes inquietantes, eran incapaces de hacerlo, lo que ponía de relieve un fracaso en la «desactivación».

Como sucede con las personas que padecen de un síndrome de trastorno de estrés postraumático, las víctimas del *burnout* son incapaces de poner fin a la respuesta de estrés de su cerebro, de modo que jamás cuentan con el bálsamo curativo de tiempo necesario para recuperarse.

Hay resultados tentadores que parecen apoyar indirectamente el papel que, para la resiliencia, parece desempeñar la meditación. Una colaboración entre el laboratorio de Richie y el grupo de investigación dirigido por Carol Ryff estudió a un subconjunto de participantes en un gran estudio nacional realizado en muchos lugares de los Estados Unidos. Ellos descubrieron que, cuanto más fuerte es el sentido de la vida de una persona, más rápidamente se recupera de un estresor de laboratorio.[16]

La sensación de propósito y de sentido de la vida permite a la persona enfrentarse más adecuadamente a los retos de la vida, reformulándolos de un modo que favorece la recuperación. Y, como ya hemos visto en el capítulo 3, la meditación parece mejorar el bienestar en la medida de Ryff, que tiene en cuenta la sensación de sentido de la persona. ¿Cuál es la prueba directa de que la meditación puede ayudarnos a enfrentarnos más adecuadamente a los problemas y retos que la vida nos depara?

Más allá de la correlación

Cuando Dan enseñaba psicología de la conciencia en 1975 en Harvard, Richie se hallaba en su último año de graduado y era, como ya hemos dicho, un profesor asistente. Entre los alumnos con los que se encontraba semanalmente estaba Cliff Saron que, por aquel entonces, estaba cursando sus cursos superiores en Harvard. Cliff tenía un talento especial para la faceta técnica de la investigación, incluida la electrónica (quizás heredada de su padre Bob Saron, que se había ocupado del equipo de sonido de la NBC), una aptitud que no tardó en convertirle en coautor de los artículos de investigación con Richie.

Y, cuando Richie obtuvo su primer puesto docente en la Universidad Estatal de Nueva York en Purchase, se llevó consigo a Cliff para que dirigiese su laboratorio. Después de pasar una temporada ahí –y de coautor con Richie de un gran número de artículos científicos–, Cliff obtuvo su propio doctorado en neurociencia en el Albert Einstein College of Medicine. Hoy en día dirige un laboratorio en el Center for Mind and Brain de la Universidad de California en Davis y a menudo ha formado parte del equipo técnico del Mind and Life Summer Research Institute.

No cabe la menor duda de que la extraordinaria habilidad de Cliff por las cuestiones metodológicas lo ayudó a diseñar y dirigir uno de los pocos estudios longitudinales sobre la meditación realizados hasta la fecha, un aspecto crucial de la investigación.[17] Con Alan Wallace como líder del retiro, Cliff llevó cabo una rigurosa serie de evaluaciones para estudiantes que iban desde un retiro de tres meses en un rango de estilos clásicos de meditación, incluyendo algunos, como el mindfulness a la respiración, destinados a aumentar la concentración y otros dirigidos al cultivo de estados positivos como la bondad y la ecuanimidad. Mientras los «yoguis» seguían con su exigente programa de meditar 6 o más horas al día durante 90 días, Cliff les pasó una batería de pruebas al comienzo, al final y cinco meses después de haber finalizado el retiro.[18]

El grupo de comparación estaba formado por personas que, si bien iban a participar en el retiro de tres meses, no comenzarían hasta que el primer grupo hubiera concluido. Ese grupo de control de «lista de espera» elimina problemas sobre la expectativa de demanda y confusiones psicológicas similares (pero no añade la presencia de un grupo de control activo como el HEP lo que, en un estudio como ese, podría implicar una carga logística y financiera extraordinaria). Su purismo con la precisión de la investigación le llevó a viajar hasta el lugar del retiro con quienes formaban parte del grupo de control de lista de espera y a evaluarlos exactamente del mismo modo y en el mismo contexto que a los sujetos pertenecientes al grupo experimental.

Una de las pruebas consistía en presentar, en rápida sucesión, líneas de diferentes longitudes con la instrucción de presionar un botón cada vez que advirtiesen la aparición de una línea más corta. Lo cierto es que solo una de las diez líneas era más corta y el reto consistía en inhibir la tendencia reactiva a presionar el botón que indicaba la presencia de una línea corta cuando aparecía una larga. A medida que el retiro avanzaba, mejoraba la capacidad de los meditadores de controlar este impulso, reflejando así un aumento en la capacidad crítica de gestionar nuestra emoción que impide que nos dejemos llevar por los caprichos o los impulsos.

Según los análisis estadísticos realizados al respecto, esta sencilla habilidad va acompañada de un abanico de mejoras en los autoinformes que van desde una menor ansiedad a una sensación global de bienestar, incluida la regulación de la emoción establecida por informes de una recuperación más rápida de los contratiempos y de una mayor libertad de los impulsos. Resulta también revelador que los sujetos pertenecientes al grupo de control de lista de espera no mostrasen cambio alguno en estas variables, pero presentaran, pasado el retiro, las mismas mejoras.

El estudio de Cliff atribuye directamente estos beneficios a la meditación, proporcionando un fuerte apoyo a la hipótesis de los rasgos alterados. También hay que decir que un seguimiento realizado cinco meses después del retiro descubrió el mantenimiento de esas mejoras.

Ese estudio disipó también la duda de que los rasgos positivos descubiertos en los meditadores avanzados se deban simplemente a un proceso de autoselección que llevaría a las personas que poseen esos rasgos a elegir la práctica o a perseverar en ella. Este tipo de pruebas parecen apuntar la idea de que los estados practicados durante la meditación se extienden a nuestra vida cotidiana moldeando nuestros rasgos, al menos en lo que respecta a la gestión del estrés.

Una ordalía diabólica

Imagina que estás describiendo tus cualificaciones durante una entrevista de trabajo mientras dos entrevistadores te miran con cara seria y sus rostros no revelan la menor empatía ni gesto alguno de asentimiento. Esta es precisamente la situación a la que deben enfrentarse las personas que se someten al Trier Social Stress Test (TSST), una de las formas más fiables descubiertas por la ciencia para poner en marcha los circuitos cerebrales de estrés y su correspondiente cascada de hormonas.

Imagina ahora, después de esa desalentadora entrevista de trabajo, que has de hacer una operación matemática sometido a presión como, por ejemplo, restar 13 en rápida sucesión de un número como 1.232. Esta es la segunda parte del test de Trier, mientras los mismos impasibles entrevistadores te empujan a hacer la operación cada vez más rápidamente y, en el caso de que cometas un error, empezar de nuevo en 1.232. Esta diabólica tarea genera mucha ansiedad social, la desagradable sensación que tenemos cuando otras personas nos evalúan, nos rechazan o nos excluyen.

Alan Wallace y Paul Ekman crearon un programa destinado a maestros de escuelas que combina el entrenamiento psicológico con la meditación.[19] Si bien Dan había utilizado la película del accidente para generar estrés en el laboratorio, el estresor aquí era una entrevista de trabajo simulada de Trier seguida de ese formidable reto matemático.

Los resultados de la investigación realizada al respecto han puesto de relieve que, cuantas más horas dedicaban esos maestros a la práctica de la meditación, más rápidamente se recuperaban de una subida de su presión sanguínea durante el TSST. Y esta situación se mantenía cinco meses después de haber concluido el programa, lo que sugería la presencia de un leve efecto rasgo (que, de haberse mantenido cinco años después, hubiera sido una prueba todavía más clara de la existencia de un rasgo).

El laboratorio de Richie utilizó el TSST con meditadores avanzados de *vipassana* (con unas 9.000 horas de promedio de práctica) que se sometieron al test un día después de haber dedicado 8 horas a la meditación.[20] Los meditadores y un grupo de control de edad y género equiparable pasaron por el Trier Social Stress Test (y una prueba para la inflamación cuyos resultados veremos en el capítulo 9, titulado «Mente, cuerpo y genoma»).

Los resultados de este estudio descubrieron un pequeño aumento en la tasa de cortisol durante la situación estresante. Y tan importante como este fue el descubrimiento de que los meditadores *percibieron* el amenazador test de Trier como menos estresante que los no meditadores.

Y, como esa forma más equilibrada y serena de los meditadores maduros de contemplar ese estresor no se vio mientras practicaban, sino mientras descansaban (es decir, nuestro «antes»), la mayor relajación, tanto durante la entrevista estresante como durante la formidable tarea matemática, parece probar la presencia de un verdadero efecto rasgo.

Otra investigación realizada con esos mismos meditadores avanzados nos proporciona una prueba adicional al respecto.[21] Los resultados de esta investigación, en la que el cerebro de los meditadores era escaneado mientras contemplaban imágenes inquietantes de víctimas de quemaduras, puso de relieve que el cerebro de los practicantes avanzados presentaba una menor reactividad amigdalar que probaba una mayor inmunidad al secuestro emocional.

Y la razón para ello es que sus cerebros presentan una mayor conectividad operativa entre la corteza prefrontal (que gestiona la reactividad) y la amígdala (que desencadena esas reacciones), un vínculo cuya fortaleza, como bien saben los neurocientíficos, es inversamente proporcional a la vulnerabilidad de la persona a verse secuestrada por todo tipo de altibajos emocionales.

La noción de que esa conexión se fortalece con la práctica continua se ha visto corroborada por un descubrimiento inesperado realizado por el laboratorio de Richie utilizando a los mismos meditadores experimentados. En un reanálisis de los datos recopilados anteriormente, el grupo de Richie descubrió que, durante el periodo de descanso previo a que se les pidiera meditar, esos meditadores avanzados presentaban una mayor conexión neuronal entre el área prefrontal y la amígdala, regiones clave que mantienen lo que la neurociencia denomina una «conectividad funcional».

Esta conectividad modula el nivel de reactividad emocional de la persona ya que, cuanto mayor es el vínculo, menor es la reactividad. En realidad, esta relación es tan fuerte que el grado de conectividad nos permite predecir el nivel de reactividad de la persona. Así, cuando esos meditadores avanzados veían la imagen truculenta de una persona quemada, su amígdala mostraba poca reactividad, mientras que los voluntarios de edad parecida no mostraban un aumento en la conectividad ni la misma ecuanimidad al visionar las imágenes perturbadoras.

Pero, cuando el grupo de Richie repitió este estudio con personas que habían pasado por el entrenamiento MBSR (poco menos de 30 horas) más un poco de práctica cotidiana en casa, no lograron descubrir, mientras se enfrentaban al reto de las imágenes perturbadoras, el menor fortalecimiento de la conexión entre la región prefrontal y la amígdala, ni tampoco cuando el grupo MBSR simplemente descansaba.

Mientras que el entrenamiento en MBSR reduce la reactividad de la amígdala, el grupo de meditadores avanzados mostraron tanto esa reducción de la reactividad de la amígdala como el fortalecimiento de la conexión entre la corteza prefrontal y la amígdala. Esta pauta implica que, cuando las cosas se ponen feas –en respuesta, por ejemplo, a un reto vital importante como perder el trabajo–, la capacidad de gestionar el estrés (que depende de la conectividad entre la corteza prefrontal y la amígdala) es mayor en los meditadores avanzados que en quienes solo han recibido un entrenamiento en MBSR.

Lo interesante es que la resiliencia puede ser aprendida. Lo que no sabemos es cuánto tiempo puede durar este efecto. Sospechamos que, a menos que los participantes perseveren en la práctica –una clave importante para convertir un estado en un rasgo–, su vida será más bien corta.

Entre las personas que muestran una respuesta amigdalar más corta, las emociones van y vienen de un modo adaptativo y apropiado. Esta es una idea que el laboratorio de Richie puso a prueba realizando escáneres cerebrales a 31 meditadores muy avanzados (con un promedio de horas de meditación de 8.800 que se movían en un rango que iba desde 1.200 hasta más de 30.000).

Esas personas se vieron expuestas a las mismas imágenes usuales que iban desde personas que estaban experimentando un sufrimiento extremo (personas quemándose) hasta chicas hermosas. Un primer análisis no descubrió la existencia de diferencia alguna entre la respuesta de la amígdala de los meditadores expertos y la de los voluntarios que jamás habían meditado. Pero, cuando el grupo de Richie diferenció a los meditadores maduros en dos grupos, los de menos y los de más horas de dedicación (con un promedio de 1.849 horas y 7.118, respectivamente), los resultados probaron una recuperación más rápida entre quienes más tiempo habían practicado.[22]

Esta rápida recuperación es el rasgo distintivo de la resiliencia. La ecuanimidad, en suma, se fortalece con la práctica. Y este descubrimiento pone claramente de relieve que, entre los beneficios de la meditación, se halla precisamente, lo que buscaban los Padres del Desierto, una mente imperturbable.

Resumen

La amígdala, un nodo clave en los circuitos cerebrales del estrés, muestra una actividad amortiguada después de unas 30 horas de práctica de MBSR (a lo largo de ocho semanas). Otros entrenamientos de mindfulness van acompañados de un beneficio similar y son indicios de la investigación de que esos cambios se asemejan a rasgos, porque no solo aparecen durante la instrucción explícita de percibir atentamente el estímulo estresante, sino también durante el estado «basal» previo, con una reducción de la activación de la amígdala de hasta el 50%. Esa reducción de la reactividad cerebral al estrés no solo aparece en respuesta al visionado de imágenes espeluznantes utilizadas en el laboratorio, sino también ante retos de la vida real, como pasar una estresante entrevista de Trier ante una audiencia indiferente. La práctica cotidiana aparece asociada a una menor reactividad al estrés. Los practicantes Zen avanzados pueden soportar altos niveles de estrés y muestran una menor reactividad a los estresores. Un retiro de meditación de tres meses va acompañado de indicadores de una mejor regulación emocional; y la práctica a largo plazo está asociada a una mayor conectividad funcional entre las áreas prefrontales (que gestionan la emoción) y las áreas de la amígdala (que reaccionan al estrés), atenuando su reactividad. Y la mayor capacidad de regular la atención acompaña también a alguno de los impactos beneficiosos de la meditación sobre la reactividad al estrés. La rapidez, por último, con la que los meditadores avanzados se recuperan del estrés parece indicar que el efecto rasgo se fortalece con la práctica continuada.

6. Predispuestos al amor

En las regiones áridas de la antigüedad, las uvas eran una delicadeza procedente de regiones remotas. Un buen día, según cuentan registros del siglo II d.c., alguien llevó un racimo de esa exquisitez hasta el desierto en el que vivía Macario, un eremita cristiano.[1]

Pero Macario no se comió las uvas, sino que, en su lugar, se las dio a un eremita cercano que estaba débil y parecía necesitarlas más.

Agradecido por la bondad de Macario, sin embargo, ese eremita le dio el racimo a otro monje que creía que lo necesitaba más que él. Y así fueron las uvas desfilando de un monje a otro por toda la comunidad hasta regresar finalmente a Macario.

Esos tempranos eremitas cristianos conocidos como Padres del Desierto exhibían las mismas modalidades sanas de ser que los yoguis del Himalaya actual, que siguen disciplinas, costumbres y prácticas meditativas parecidas. Unos y otros comparten la misma ética altruista y generosa y viven en aislamiento, para poder sumergirse así mejor en la meditación.

¿Cuál fue el motor del viaje de ese racimo por toda la comuna del desierto? Fueron la bondad y la compasión, actitudes que ponen las necesidades ajenas por delante de las propias. En sentido estricto, la «bondad» y su prima hermana la «compasión» se refieren a los deseos de que los demás sean felices y se vean liberados del sufrimiento, respectivamente. Ambas actitudes (a las que globalmente nos referimos como «compasión») pueden verse fortalecidas por el entrenamiento mental y, en el caso de ser exitoso, pueden llevar a actuar, como bien ilustra el caso de los Padres del Desierto y el periplo seguido por ese racimo de uvas, en beneficio de los demás.

Pero consideremos una moderna actualización. A los estudiantes de un seminario de teología se les dijo que iban a ser examinados sobre un sermón práctico. A la mitad de ellos se les dio, para preparar su sermón, un texto de la Biblia seleccionado al azar mientras que, a la otra mitad, se les asignó la parábola del buen samaritano, es decir, del hombre que se detuvo a atender a un extraño que, acostado al lado del camino, necesitaba ayuda y junto al cual pasaban indiferentes los paseantes.

Después de dedicarse un tiempo a preparar su sermón, debían dirigirse a otro edificio en el que iban a ser examinados, pero en el patio que comunicaba ambos edificios estaban obligados a pasar junto a un hombre que se quejaba de dolor.

¿Se detuvieron a ayudar al extraño que los necesitaba?

Los resultados de ese estudio pusieron de relieve que el hecho de que el estudiante de teología se detuviera o no dependía de la prisa que tenía y que, cuanta más prisa, menos probabilidad había de que se detuviera.[2] Pues, cuanto más ajetreado sea el día y más preocupados por llegar a tiempo a nuestra siguiente cita, menos atención prestaremos a las personas que nos rodean y menos cuenta nos daremos, en consecuencia, de sus necesidades.

Es muy amplio el espectro que va desde las preocupaciones centradas en uno mismo (¡tengo prisa!) hasta ver a las personas que nos rodean, conectar con ellas, colocarnos en su punto de vista y, en el caso de que lo necesiten, hacer algo para ayudarlas.

Tener una actitud compasiva significa adoptar simplemente esa virtud, mientras que *encarnar* la compasión significa actuar basándose en ella. Los estudiantes que estaban preparando su sermón de la parábola del buen samaritano probablemente apreciaran su compasión, pero no era probable que actuasen compasivamente.

Existen varios métodos de meditación dirigidos al cultivo de la compasión. Pero la cuestión científica (y ética) que al respecto debemos plantearnos es la siguiente: ¿Basta con esto para movilizar a las personas hacia una acción compasiva?

Que puedan todos los seres verse libres del sufrimiento

Durante la primera estancia de Dan en la India, en diciembre de 1970, se le pidió que diera una conferencia sobre yoga y ciencia en Nueva Delhi. Entre los muchos viajeros occidentales que asistieron a escuchar a Dan estaba Sharon Salzberg, entonces una joven de 18 años que estaba haciendo un estudio independiente de un año para la Universidad Estatal de Nueva York en Búfalo. Sharon formaba parte de los miles de jóvenes occidentales que hacían el viaje por tierra desde Europa a través de Oriente Próximo hasta la India en los años 1970, un viaje que la guerra y la política actualmente imposibilitarían.

Dan mencionó que acababa de llegar de un curso de *vipassana* dirigido por S.N. Goenka en Bodhgaya y que luego había seguido una serie de retiros de 10 días. Sharon se hallaba entre el puñado de occidentales que fueron directamente desde Delhi hasta el *vihara* de Birmania en Bodhgaya. Ella se convirtió en una ferviente estudiosa del método, siguió sus estudios de meditación con maestros en la India y Birmania y luego regresó a los Estados Unidos para convertirse en maestra y fundar con Joseph Goldstein, a quien conoció en el *vihara*, la Insight Meditation Society en Massachusetts.

Sharon se ha convertido en la principal defensora de un método que aprendió de Goenka, llamado *metta* en pali y que puede ser traducido aproximadamente al inglés como *loving-kindness*, «bondad amorosa», una benevolencia y buena voluntad incondicional, una cualidad de amor semejante al griego *ágape*.[3]

En el formato de la bondad amorosa que Sharon contribuyó a llevar a Occidente, uno repite en silencio frases como «que pueda yo estar seguro», «que pueda yo estar sano» y «que pueda mi vida desarrollarse con facilidad», deseando eso primero a uno mismo, luego a las personas a las que uno ama, después a personas que nos resulten indiferentes y, finalmente, a todos los seres, incluidos aquellos con los que tengamos problemas o nos hayan dañado. Este, en una u otra versión, ha acabado convirtiéndose en el formato mejor estudiado de la meditación de la compasión.

Esta versión de la bondad amorosa a veces incluye el deseo compasivo de que las personas se vean también libres del sufrimiento. Y, aunque la diferencia entre la bondad y la compasión puedan ser, de algún modo, consecutivas, es poca la atención que la investigación ha prestado a esta distinción.

Años después de haber regresado de la India, Sharon era una de los ponentes en un diálogo con el Dalái Lama celebrado en 1989 que fue moderado por Dan.[4] Cuando, en un determinado momento, Sharon comentó que muchos occidentales aborrecían de sí mismos, el Dalái Lama se quedó muy sorprendido, porque eso era algo que jamás había escuchado: siempre había dado por sentado que las personas se aman naturalmente a sí mismas.

Resulta curioso, señaló el Dalái Lama, que la palabra inglesa *loving-kindness* «compasión» se aplique al deseo de que los demás estén bien, pero que no se aplique a uno mismo. En su idioma, el tibetano –y también en los idiomas clásicos pali y sánscrito–, la palabra «compasión» implica desear el bien tanto a los demás como a uno mismo. El inglés, concluyó, necesita una nueva palabra, la compasión por uno mismo.

Ese mismo término llegó al mundo de la psicología hace ya más de una década, cuando Kristin Neff, psicóloga de la Universidad de Texas en Austin, publicó su investigación de una medida de la compasión hacia uno mismo que, según su definición, incluye: ser amable con uno mismo en lugar de autocrítico; ver los propios fracasos y errores como algo inherente a la condición humana más que como un fallo personal, y limitarse a tomar nota de las propias imperfecciones, en lugar de rumiar sobre ellas.

Lo opuesto a la compasión por uno mismo es la autocrítica constante, propia, por ejemplo, de formas deprimidas de pensamiento de las que la bondad hacia uno mismo es un antídoto directo. Esta es una idea que un grupo israelí trató de demostrar y descubrió que la enseñanza de la bondad amorosa a personas proclives a la autocrítica reduce la autocrítica dura y aumenta la compasión hacia uno mismo.[5]

Empatía significa «sentir con»

La investigación cerebral nos habla de tres tipos de empatía.[6] La empatía cognitiva nos ayuda a entender el modo en que otra persona piensa, lo que nos permite entender su perspectiva. La empatía emocional nos ayuda a entender lo que otra persona siente. Y la tercera forma de empatía, la preocupación o el cuidado empático, constituye el núcleo de la compasión.

La palabra «empatía» entró en el idioma inglés en los primeros años del siglo xx como traducción de la palabra alemana *Einfühlung*, que significa «sentir con». La empatía estrictamente cognitiva no va acompañada de ese sentimiento empático, mientras que el rasgo distintivo de la empatía emocional consiste en sentir en nuestro cuerpo lo que otra persona parece estar experimentando.

Pero si lo que sentimos nos molesta, nuestra respuesta suele limitarse a desconectar lo que, si bien nos ayuda a sentirnos mejor, bloquea toda acción compasiva. Este instinto de rechazo se pone de relieve, en el laboratorio, alejando la mirada de las fotografías que reflejan un sufrimiento intenso, como la imagen de un hombre tan quemado que está despellejándose. De manera parecida, los sintecho se quejan de tornarse invisibles porque, quienes se cruzan con ellos, retiran la mirada y los ignoran.

Como la compasión parte de la aceptación de lo que ocurre cuando no miramos hacia otro lado –un primer paso esencial para asumir una acción útil–, ¿podría la meditación destinada al cultivo de la compasión compensar las cosas?

Los investigadores del Max Plank Institute de Leipzig (Alemania) enseñaron a un grupo de voluntarios una versión de la meditación de la bondad amorosa.[7] Los voluntarios aprendieron a generar la bondad amorosa en una sesión de 6 horas y practicaron luego en casa por cuenta propia.

Antes de que aprendieran este método de bondad amorosa, cuando los voluntarios veían vídeos de personas sufriendo solo se activaban los circuitos negativos asociados a la empatía emocional y sus cerebros reflejaban el estado del sufrimiento de las víctimas como si les estuviera ocurriendo a ellos. Esto les hacía sentir mal, un eco emocional del malestar que se transfería de las víctimas hasta ellos mismos.

Luego se les enseñaba a empatizar con los vídeos, es decir, a compartir las emociones de las personas que estaban viendo. Los estudios RMf realizados al respecto han puesto de relieve que esa empatía moviliza circuitos centrados en partes de la ínsula que se activan cuando estamos sufriendo. La empatía significa que las personas experimentan el dolor de quienes están sufriendo.

Pero cuando otro grupo recibe instrucciones sobre la compasión –sentir amor por los que sufren–, su cerebro activa una serie de circuitos completamente diferentes, los del amor parental hacia un hijo.[8] La signatura cerebral de quienes han recibido instrucciones sobre la empatía parece, pues, netamente distinta de la de quienes han recibido instrucciones sobre la compasión.

¡Y esto con solo 8 horas de práctica!

Tal consideración positiva por una víctima del sufrimiento significa que podemos enfrentarnos a la dificultad. Esto nos permite movernos en ese espectro de advertir lo que está ocurriendo hasta llegar realmente a ayudarlos. En muchos países orientales, el nombre Kuan Yin, el reverenciado símbolo de despertar la compasión, significa «la que escucha los lamentos del mundo».[9]

De la actitud a la acción

La pregunta que el científico escéptico debe plantearse es la siguiente: ¿Significa, el despliegue de esta pauta neuronal, que alguien realmente ayudará, especialmente en el caso de que ello implique tener que hacer algo incómodo o incluso un sacrificio? Pero, por más intrigante que sea medir la actividad cerebral de una persona que permanece tranquila en un escáner cerebral y descubrir un fortalecimiento de la predisposición neuronal hacia la bondad y la acción, eso no es algo especialmente convincente. Después de todo, tampoco era probable que los estudiantes de teología que participaron en el estudio del buen samaritano recién descrito ayudasen a alguien que lo necesitara.

Pero hay pruebas que sugieren un resultado más esperanzador. En el laboratorio de Richie, el cerebro de los voluntarios era escaneado antes y dos semanas después de un entrenamiento en compasión (pensar en los demás) o en reevaluación cognitiva, una estrategia cognitiva que consiste en aprender a pensar de manera diferente sobre las causas de los acontecimientos negativos. Luego su cerebro era escaneado mientras visionaban imágenes de sufrimiento humano. Después del escáner cerebral, jugaban al juego Redistribution Game, donde empiezan viendo cómo un «dictador» engaña a una víctima para que le entregue 10 dólares a cambio de un miserable dólar. El juego entonces deja que los voluntarios entreguen 5 dólares de su propio dinero a la víctima y las reglas del juego obligaban al dictador a entregar a la víctima el doble de esa cantidad.

El resultado de ese estudio probó que las personas que habían recibido un entrenamiento en compasión daban a la víctima casi el doble de lo que le daban los sujetos del grupo que había aprendido a reevaluar sus sentimientos. Y su cerebro mostraba una activación creciente de los circuitos destinados a la atención, la asunción de perspectivas y sentimientos positivos, y que, cuanta más activación, más altruismo.

Como comentó Martin Luther King júnior sobre el estudio del buen samaritano, los que no ayudaban se preguntaban «¿Qué *me* pasará si no ayudo?», mientras que lo que el buen samaritano se preguntaba era: «¿Qué *le* pasará si no le ayudo?».

Predispuestos al amor

A cualquier persona con corazón le resultará doloroso ver la fotografía de un niño al borde de la inanición, con grandes ojos tristes y abatido, su estado de ánimo deprimido, el estómago distendido y un cuerpo tan demacrado que los huesos se le transparentan.

Esta imagen, como la imagen de las víctimas de un incendio, se ha utilizado en varios de los estudios sobre la compasión como parte de una prueba estándar destinada a determinar la capacidad de enfrentarse al sufrimiento. Cada uno de los elementos que componen el amplio abanico que va desde ignorar el sufrimiento de alguien hasta advertirlo, empatizar con esa persona y, finalmente, hacer algo para ayudarla, implica una mayor presencia de los sentimientos de bondad amorosa. Los estudios realizados con personas que están aprendiendo la bondad amorosa ponen de relieve un precursor temprano de las reacciones de la amígdala a las imágenes de dolor y sufrimiento descubiertas en los meditadores experimentados.[10] Y ese descubrimiento era más evidente en el caso de los meditadores avanzados, un indicio de que la pauta no tardaría en presentarse.

¿Cuánto tardaría? Quizás unos pocos minutos, al menos en lo que respecta al estado de ánimo. Un estudio descubrió que bastaban 7 minutos de práctica de la bondad amorosa para movilizar, aunque solo fuera de manera provisional, los buenos sentimientos y la sensación de conexión social de la persona.[11] Y el grupo de Davidson descubrió que, después de 8 horas aproximadas de entrenamiento en bondad amorosa, los voluntarios evidenciaban un eco más fuerte de las pautas cerebrales presentes en los meditadores más experimentados.[12] La ola provisional de sentimientos de ternura de los principiantes puede ser un precursor temprano de cambios cerebrales más sorprendentes en personas que practican la bondad amorosa durante semanas, meses y hasta años.

Y consideremos un grupo aleatorio de personas que participaron como voluntarios para seguir instrucciones *online* sobre meditación un total de dos horas y media (es decir, 15 sesiones de 10 minutos cada una). Las personas que participaron en este breve entrenamiento en bondad amorosa se mostraron más relajadas y dispuestas a implicarse en actos de caridad que los integrantes de un grupo de control que dedicaron aproximadamente el mismo tiempo a un ejercicio ligero como el estiramiento.[13]

Los descubrimientos realizados por el laboratorio de Richie, entre otros, nos permiten esbozar un perfil neuronal de las reacciones al sufrimiento. Los circuitos asociados al sufrimiento conectados con la ínsula, incluida la amígdala, responden con especial fortaleza, una pauta que suele acompañar a la empatía por las personas que sufren. La ínsula controla las señales que llegan a nuestro cuerpo y activa también las respuestas autónomas (como la tasa cardiaca y la respiración) ya que, como hemos dicho, nuestros centros neuronales asociados al dolor y la ansiedad reproducen lo que captamos en otra persona. Y la amígdala también nos señala algo que destaca en el entorno, en este caso, el sufrimiento ajeno. Cuanto más profundamente inmersa afirme la persona hallarse en la meditación de la compasión, más intensa es su pauta empática, de modo que la compasión parece amplificar la empatía con el sufrimiento que es, precisamente, el objetivo de la meditación de la compasión.

En otro estudio diferente realizado también en el laboratorio de Richie, los meditadores avanzados que generaban compasión mostraron un mayor aumento en la respuesta amigdalar a sonidos estresantes (como el grito de una mujer), mientras que los sujetos que formaban parte del grupo de control mostraban poca diferencia entre el grupo que generaba compasión y el grupo de control neutro.[14] En un estudio paralelo, se escaneaba el cerebro de los participantes mientras se concentraban en una pequeña luz cada vez que escuchaban esos sonidos perturbadores.[15] En el caso de voluntarios sin experiencia en meditación, la amígdala de los meditadores se disparaba como reacción a esos sonidos, mientras que la respuesta amigdalar enmudecía y su concentración se fortalecía. Incluso aquellos voluntarios a los que se les había prometido una recompensa si, independientemente de lo que escucharan, se esforzaban en concentrarse en la luz, se veían distraídos por los gritos.

Todos estos descubrimientos nos proporcionan varias pistas sobre cómo funciona el entrenamiento mental. Por una parte, la meditación no es un simple fruto de la práctica, sino que suele venir a oleadas. En un retiro típico de *vipassana* (la práctica de la mayoría de los participantes en estudios de largo plazo presentados aquí), los meditadores suelen combinar el mindfulness con la respiración con la bondad amorosa. Programas como el MBSR y similares ofrecen varios tipos de entrenamiento mental.

Estos diferentes métodos de entrenamiento mental movilizan el cerebro en un sentido diferente. Durante la práctica de la compasión, aumenta el volumen de la amígdala, mientras que la concentración de la atención en algo como la respiración lo disminuye. Las distintas prácticas también enseñan a los meditadores a cambiar la relación que establecen con sus emociones.

Los circuitos de la amígdala se activan cuando nos vemos expuestos a alguien que está experimentando una fuerte emoción negativa (como, por ejemplo, el miedo o la ira). Y, dado que la amígdala actúa como una especie de radar neuronal que detecta la relevancia de lo que estamos experimentando, la señal de la amígdala alerta al cerebro de que está ocurriendo algo importante. Si lo que ocurre parece urgente, como una mujer gritando de miedo, las muchas conexiones de la amígdala le permiten reclutar otros circuitos para responder.

Entretanto, la ínsula utiliza sus conexiones con órganos corporales (como el corazón, por ejemplo) con el fin de preparar el cuerpo para un compromiso activo (aumentando, por ejemplo, el flujo de sangre a los músculos). Y, cuando el cerebro ha preparado el cuerpo para responder, es más probable que las personas que han meditado sobre la compasión actúen para ayudar a los demás.

¿Cuánto duran, por otro lado, los efectos del entrenamiento mental en la compasión? ¿Se trata de un estado provisional o de un rasgo duradero? Siete años después de haber finalizado este retiro de tres meses, Cliff Saron volvió a entrevistarse con los participantes.[16] Y entones descubrió algo sorprendente en aquellos que, durante e inmediatamente después del retiro, fueron capaces de mantener la atención ante imágenes perturbadoras de sufrimiento, una medida psicofisiológica de la aceptación en franca oposición a la evitación de la mirada y la expresión de disgusto que encontró en los demás (característica de la respuesta de las personas en general).

Los que no evitaban la mirada, sino que asumían ese sufrimiento eran, 7 años después, más capaces de recordar esas imágenes concretas. En la ciencia cognitiva, tal memoria indica un cerebro capaz de resistirse al secuestro emocional, asumir más plenamente esa imagen, recordarla mejor y, presumiblemente, actuar.

A diferencia de otros beneficios de la meditación que aparecen gradualmente –como una recuperación más rápida del estrés–, la mejora de la compasión llega con mayor rapidez. Sospechamos que el cultivo de la compasión puede servirse de esa «predisposición biológica», la tendencia programada a aprender una determinada habilidad como la que afecta, por ejemplo, a la rapidez con la que los niños aprenden a hablar. El cerebro parece, del mismo modo, predispuesto a amar.

Esto parece deberse a los circuitos cerebrales asociados al cuidado que compartimos con todos los mamíferos. Estas son las redes neuronales que se activan cuando amamos a nuestros hijos, nuestros amigos, o a cualquiera, en suma, que caiga dentro de nuestro círculo natural de cuidado. Son circuitos que, entre otros, se fortalecen después de breves periodos de entrenamiento en compasión.

Como ya hemos visto, la actitud compasiva no se limita a mirar y aumenta la probabilidad de la persona a ayudar a alguien que lo necesita, aun cuando ello implique un coste. Esa resonancia intensa con el sufrimiento ajeno ha sido encontrado en otro grupo notable de personas, las personas tan altruistas que llegan a donar uno de sus riñones a un extraño que está urgentemente necesitado de un trasplante. Los escáneres cerebrales descubrieron que, comparadas con otras personas de igual edad y género, la amígdala derecha de esas almas compasivas es más grande.[17]

Como esta reacción se activa cuando empatizamos con alguien que está sufriendo, una mayor amígdala confiere una habilidad inusual para experimentar el dolor de los demás y movilizar el altruismo hasta el punto de hacer algo tan extraordinario como donar uno de sus riñones para salvar la vida de otra persona. Los cambios neuronales que acompañan a la práctica de la bondad amorosa (cuyos signos emergentes podemos advertir incluso entre los principiantes) se alinean con los que se encuentran en el cerebro de esos supersamaritanos donantes de riñón.[18]

El cultivo de una preocupación amorosa por el bienestar ajeno tiene un beneficio sorprendente y único, la activación de los circuitos cerebrales asociados a la felicidad y la compasión.[19] La bondad amorosa también fortalece las conexiones entre los circuitos cerebrales asociados a la alegría y la felicidad y la corteza prefrontal, una zona crítica para guiar la conducta.[20] Cuanto mayor es la conexión entre estas regiones, más altruista se torna la persona después del entrenamiento en meditación compasiva.

Alentar la compasión

Cuando era joven, Tania Singer pensaba que tendría una carrera en el escenario, quizás como directora de teatro y de ópera. Y desde sus años universitarios, se zambulló en retiros de diferentes tipos de meditación, estudiando con una amplia variedad de maestros. Los métodos que empleó iban desde el *vipassana* hasta la práctica de la gratitud del padre David Stendl-Rast y se sentía especialmente atraída por los maestros que encarnaban la cualidad del amor incondicional.

Los misterios de la mente humana atrajeron la atención de Tania hacia la psicología, campo en el que finalmente se doctoró. Su tesis doctoral, que giró en torno al aprendizaje a una edad muy avanzada, la llevó a interesarse por la investigación sobre la plasticidad. Su investigación postdoctoral sobre la empatía reveló que, cuando vemos el dolor y el sufrimiento de otra persona, se activan, en nosotros, redes asociadas a esos mismos sentimientos, un descubrimiento que recibió mucha atención y acabó estableciendo los cimientos de la investigación neurocientífica de la empatía.[21]

Según descubrió, nuestra resonancia empática con el dolor ajeno activa una alarma neuronal que nos conecta de inmediato con el sufrimiento de los demás, alertándonos de la presencia de un posible peligro. Pero la compasión –es decir, el hecho de sentirse *preocupado* por el sufrimiento de otra persona– parece implicar un conjunto diferente de circuitos cerebrales relacionados con los sentimientos de cordialidad, amor y cuidado.

Este descubrimiento se originó en la investigación que realizó con Matthieu Ricard, un monje tibetano con décadas de práctica meditativa y un doctorado en ciencia. Tania le pidió que asumiera una serie de prácticas meditativas mientras le realizaba un escáner cerebral, porque quería ver lo que pasaba en el cerebro de un meditador experto con vistas a diseñar prácticas meditativas que resultaran útiles para cualquier persona.

Tania descubrió que, cuando cultivamos la empatía y compartimos el sufrimiento de otra persona, se ponen en marcha circuitos neuronales asociados al dolor. Pero, una vez que empezamos a generar compasión –es decir, una vez que empezamos a experimentar sentimientos amorosos por alguien que está sufriendo–, se activan los circuitos cerebrales asociados a los sentimientos positivos, la recompensa y la afiliación.

El equipo de Tania invirtió entonces lo que habían descubierto con Matthieu, entrenando a grupos de principiantes en meditación para empatizar con el sufrimiento de una persona o, lo que es lo mismo, para sentir compasión por su sufrimiento.

Tania descubrió que la compasión acallaba el malestar empático que puede desembocar en el agotamiento emocional y el *burnout* (como sucede en ocasiones en profesiones sanitarias como la enfermería). En lugar de sentir simplemente la angustia de otra persona, el entrenamiento en compasión activa un conjunto completamente diferente de circuitos cerebrales asociados al cuidado amoroso, despierta sentimientos positivos y favorece la resiliencia.[22]

Hoy en día, Tania dirige el departamento de Neurociencia Social del Max Plank Institute for Human Cognitive and Brain Sciences de Leipzig (Alemania). Combinando sus intereses meditativos y científicos y basándose en su prometedora investigación previa sobre la plasticidad en la empatía y el entrenamiento de la compasión, Tania llevó a cabo una investigación definitiva sobre la meditación como forma de cultivar cualidades mentales sanas como la atención, el mindfulness, la asunción de perspectivas, la empatía y la compasión.

En un elegante programa de investigación llamado ReSource Project, el grupo dirigido por Tania reclutó a cerca de 300 voluntarios que se comprometieron a pasar 11 meses en varios tipos de práctica contemplativa, practicando cada uno en 3 módulos de varios meses, más un grupo de comparación que, pese a no recibir entrenamiento alguno, pasó cada 3 meses por la misma batería de tests.

El primer entrenamiento mental se llamaba «Presencia» y consistía en llevar a cabo un escáner corporal mientras los sujetos se concentraban en la respiración. Otro se llamaba «Perspectiva» y consistía en observar pensamientos a través de una novedosa práctica interpersonal de «díadas contemplativas», donde los participantes compartían con otra persona, durante 10 minutos al día, su corriente de pensamientos directamente o a través de una aplicación de teléfono móvil.[23] El tercer tipo de entrenamiento se llamaba «Afecto» y consistía en la práctica de la bondad amorosa.

Los resultados de esta investigación pusieron de relieve que el escáner corporal aumenta la conciencia corporal y reduce la divagación mental; la observación de los pensamientos mejora la metaconciencia, un subproducto del mindfulness, y la bondad amorosa, por último, alienta pensamientos y sentimientos positivos hacia los demás. Por eso, lo más adecuado, si uno quiere aumentar más sus sentimientos de bondad, será practicar exactamente esta última, y no otra cosa.

¿Cuál es el ingrediente activo?

«Samantha tiene sida –leemos–, una enfermedad que contrajo a través de una jeringuilla infectada en una consulta médica en el extranjero. Asiste a manifestaciones de paz una vez al mes y saca buenas notas en el instituto». Junto a esa información podemos ver una foto de Samantha que nos revela a una joven de veintipocos años de pelo largo y lacio caído sobre los hombros.

¿Donaría dinero para ayudarla?

Para descubrir los factores internos que operan en este caso, los investigadores de la Universidad de Colorado enseñaron a un grupo de voluntarios la meditación de la compasión, mientras un ingenioso grupo de control tomaba una dosis diaria de «oxitocina placebo», una dosis falsa de una droga que nos hace sentir bien y que se les dijo que aumentaría sus sentimientos de conexión y compasión. Esa falsa droga creaba expectativas positivas equiparables a las de quienes meditaban en la compasión.[24]

Después de la meditación o de la dosis diaria, una aplicación de teléfono móvil mostraba a cada persona la imagen y el perfil de una persona necesitada como Samantha, con la opción de donarles algo del dinero que recibían los voluntarios.

Resulta sorprendente que la meditación de la compasión no fuese el principal predictor de si una determinada persona donaba o no. Según este estudio, de hecho, no era más probable que quienes habían llevado a cabo la meditación de la compasión donasen más que quienes tomaban la falsa oxitocina o los sujetos que participaron en un grupo que no tomó nada. Y esto es algo que nos obliga a plantearnos un punto clave acerca de los métodos utilizados en la investigación sobre la meditación. Porque, si bien su diseño es extraordinario (como, por ejemplo, con la inclusión de ese inteligente grupo de control de falsa oxitocina), también se trata de un estudio un tanto oscuro, porque no especifica la naturaleza de la meditación de la compasión utilizada que parecía, por cierto, haber cambiado a lo largo del estudio e incluía asimismo un tipo de meditación dirigida al cultivo de la ecuanimidad.

Estos ejercicios contemplativos se derivan de un sistema destinado a ayudar a las personas que trabajan con los moribundos (como sacerdotes o trabajadores de hospital) a permanecer sensibles al sufrimiento mientras experimentan ecuanimidad hacia una persona, porque poco más podemos ofrecer, llegados a ese punto, que nuestra presencia compasiva. Y aunque no era más probable que donasen dinero quienes habían llevado a cabo la meditación de la compasión, se mostraron más afectuosos con las personas necesitadas. Nosotros nos preguntamos si la ecuanimidad puede tener, sobre las donaciones, un efecto muy diferente al de la compasión, reduciendo quizás, por más que se identifiquen con el sufrimiento ajeno, la probabilidad de dar dinero.

Esto tiene que ver con la cuestión relacionada de si, para mejorar los actos compasivos, debemos concentrarnos en la bondad amorosa. La Universidad Northeastern, por ejemplo, llevó a cabo un estudio en el que los voluntarios aprendieron mindfulness o meditación de la bondad amorosa.[25] Al cabo de un par de semanas de práctica, cada uno pasó por una sala de espera en la que entraba una mujer con muletas y aparentemente dolorida. Solo había tres sillas y dos de ellas estaban ocupadas por personas que la ignoraban. Como en el estudio del buen samaritano, cada meditador tenía la oportunidad de ofrecer su propia silla para que esa mujer pudiera sentarse.

Esta investigación puso de relieve que, comparados con el grupo que no había recibido ningún entrenamiento, la probabilidad de que las personas que habían aprendido mindfulness y las que habían practicado la bondad amorosa siguieran el camino de la bondad y renunciasen a su silla era mayor (solo el 15% de los integrantes del grupo de control de no meditadores renunció a su silla, un porcentaje que, en el caso de los meditadores, alcanzó el 50%). De este estudio, sin embargo, no podemos inferir que la meditación mindfulness mejore la empatía como lo hace la práctica de la bondad amorosa o si ese acto compasivo se debe a otros factores internos (como, por ejemplo, una mayor atención a las circunstancias).

Los resultados parecen apoyar la idea de que cada tipo de meditación moviliza un perfil neuronal distinto. Tengamos presentes los resultados de la investigación encabezada por Geshe Lobsang Tenzin Negi, licenciado en la tradición y práctica filosófica compartida por el Dalái Lama (tengamos en cuenta que un *geshe* tibetano es el equivalente a nuestro doctorado) y doctorado también por la Universidad Emory, donde enseñaba. Geshe Negi se basó en su formación como erudito y monje para crear el Cognitively-Based Compassion Training (CBCT), un compendio de métodos que nos ayudan a entender el modo en que nuestra actitud favorece u obstaculiza la respuesta compasiva. Entre ellos se halla una amplia variedad de meditaciones de la bondad amorosa, aspirando a ayudar a los demás a ser felices y liberarse del sufrimiento y la predisposición a actuar en consecuencia.[26]

En la investigación de Emory, un grupo hizo CBCT mientras el otro practicó un método *shamatha* diseñado por Alan Wallace (que hemos presentado en el capítulo 5, titulado «Una mente imperturbable»). El principal descubrimiento de esta investigación fue un aumento en la actividad de la amígdala derecha en respuesta a las fotografías de sufrimiento en las personas pertenecientes a los grupos que habían trabajado en el desarrollo de la compasión, un valor que aumentaba en función de las horas de práctica empleadas, lo que ponía de relieve que compartían el malestar de las personas que estaban sufriendo.

El grupo de la compasión también ha mostrado, en un test destinado a identificar el pensamiento depresivo, estar más feliz. Para compartir los sentimientos de otra persona no es necesario donar dinero. Como dice el doctor Aaron Beck, que había diseñado ese inventario de la depresión, cuando nos centramos en el sufrimiento de otra persona olvidamos nuestro propio sufrimiento.

También hay que tener en cuenta aquí la existencia de una diferencia de género. Los investigadores de la Universidad Emory, por ejemplo, descubrieron un nivel de reactividad más elevado en la amígdala derecha de las mujeres, en respuesta a las imágenes emocionales (felices o tristes, incluidas las del sufrimiento), que en la de los hombres. Este descubrimiento no es precisamente nuevo en el campo de la psicología, porque la investigación cerebral realizada al respecto descubrió, hace mucho, que las mujeres están más conectadas que los hombres con las emociones de los demás.[27] Este parece ser otro caso en el que la ciencia descubre la sopa de ajo: que las mujeres, hablando en términos generales, parecen responder más a las emociones ajenas que los hombres.[28]

Paradójicamente, sin embargo, las mujeres no parecen más proclives a actuar que los hombres cuando tienen la oportunidad de hacerlo, quizás porque se sienten más vulnerables.[29] Son muchos, además de la signatura cerebral, los factores que operan en la acción compasiva, un hecho que los investigadores de esta área siguen tratando de aclarar. Es muy probable que, en este sentido, influyan factores como la prisa, la mayor identificación con la persona necesitada, o si estamos en medio de una muchedumbre o a solas. Dejemos en el aire la siguiente pregunta: ¿Predispone el cultivo de una visión compasiva a una persona a superar esas otras fuerzas cuando nos hallamos delante de alguien necesitado?

Ampliando el círculo del cuidado

Un experimentado maestro de meditación tibetana que participó en los estudios realizados en el laboratorio de Richie dijo, en cierta ocasión, que «una hora dedicada al cultivo de la bondad amorosa hacia una persona con la que tenemos problemas equivale a cien horas de la misma práctica con un amigo o una persona querida».

La meditación genérica de la bondad amorosa amplía el círculo de las personas a las que tratamos de dirigir nuestra bondad. El mayor salto tiene lugar cuando extendemos el amor más allá de las personas a las que conocemos y amamos hasta llegar a incluir a las personas que no conocemos y las personas con las que tenemos problemas. Y, más allá todavía, existe la aspiración a amar a todo el mundo y en cualquier lugar.

¿Cómo podemos ampliar el círculo de la compasión que sentimos por nuestros seres queridos inmediatos a toda la familia humana, incluidas las personas que nos desagradan? Este gran salto en la bondad amorosa –que es algo más que un mero deseo– puede llegar a curar muchas de las divisiones que generan dolor y conflicto en el mundo.

El Dalái Lama habla de una estrategia que puede ayudarnos a llevar a cabo esta tarea: reconocer la «unidad» de la humanidad, aun de los grupos que nos desagradan, hasta comprender que «como nosotros, todos ellos aspiran a verse libres del sufrimiento y al logro de la felicidad».[30]

¿Sirve para algo este sentimiento de unidad? Esto es algo que, desde un punto de vista científico, todavía ignoramos. Pues aunque sea fácil de decir, resulta bastante más difícil de hacer. Una evidencia clara de esta aproximación al amor universal puede medir nuestros prejuicios inconscientes que se ponen de relieve cuando, sin darnos cuenta de ello, tratamos de manera sesgada a un determinado grupo.

Hay tests muy ingeniosos para identificar estos sesgos ocultos. Una persona, por ejemplo, puede decir que no tiene prejuicios raciales pero, al enfrentarse a una prueba de tiempo de reacción en la que se equiparan las palabras que tienen connotaciones agradables o desagradables con las palabras «negro» o «blanco», es más probable que equipare las palabras con significado agradable a la palabra «blanco» que a la palabra «negro», o viceversa.[31]

Los investigadores de la Universidad Yale han utilizado esta medida de sesgo implícito antes y después de una clase de 6 semanas de meditación de la bondad amorosa.[32] Esta investigación utilizó un grupo de control e informó a los participantes sobre el valor de la meditación de la bondad amorosa, pero sin enseñarles realmente la práctica. De manera parecida a lo que sucedió con los estudiantes de teología del experimento del buen samaritano, el grupo que no practicó no demostró, en la prueba de sesgo implícito, el menor beneficio. La reducción del prejuicio inconsciente solo afectó a quienes practicaron la bondad amorosa.

Con respecto a este medio siglo de trabajo en el cultivo de la compasión, el Dalái Lama dijo que, al comienzo, sentía una admiración extraordinaria por las personas que habían desarrollado una auténtica compasión por todos los seres, pero que no creía que eso estuviera a su alcance.

Según dijo, él conocía intelectualmente la existencia del amor incondicional, pero para ello era necesario un cierto trabajo interno. A medida que pasó el tiempo descubrió que, cuanto más practicaba y se familiarizaba con el sentimiento de la compasión, más a su alcance se encontraba.

Con esta penúltima versión de compasión, añadió, nuestra compasión se torna ecuánime y llega a todo el mundo en cualquier lugar, incluidas aquellas personas que no nos quieren bien. Y, lo que es más, este sentimiento no aparece solo de vez en cuando, sino que se convierte en una fuerza estable y convincente, un principio organizador fundamental de nuestra vida.

E, independientemente de que alcancemos o no los logros más elevados del amor, la bondad amorosa no solo activa los circuitos cerebrales de la compasión, sino también de la felicidad. Como suele decir el Dalái Lama: «La primera persona en beneficiarse de la compasión es quien la experimenta».

El Dalái Lama recuerda haberse encontrado en Montserrat, un monasterio cercano a Barcelona, con el pare Basili, un monje cristiano que había permanecido 5 años en un retiro aislado en una ermita próxima al monasterio. ¿Qué había estado haciendo durante todo ese tiempo?

¡Meditando en el amor!

«Yo advertí un resplandor en sus ojos», dijo el Dalái Lama, añadiendo que eso indicaba la profundidad de su paz mental y la belleza de convertirse en una persona extraordinaria. También dijo haber conocido a personas que, pese a tener todo lo que querían, eran miserables. La fuente última de la paz, concluyó, está en la mente que, mucho más que las circunstancias, es la determinante fundamental de nuestra felicidad.[33]

Resumen

El simple aprendizaje de la compasión no aumenta necesariamente la conducta compasiva. En el amplio espectro que va desde sentir empatía por alguien hasta hacer algo para ayudarle, la meditación de la bondad amorosa/compasión contribuye a superar todos los obstáculos que nos impiden ayudar. Hay tres formas de empatía, la empatía cognitiva, la empatía emocional y la preocupación empática. A menudo, las personas empatizan emocionalmente con el sufrimiento de alguien, pero no saben aliviar sus propios sentimientos desagradables. Pero la meditación de la compasión aumenta la preocupación empática y activa los circuitos asociados a los sentimientos de amor y bondad, así como también los circuitos que registran el sufrimiento de los demás y predisponen a la persona a actuar cuando se encuentran con el sufrimiento. La compasión y la bondad amorosa intensifican la activación de la amígdala ante el sufrimiento; y el hecho de focalizar la atención en algo neutro como la respiración atenúa la actividad de la amígdala. Ocho horas de práctica activan la bondad amorosa y basta con 16 horas para reducir prejuicios inconscientes habitualmente inabordables. Y, cuanto más practica una persona, más tienden su cerebro y su conducta hacia la compasión. La fortaleza de estos efectos desde los tempranos años de la meditación puede indicar nuestra predisposición biológica hacia la bondad.

7. ¡Atención!

Un discípulo pidió un buen día a su maestro Zen una caligrafía, «Algo –precisó– de la más alta sabiduría».

Tomando un pincel, el maestro se aprestó a escribir, sin dudarlo un instante: «¡Atención!».

–¿Eso es todo? –preguntó, desalentado, el discípulo.

Sin pronunciar palabra, el maestro tomó entonces de nuevo el pincel y escribió: «¡Atención, atención!».

Sintiendo que eso no era tan profundo como esperaba, el discípulo se irritó con su maestro quien, tomando de nuevo su pincel, escribió entonces: «¡Atención, atención, atención!». Frustrado, el discípulo preguntó entonces a su maestro lo que significaba la palabra «atención», a lo que el maestro replicó: «¡Atención significa atención!».[1]

Según William James, la atención se refiere a: «La facultad de dirigir deliberadamente nuestra atención errante, una y otra vez, constituye el fundamento mismo del juicio, el carácter y la voluntad», como declaró en sus *Principios de psicología*, publicado en 1890, donde llegó a decir que «... cualquier educación que mejore esta facultad sería *la* educación *par excellence*».

Después de esbozar esa osada afirmación dio, sin embargo, un paso atrás y añadió: «Pero es más fácil definir este ideal que dar orientaciones prácticas para llevarlo a la práctica».

Richie había leído esta cita antes de ir a la India, y, durante su experiencia transformadora en el retiro de Goenka, esas palabras saltaron a su mente como impulsadas por un resorte.

Ese fue, para Richie, un momento realmente transformador, un punto de inflexión en su desarrollo intelectual. Tenía la sensación visceral de que la meditación era la «orientación práctica» de la que James hablaba porque, asuman la forma que asuman, todos los tipos de meditación pasan por el mantenimiento de la atención.

En la década de 1970, sin embargo, el mundo de la investigación sabía muy pocas cosas acerca de la atención. El único estudio que relacionaba la meditación con una mejora en la atención había sido llevado a cabo por investigadores japoneses.[2] Ellos llevaron un EEG a un *zendo* y midieron la actividad cerebral de los monjes durante la meditación mientras escuchaban una secuencia monótona de sonidos. Los resultados de ese estudio demostraron que, aunque la mayoría de los monjes no mostraban nada especial, el cerebro de tres de los más «avanzados» no mostró diferencia alguna entre su respuesta al vigésimo sonido y su respuesta al primero; un resultado ciertamente novedoso, porque el cerebro suele habituarse y, al escuchar el décimo pitido, no presenta ya ninguna reacción... y, menos todavía, al llegar el vigésimo.

La desconexión de un sonido repetido refleja un proceso neural conocido como «habituación». Esa reducción de la atención ante un estímulo monótono afecta a los operadores de radar, que tienen que permanecer atentos mientras observan señales procedentes de un cielo fundamentalmente vacío. La fatiga de la atención de los operadores de radar fue la razón práctica que motivó, durante la Segunda Guerra Mundial, la investigación intensiva de la atención cuando se pidió a los psicólogos algún método que mantuviera despiertos a los operadores. Solo entonces la atención se convirtió en objeto de investigación científica.

Habitualmente prestamos atención a un estímulo el tiempo suficiente para asegurarnos de que no supone una amenaza, o solo para categorizarlo. Una vez que reconocemos que se trata de algo seguro o familiar, el proceso de habituación conserva la economía cerebral dejando de prestar atención a esa cosa. Pero esa estrategia, obviamente, tiene sus desventajas, porque acabamos habituándonos a *cualquier cosa* que nos resulte familiar, como los cuadros que adornan las paredes de nuestra casa, la cena de cada noche... y, quizás incluso, nuestros seres queridos. Así pues, aunque la habituación hace más manejable nuestra vida, acaba convirtiéndola en algo muy rutinario.

El cerebro se habitúa empleando circuitos que compartimos con los reptiles: el sistema reticular activador del tronco cerebral (RAS), uno de los pocos circuitos asociados a la atención conocidos en esa época. Durante la habituación, los circuitos corticales inhiben el RAS, manteniendo en silencio esa región cuando vemos una y otra vez la misma vieja cosa.

Durante la sensibilización, por el contrario, cuando nos encontramos con algo nuevo o sorprendente, los circuitos corticales movilizan el RAS, que activa entonces otros circuitos cerebrales para procesar el nuevo objeto (un nuevo cuadro en lugar de otro demasiado familiar, pongamos por caso).

Elena Antonova, neurocientífica británica que había asistido al SRI, descubrió que los meditadores que habían participado en el retiro habitual de 3 años de la tradición tibetana mostraban una menor tendencia a parpadear al escuchar un ruido fuerte.[3] Dicho en otras palabras, sus parpadeos se mantenían inalterables. Esto replicó (conceptualmente al menos) el mencionado estudio japonés que ponía de relieve que los meditadores avanzados no se habituaban a sonidos repetidos.

Ese estudio Zen original fue, para nosotros, fundamental, porque parecía que el cerebro de los meditadores Zen podía mantener la atención cuando otros, simplemente, se desconectaban. Esto era como un eco de nuestra experiencia en los retiros de mindfulness en los que, en lugar de desconectar, pasábamos horas reorientando nuestra atención para registrar cada pequeño detalle de la experiencia. Al prestar una atención detallada a imágenes, sonidos, gustos y sensaciones, a cosas a las que, de otro modo, nos habituamos, mindfulness transforma lo familiar y habitual en algo novedoso e interesante, un entrenamiento de la atención que, como ya hemos visto, puede enriquecer nuestra vida, ofreciéndonos la posibilidad de impedir la habituación y, concentrándonos en la textura profunda del aquí y ahora, «convertir lo viejo en algo nuevo».

Nuestra visión inicial de la habituación consideraba mindfulness como un cambio voluntario de la desconexión refleja. Hasta ahí llegaba nuestro pensamiento que superaba, por cierto, los límites del pensamiento científico aceptado. La ciencia de la década de 1970 consideraba que la atención era un proceso fundamentalmente automático, inconsciente y determinado por el estímulo, una función que no depende tanto del área cortical (que va «de arriba abajo») como del tallo cerebral, una estructura primitiva ubicada por encima de la cuerda espinal (y que, en consecuencia, va «de abajo arriba»).

La atención, desde esta perspectiva, es algo involuntario. Cuando sucede algo a nuestro alrededor –como, por ejemplo, el timbre de una llamada telefónica–, nuestra atención se dirige automáticamente hacia la fuente de ese sonido que, en el caso de que prosiga, se convierte en algo monótono y a lo que acabamos habituándonos.

Resulta curioso que no existiera ningún concepto científico que se refiriese al control voluntario de la atención… ¡aun cuando, para escribir acerca de la inexistencia de la atención voluntaria, los psicólogos estaban utilizando esa habilidad! Y es que el estándar científico de esa época ignoraba sencillamente la experiencia de todo aquello que no pudiera ser objetivamente observado.

Esta visión truncada de la atención solo nos permite ver una parte de la historia. La habituación se refiere a una variedad de la atención sobre la cual carecemos de todo control consciente, pero, por encima de ese mecanismo basal de nuestro circuito neuronal, operan dinámicas más elevadas.

Consideremos, por ejemplo, los centros emocionales del sistema límbico del cerebro medio, en los que se origina la acción cuando las emociones impulsan nuestra atención. Cuando Dan escribió el libro *Inteligencia emocional*, se basó en la investigación llevada a cabo por Richie y otros neurocientíficos sobre los entonces recientes descubrimientos realizados sobre la danza que existe entre la amígdala (radar cerebral para la amenaza ubicado en los circuitos emocionales del cerebro medio) y los circuitos prefrontales (ubicados detrás de la frente), el centro ejecutivo del cerebro, que puede aprender, reflexionar, decidir y perseguir objetivos a largo plazo.

Cuando se desencadena la ira o la ansiedad, la amígdala activa los circuitos prefrontales y, en el momento en que esas emociones perturbadoras alcanzan su punto culminante, la función ejecutiva se ve paralizada por un secuestro amigdalar. Cuando asumimos, por el contrario, el control activo de nuestra atención (como sucede, por ejemplo, en el caso de meditar), la amígdala se aquieta y se activan los circuitos prefrontales. Richie y su equipo han descubierto la presencia de este aquietamiento de la amígdala tanto en meditadores avanzados como en personas que han recibido un entrenamiento en MBSR (aunque, en este caso, de un modo menos intenso).[4]

La carrera científica de Richie ha rastreado el desplazamiento del *locus* cerebral de la atención. En la década de 1980 contribuyó a fundar la neurociencia afectiva, campo que estudia los circuitos emocionales del cerebro medio y el modo en que las emociones activan y desactivan la atención. En la década de 1990, cuando se puso en marcha la neurociencia contemplativa y los investigadores estudiaron lo que sucedía en el cerebro durante la meditación, descubrieron el modo en que los circuitos de la corteza prefrontal gestionan nuestra atención voluntaria. Y como la corteza prefrontal afecta, de un modo u otro, a todos los aspectos de la atención, ha acabado convirtiéndose en el núcleo fundamental de la investigación cerebral sobre la meditación. La corteza cerebral ocupa, en el caso del ser humano, una mayor proporción del estrato superior del cerebro (la neocorteza) y es el asiento de los cambios evolutivos que nos hacen humanos. Esta región, como ya hemos dicho, contiene las semillas del despertar al bienestar duradero, pero también está muy ligada al sufrimiento emocional. De este modo, la activación de la corteza prefrontal puede llevarnos a imaginar posibilidades extraordinarias, pero también puede llenarnos de pensamientos inquietantes.

Aunque William James escribió sobre la atención como si se tratara de una sola entidad, la ciencia actual subraya que el concepto no se refiere a una habilidad, sino a muchas. Entre ellas cabe destacar las siguientes:

- *Atención selectiva*, es decir, la capacidad de concentrarnos en un elemento ignorando, al mismo tiempo, otros.
- *Vigilancia*, que consiste en mantener un nivel de atención constante a medida que pasa el tiempo.
- *Dirigir* la atención apenas advertimos cambios rápidos o pequeños en lo que experimentamos.
- *Foco objetivo* o «control cognitivo», que consiste en mantener, pese a las distracciones, un objetivo o una tarea concreta.
- *Metaconciencia*: ser capaz de cobrar conciencia de la calidad de nuestra conciencia como sucede, por ejemplo, cuando nos damos cuenta de que nuestra mente divaga o de que hemos cometido un error.

Atención selectiva

Amishi Jha recuerda que, cuando era niña, sus padres meditaban utilizando un *mala* (un collar para contar mantras), como habían aprendido en su India natal. Pero Amishi no estaba interesada en la meditación, sino que iba a convertirse en una neurocientífica cognitiva dedicada al estudio riguroso de la atención.

Mientras se hallaba en la Facultad de Medicina de la Universidad de Pennsylvania, Richie llegó para dar una conferencia. Durante esa charla, Richie no mencionó la meditación, pero mostró imágenes RMf de dos cerebros, el de una persona sumida en las profundidades de la depresión y el de otra persona feliz. Amishi le preguntó «¿Cómo podemos pasar de una a otra?».

–A través de la meditación –respondió Richie.

Esta respuesta despertó el interés, tanto personal como profesional, de Amishi hasta el punto de que empezó a meditar y a investigar sobre la influencia de la meditación en la atención, haciendo caso omiso de la advertencia de sus colegas de que ese no era un tema de interés dentro del campo de la psicología y de que podía ser perjudicial para su carrera.

Al año siguiente asistió al segundo encuentro del Mind and Life Summer Research Institute que resultó decisivo, porque ahí descubrió, en el equipo docente y en sus compañeros, una comunidad de apoyo que le resultó muy alentadora.

Richie recuerda perfectamente el vívido testimonio emocional que, en ese encuentro, Amishi le transmitió de cómo la meditación formaba parte de su cultura de origen. Aunque se había visto obligada a continuar su investigación, le pareció haber descubierto finalmente su hogar con científicos con intereses parecidos, que investigaban en esa área. No es de extrañar que Amishi haya acabado convirtiéndose en líder de una nueva generación de científicos comprometidos con la neurociencia contemplativa y sus beneficios para la sociedad.

Ella y sus colegas han dirigido uno de los estudios más rigurosos sobre el modo en que la meditación influye sobre la atención.[5] Su laboratorio, actualmente en la Universidad de Miami, ha descubierto, en personas que han pasado por un programa MBSR, una mejora significativa de la orientación, un componente de la atención selectiva que dirige la mente a uno de entre un número casi infinito de *inputs* sensoriales.

Supongamos que usted está en una fiesta escuchando la música y desconectando de una aburrida conversación de un grupo cercano de modo que, si alguien le pregunta sobre lo que acaban de decir, no tiene la menor idea. Basta, sin embargo, con que alguien mencione su nombre para que usted conecte con esos sonidos como si le fuera, en ello, la vida.

Conocido, en el campo de la ciencia cognitiva, como «efecto fiesta cóctel», este súbito despertar subraya un aspecto muy importante del diseño de los sistemas atencionales con que cuenta nuestro cerebro, según el cual recibimos una corriente de información mucho mayor de la que somos conscientes. Esto implica la presencia, en algún lugar de nuestra mente, de un sistema destinado a descartar los sonidos irrelevantes; pero nuestro nombre siempre es relevante.

La atención cuenta con varios canales, uno que elegimos conscientemente y el resto, de los que desconectamos. La tesis doctoral de Richie examinó el modo en que la meditación fortalece la capacidad de concentrarnos en lo que elegimos pidiendo a voluntarios que prestasen atención a lo que veían (el destello de una luz), ignorando simultáneamente lo que sentían (una vibración en la muñeca), o viceversa, mientras registraba, como forma de medir la fortaleza de su concentración, el EEG de su corteza visual o táctil. (Su uso del EEG para examinar esto en seres humanos, dicho sea de paso, abrió un nuevo terreno que, hasta ese momento, solo se había aplicado a gatos y ratas.)

Los meditadores que había entre los voluntarios mostraron un ligero aumento de lo que se conoce como «especificidad cortical», es decir, una mayor actividad en la parte asociada a las áreas sensoriales de la corteza. Así, por ejemplo, cuando prestaban atención a lo que veían, la corteza visual permanecía más activa que la táctil.

Cuando la propuesta consiste en concentrarnos en las sensaciones visuales e ignorar las táctiles, las luces son «señal» y el tacto, «ruido». Cuando nos distraemos, la señal se ve sofocada por el ruido, mientras que la concentración, por el contrario, implica mucha más señal que ruido. Y, si bien la investigación realizada al respecto por Richie no descubrió un aumento de la señal, sí que advirtió una reducción del ruido y una alteración, por tanto, de la ratio (porque bajar el ruido implica aumentar la señal).

La tesis de Richie –como la de Dan– parecía sugerir algo del efecto que estaban buscando. Varias décadas después, medidas más sofisticadas han servido para corroborar la conciencia sensorial específica que Richie había tratado de demostrar. Utilizando MEG [magnetoencefalografía], una técnica que permite el registro de la actividad magnética cerebral con una precisión mayor que la que permitía el viejo EEG con el que Richie había trabajado, el MIT llevó a cabo una investigación con voluntarios que se habían visto aleatoriamente asignados a un programa de 8 semanas de MBSR, o a un grupo de control de lista de espera que solo recibieron el entrenamiento después de haber concluido el experimento.[6]

Recordemos que los elementos constitutivos del MBSR son el mindfulness a la respiración, el escáner sistemático de las sensaciones corporales, los ejercicios de yoga atento y la conciencia instante tras instante de los pensamientos y sentimientos con la invitación a practicar diariamente estos métodos de entrenamiento de la atención.

Quienes habían pasado por el programa MBSR mostraron, al finalizar las 8 semanas, una mayor capacidad para concentrarse en las sensaciones –en este caso, un ligero golpeteo cuidadosamente calibrado en sus manos o pies– que antes de comenzar el entrenamiento, y mayor también que las personas que formaban parte del grupo de control de lista de espera.

Parece que el mindfulness (al menos en esta modalidad) fortalece la capacidad cerebral de concentrarnos en una cosa ignorando las distracciones. Contrariamente, pues, a lo que dice la sabiduría popular, según la cual la atención es algo integrado e inaccesible, por tanto, a cualquier intento de entrenamiento, los circuitos neuronales de la atención selectiva pueden ser entrenados.

Un fortalecimiento parecido de la atención selectiva se encontró también en meditadores *vipassana* del Insight Meditation Center que pasaron por un estudio antes y después de un retiro de 3 meses.[7] El retiro insiste de manera específica en permanecer completamente atentos, no solo durante las 8 horas cotidianas de sentada formal, sino también a lo largo de todo el día.

Cuando, antes del retiro, trataron de identificar sonidos de diferente tono, su precisión no era mejor que la de cualquier otra persona, pero después de los 3 meses de entrenamiento, su atención selectiva era más del 20% más exacta.

Atención sostenida

El erudito Zen D.T. Suzuki era uno de los conferenciantes en un congreso de puertas abiertas. Mientras estaba sentado detrás de la mesa junto al resto de los ponentes, estaba perfectamente tranquilo, con los ojos clavados en un punto ubicado en ningún lugar frente a él, con apariencia de estar sumido en su mundo. Pero, cuando una súbita ráfaga de viento levantó los papeles de la mesa, él fue el único que los agarró al vuelo. No estaba despistado, sino que sencillamente estaba prestando atención al modo Zen.

Recordemos que la capacidad de los meditadores de mantener la atención sin caer en la habituación era, cuando comenzamos nuestra búsqueda científica, uno de los escasos descubrimientos científicos realizados sobre la meditación. Pese a sus limitaciones, pues, ese estudio Zen resultó muy estimulante.

La atención pasa por una especie de estrecho cuello de botella mental, de modo que tenemos que administrarla bien. La parte más importante se dirige hacia aquello en lo que hemos decidido concentrarnos, pero, cuando mantenemos nuestra atención en esa cosa, el foco inevitablemente se desvanece, nuestra mente se desvía hacia otros pensamientos, etcétera. Esta es, por tanto, la inercia a la que se enfrenta la meditación.

Un objetivo universal de cualquier tipo de meditación consiste en prestar una atención sostenida a un determinado objeto como, por ejemplo, la respiración. Son muchos los informes, tanto anecdóticos como científicos, según los cuales la meditación mejora la atención sostenida o, por usar el término técnico, la vigilancia.

Pero un escéptico podría preguntarse: «¿Ha sido la práctica de la meditación la que ha mejorado la atención o ello se debe a algún otro factor?». Por ello son necesarios los grupos de control. Y, para demostrar de manera más concluyente que el vínculo entre meditación y atención sostenida no es una mera asociación, sino una relación causal, es necesario llevar a cabo un estudio longitudinal.

Ese fue, precisamente, el objetivo de un estudio dirigido por Clifford Saron y Alan Wallace, donde los voluntarios asistían a un retiro de meditación de 3 meses en el que Wallace ejercía de instructor.[8] Los participantes en ese estudio practicaron el *focusing* a la respiración 5 horas al día y Saron les pasó una prueba al comienzo del retiro, al mes de haberlo iniciado, al terminar y 5 meses después de haberlo concluido.

Los resultados de esta investigación pusieron de relieve una mejora en la vigilancia de los meditadores, especialmente durante el primer mes del retiro. Cinco meses después de haber finalizado el retiro, cada meditador llevaba a cabo un test de seguimiento de vigilancia, que puso de relieve el mantenimiento de la mejora conseguida.

No cabe la menor duda de que el mantenimiento de ese efecto se debía fundamentalmente a la hora diaria de práctica llevada a cabo por esos meditadores. Esta sigue siendo todavía una de las mejores pruebas directas de un rasgo alterado inducido por la meditación, pero... ¡la evidencia sería más convincente todavía si ese mismo logro siguiera presente 5 años después!

Parpadeo atencional

Imaginemos a un niño de 4 años tratando de descubrir, en medio de la multitud de las imágenes del libro *¿Dónde está Wally?*, al personaje y recordemos el momento en que finalmente descubre, en medio de la abigarrada muchedumbre, la imagen de Wally con sus características gafas y suéter a rayas rojas y blancas. La excitación que acompaña al descubrimiento de Wally jalona un momento clave del funcionamiento de la atención en el que el cerebro nos recompensa por esa «victoria» con una dosis de una substancia neuroquímica placentera.

Según la investigación, el sistema nervioso desconecta entonces, por unos instantes, nuestro foco y se relaja en lo que parece una breve fiesta de celebración neuronal. Y, en el caso de que, durante esos momentos, apareciese otro Wally, nos pasaría inadvertido, porque nuestra atención estaría ocupada en otra cosa.

Podemos asimilar esa ceguera temporal a una especie de parpadeo atencional, una breve pausa en la capacidad de nuestra mente para escanear el entorno (técnicamente, se trata de un «periodo refractario»). Durante ese parpadeo, nuestra atención pierde sensibilidad y nuestra mente, por así decirlo, queda ciega. Un leve cambio que, de otro modo, llamaría nuestra atención, nos pasa entonces inadvertido. La medida de ese parpadeo refleja nuestra «eficiencia cerebral», en el sentido de que, cuando no estamos demasiado atrapados en una cosa, tenemos la posibilidad de acceder a recursos atencionales procedentes de nuestro fondo finito para dedicarlos al instante siguiente.

En la práctica, la falta de parpadeo refleja una mayor capacidad para advertir pequeños cambios, es decir, indicios emocionales no verbales de las emociones cambiantes de una persona transmitidos por cambios fugaces en los pequeños músculos que rodean los ojos. La insensibilidad a señales tan pequeñas puede implicar que mensajes mayores nos pasen inadvertidos.

Una de las pruebas para determinar el parpadeo nos presenta una larga secuencia de letras en la que hay números intercalados. Cada letra o número individual se presenta durante breves instantes (50 milisegundos, es decir, la veinteava parte de un segundo), a una velocidad de 10 por segundo, y se nos advierte de que cada secuencia de letras contiene, a intervalos irregulares, uno o dos números.

Después de cada secuencia de aproximadamente 15 signos, se nos pregunta si hemos advertido la presencia de algún número y de cuáles se trata. Los resultados prueban que, cuando los dos números se presentan en rápida secuencia, la mayoría de las personas tienden a soslayar el segundo. Este es, precisamente, el efecto del parpadeo atencional.

Los científicos que estudiaban la atención pensaban, desde hace mucho, que esta reducción provisional de la atención inmediatamente después de identificar un objetivo muy buscado estaba integrado, es decir, que se trataba de un aspecto del sistema nervioso central inevitable y, en consecuencia, inalterable.

Pero entonces ocurrió algo sorprendente entre los meditadores del retiro de *vipassana* anual de 3 meses en la Insight Meditation Society, los mismos que tan bien se habían desempeñado en la prueba de atención selectiva. Al parecer, la meditación *vipassana*, en la medida que cultiva una conciencia continua no reactiva a todo lo que aparece en la experiencia, una especie de «control abierto» receptivo a todo lo que pasa por la mente, puede reducir el parpadeo. De este modo, un curso intensivo de *vipassana* genera algo semejante a lo que hace el mindfulness con los esteroides: una hiperalerta no reactiva a todas las cosas que aparecen en la mente.

La determinación del parpadeo atencional de los meditadores llevada a cabo por el grupo de Richie puso de relieve, después de un retiro de *vipassana*, una espectacular reducción del 20%.[9]

El cambio neuronal clave era una caída en la respuesta al primer número vislumbrado (solo estaban advirtiendo su presencia), de modo que la mente permanece lo suficientemente tranquila como para advertir también el segundo, aun cuando aparezca muy próximo al primero.

Esto supuso una auténtica sorpresa para los científicos cognitivos que, como acabamos de ver, creían que el parpadeo atencional se hallaba integrado y no podía, en consecuencia, verse afectado por ningún tipo de entrenamiento. Cuando se extendió esta noticia en los círculos científicos, un grupo de investigadores alemanes se preguntó si el entrenamiento en meditación podría contrarrestar el empeoramiento provocado por la edad en el parpadeo atencional, que es más frecuente y de mayor amplitud cuando la persona envejece.[10] La respuesta a esta pregunta es afirmativa, porque las personas que practican regularmente alguna forma de «control abierto» (es decir, que son conscientes de todo lo que aparece en su mente) invierten la

habitual escalada de parpadeo atencional que acompaña al envejecimiento, lo que favorece un desempeño mejor que el de cualquier
otro grupo de una población más joven.

Quizás, especularon entonces los investigadores alemanes, la
conciencia abierta no reactiva –que consiste simplemente en darnos
cuenta y permitir que lo que aparece en la mente «sea» en lugar de
dejarnos arrastrar por la cadena de los pensamientos– se convierte
en una habilidad cognitiva que se limita a registrar una secuencia de
letras y números en el test del parpadeo sin quedarnos atrapados en
ello. Esto deja libre la atención para advertir el siguiente objetivo
de la secuencia, la forma más eficaz de atestiguar la fugacidad del
mundo.

Una vez demostrada la reversibilidad del parpadeo atencional,
científicos holandeses se preguntaron: ¿Cuál es el mínimo entrenamiento que enlentece el parpadeo atencional? Para ello, enseñaron
a personas que nunca antes habían meditado a monitorizar su mente
utilizando una versión del mindfulness de solo 16 minutos.[11] Los resultados de este estudio probaron, entre los sujetos que se sometieron
voluntariamente a la prueba, una reducción del parpadeo comparados con los sujetos de un grupo de control al que se le había enseñado
una meditación de concentración que no tenía ningún efecto sobre
la estabilidad mental.

El mito de la multitarea

Todos padecemos una versión digital de la «catástrofe plena» de una
vida saturada de correos electrónicos, llamadas telefónicas y mensajes de texto que nos bombardean de continuo, por no mencionar los
posts de Facebook, Instagram y los recordatorios urgentes de nuestro
universo personal de redes sociales. Y, dada la ubicuidad de los telé-

fonos inteligentes, entre otros dispositivos, las personas reciben hoy, en plena era digital, más información que nunca.

Décadas antes de que empezáramos a vernos desbordados por un océano de distracciones, el científico cognitivo Herbert Simon hizo la siguiente observación que ha demostrado ser profética: «La información consume atención, de modo que el exceso de información va necesariamente acompañado de un empobrecimiento de la atención».

Pero ello también afecta a nuestras relaciones sociales. ¿No tenemos acaso el impulso de decir a un niño que deje estar el teléfono y mire a los ojos de la persona con la que está hablando? Y la urgencia de este tipo de consejos es más necesaria cuando, entre las víctimas de las distracciones digitales, se hallan habilidades humanas tan básicas como la empatía y la presencia social.

El significado simbólico del contacto ocular, o de dejar lo que estamos haciendo para establecer contacto, muestra el respeto, el cuidado y hasta el amor con el que tratamos a nuestro interlocutor. La falta de atención a las personas que nos rodean transmite, por el contrario, el mensaje de la indiferencia. Esas sencillas normas sociales de atención a la persona con la que nos relacionamos han cambiado de un modo tan silencioso como inexorable.

Somos muy insensibles a estos efectos. Son muchos los usuarios del mundo digital, por ejemplo, que alardean de poder realizar simultáneamente varias tareas, llevando a cabo su trabajo mientras no dejan de atender a la información que les indica lo que está ocurriendo. Pero la investigación realizada en la Universidad de Standford ha demostrado convincentemente la falsedad de esta pretensión, que el cerebro no opera «multitarea, sino más bien que cambia rápidamente de una tarea (el trabajo que estamos haciendo) a otra (como esos vídeos divertidos, actualizaciones de las páginas de nuestros amigos, mensajes urgentes...)».[12]

A diferencia de lo que afirman los defensores de la «multitarea», la atención no funciona en paralelo, sino que cambia rápidamente de una cosa a otra. Y cuando, después de uno de esos cambios, nuestra atención regresa a la tarea original, su fortaleza se ha reducido considerablemente, de modo que puede requerir varios minutos concentrarnos de nuevo en ella.

Y este es un problema que se extiende al resto de nuestra vida. La incapacidad de separar el ruido (es decir, las distracciones) de la señal (en la que queremos concentrarnos) no nos permite advertir –ni, en consecuencia, retener– lo que es importante. La investigación llevada a cabo por el mencionado grupo de Stanford descubrió que las personas que más incurren en la multitarea son las que se distraen con más facilidad. Y cuando estas personas tratan de concentrarse en lo que tienen que hacer, su cerebro activa muchas regiones cerebrales que no son estrictamente relevantes para la tarea en curso, un claro indicador neuronal de la distracción.

La multitarea empeora incluso la eficacia. Como dijo el difunto Clifford Nass, uno de los investigadores que participó en este estudio, estas personas son «incapaces de ignorar las cosas irrelevantes», lo que no solo obstaculiza la concentración, sino que también impide la comprensión analítica y la empatía.[13]

Control cognitivo

El control cognitivo, por su parte, nos permite concentrarnos en un objetivo o tarea concreta y mantenerla en la mente mientras nos resistimos a las distracciones, las mismas capacidades que se ven dañadas por la multitarea. Tal foco estable resulta esencial en trabajos como el de controlador del tráfico aéreo –cuyo monitor está lleno de distracciones como, por ejemplo, un determinado avión entrante, que pueden alejarle del foco principal de ese momento–, o tareas tan sencillas como llevar a cabo la lista cotidiana de cosas que hacer.

Una buena noticia para las personas que incurren en la multitarea es la posibilidad de fortalecer el control cognitivo. Este, al menos, es el resultado de un estudio con universitarios voluntarios que trataban de hacer sesiones de 10 minutos de concentración, o bien contando la respiración o haciendo una tarea parecida de comparación como, por ejemplo, hojear el *Huffington Post*, Snapchat o BuzzFeed.[14]

La investigación realizada al respecto puso de relieve que bastaba con 3 sesiones de 10 minutos de conteo de respiración para intensificar considerablemente las habilidades atencionales en una batería de tests. Y lo más interesante es que los mayores logros los obtenían las personas más adictas a la multitarea que, paradójicamente, eran quienes peor desempeño inicial mostraban en este tipo de pruebas.

Si la multitarea empobrece la atención, una tarea de concentración, como, por ejemplo, contar respiraciones, nos ofrece una forma de mejorarla, al menos a corto plazo. Pero no hay indicador de que ese aumento de la atención se mantenga, porque la mejora aparece inmediatamente después del «taller» y no se registra en nuestro radar como un rasgo duradero, sino como un efecto estado. Pues para estabilizar un rasgo, el circuito cerebral de la atención requiere, como veremos, de un esfuerzo sostenido.

Hasta los meditadores principiantes pueden mejorar sus habilidades atencionales con resultados sorprendentes. Unos investigadores de la Universidad de California en Santa Barbara, por ejemplo, dieron a los voluntarios una instrucción de 8 minutos de mindfulness a su respiración y descubrieron que bastaba con esa breve sesión de concentración para reducir sus distracciones (comparado con lo que ocurría con un grupo de control que se dedicaba a leer un periódico o, simplemente, a relajarse).[15]

Por más interesante que fuese, sin embargo, ese descubrimiento, el seguimiento resultó todavía más convincente. Los mismos investigadores impartieron a los voluntarios un curso de 2 semanas de mindfulness a la respiración y a actividades cotidianas como comer, por ejemplo, durante un total de 6 horas, más 10 minutos diarios de sesiones de refuerzo en casa.[16] Los resultados demostraron también, en el grupo de mindfulness, una clara mejora de la concentración y una reducción de las distracciones que los obtenidos por el grupo de control, que simplemente recibió un curso de nutrición de la misma duración.

También resultó sorprendente que el mindfulness mejorase la memoria operativa, es decir, el mantenimiento, en la mente, de la información el tiempo necesario para que pudiera transferirse a la memoria a largo plazo. La investigación realizada en este sentido ha puesto de relieve que la atención es crucial para la memoria operativa y que, si no prestamos atención, esa información ni siquiera se registra.

Ese entrenamiento en mindfulness se realizó mientras los estudiantes que participaron en el estudio se hallaban todavía en la universidad. Los efectos positivos sobre la atención y la memoria operativa podían contribuir a explicar un dato todavía más sorprendente, según el cual el mindfulness aumentaba en más de un 30% la puntuación del GRE (el examen exigido por muchas universidades estadounidenses para realizar estudios de postgrado). ¡Estudiantes, tomad buena nota!

El control cognitivo también nos ayuda a gestionar más adecuadamente nuestros impulsos (algo técnicamente conocido como «inhibición de la respuesta»). Como ya hemos visto en el estudio de Cliff Saron, del que hablamos en el capítulo 5, titulado «Una mente imperturbable», el entrenamiento aumenta la capacidad del meditador para inhibir los impulsos en el transcurso de 3 meses lo que, sorprendentemente, seguía presente durante un seguimiento realizado 5 meses después.[17] Y esa inhibición del impulso va acompañada, según los autoinformes, de un aumento en el bienestar emocional.

Metaconciencia

Cuando participamos en nuestro primer curso de *vipassana* en la India, nos encontramos inmersos hora tras hora en las idas y venidas de nuestra mente, cultivando la estabilidad mediante el simple hecho de advertir nuestros pensamientos, impulsos, deseos y sentimientos sin dejarnos arrastrar por ellos. Esta atención intensiva a los movimientos de nuestra mente es, precisamente, la metaconciencia.

Poco importa, durante la metaconciencia, en qué focalicemos nuestra atención, porque lo que importa es que reconozcamos la conciencia misma. Habitualmente percibimos una figura, sin conciencia del fondo. La metaconciencia cambia la figura y el fondo de nuestra percepción, de modo que lo importante pasa a ser la conciencia.

Esa conciencia de la conciencia nos permite monitorizar nuestra mente sin vernos arrastrados por los pensamientos y sentimientos que estemos observando. «Lo que es consciente de la tristeza no está triste –dice, al respecto, el filósofo Sam Harris– y tampoco tiene miedo la conciencia del miedo. En el momento, sin embargo, en que me pierdo en los pensamientos, estoy tan confundido como cualquiera».[18]

Los científicos se refieren a la actividad cerebral que se origina en nuestra mente consciente y a sus operaciones como un funcionamiento «de arriba abajo», y a lo que sucede fuera de ella –a lo que técnicamente se conoce como inconsciente cognitivo– como un funcionamiento «de abajo arriba». Gran parte de lo que consideramos que ocurre «de arriba abajo» sucede, en realidad, «de abajo arriba».

Y, como concedemos una importancia extraordinaria a la primera de esas vías, acabamos creyendo que la delgada loncha de la conciencia cognitiva es la totalidad de la mente.[19]

No somos conscientes de la extraordinaria cantidad de operaciones mentales que discurren por la segunda de estas vías, al menos en la conciencia convencional de nuestra vida cotidiana. La metaconciencia nos permite advertir una extensión mucho mayor de las operaciones que suceden de abajo arriba.

La metaconciencia, por ejemplo, nos permite rastrear nuestra atención y advertir que nuestra mente se ha alejado de algo en lo que queríamos concentrarnos. Esta capacidad de controlar la mente sin vernos arrastrados nos proporciona una oportunidad extraordinaria cuando descubrimos que nuestra mente se ha distraído, porque solo entonces podemos llevarla de nuevo a la tarea que nos ocupa. Esta habilidad tan simple como crucial está en la base de un amplio abanico de cosas que nos hacen eficaces en el mundo, desde esbozar un proyecto hasta llevarlo a cabo.

Hay dos variedades de experiencia: la «mera conciencia» de una cosa y darnos cuenta, sin juicios ni reacciones emocionales añadidas, de que somos conscientes de esa cosa. Cuando, por ejemplo, estamos viendo una película apasionante, nos dejamos arrastrar por ella hasta perder la conciencia de que estamos en un cine. Pero también podemos ver la película atentamente cobrando conciencia de que estamos en un cine viendo la película, una forma de conciencia que no reduce un ápice nuestra valoración ni implicación en la película, sino que simplemente es una modalidad distinta de conciencia.

La persona que ocupa la butaca de al lado puede estar comiendo palomitas de maíz y haciendo un ruido que, aunque se ve registrado por nuestro cerebro, no advertimos porque hemos desconectado. Ese procesamiento mental inconsciente reduce la actividad de un área cortical clave, la corteza prefrontal dorsolateral (o, dicho de otro modo, DLPFC). Así, cuanto más conscientes somos de ser conscientes, más se activa la DLPFC.

Consideremos ahora un sesgo inconsciente, los prejuicios que tenemos sin ser conscientes de ellos (un tema que ya hemos mencionado en el capítulo 6, titulado «Predispuestos al amor»). En este sentido, la meditación aumenta la función de la DLPFC al tiempo que atenúa los sesgos inconscientes.[20]

Los psicólogos cognitivos evalúan la metaconciencia dando a las personas tareas mentales tan complejas que los errores son inevitables y tomando luego buena nota del número de tales errores y de si la persona se ha dado cuenta de que puede haber cometido un error (esa es la metaconciencia). Estas tareas son deliberadamente diabólicas y han sido diseñadas y calibradas con la intención de que, quien las lleve a cabo, incurra en un cierto porcentaje de errores y, lo que es más, que la confianza en sus respuestas pueda variar.

Imagine, por ejemplo, presentar 160 palabras en rápida sucesión durante 1,5 segundos cada una. Luego se presenta otro conjunto de 320 palabras, la mitad de las cuales forman parte de la primera presentación con la instrucción de presionar un botón u otro para confirmar o negar, respectivamente, si cree que la palabra en cuestión formaba parte de la primera presentación. Finalmente, se le pregunta al sujeto el grado de confianza que tiene en la exactitud de cada una de sus respuestas, una medida, en suma, de la metaconciencia.

Los resultados de este estudio dirigido por la Universidad de California de Santa Barbara con personas que aprendían mindfulness por vez primera y un grupo de control que solo recibió un curso de nutrición pusieron de relieve una mejora en la metaconciencia de aquellos, pero no de estos.[21]

¿Cuánto tiempo durará?

El laboratorio de Amishi Jha comprobó el efecto de un retiro intensivo de un mes de meditación en el que los asistentes meditaban más de 8 horas al día.[22] Los resultados de ese estudio pusieron de relieve que el retiro aumentaba la «alerta» de los participantes, es decir, la predisposición a responder a aquello ante lo que se encontraban.

Pero, si bien un estudio anterior había descubierto una mejora en la orientación de los participantes en un breve curso de mindfulness, los resultados de ese otro estudio, sin embargo, no mostraron tal aumento. Este no descubrimiento nos ofrece importantes datos para entender la importancia de la atención. De este modo, podremos hacernos una imagen completa del efecto (o no) de distintos tipos de meditación en diferentes aspectos de la atención y, en caso afirmativo, en qué medida lo hacen.

Algunos cambios pueden ocurrir de inmediato, mientras que otros solo se presentan al cabo de un tiempo. Así, por ejemplo, mientras que la orientación parece dispararse inicialmente y estancarse luego, la alerta parece mejorar con la práctica. Y también hay razones para sospechar que la meditación sostenida en el tiempo puede ser necesaria para que esos cambios en la atención perduren y no se desvanezcan.

En la época en la que Richie estaba llevando a cabo su investigación en Harvard sobre los cambios en la ratio señal/ruido de los meditadores, científicos cognitivos como Anne Treisman y Michael Posner señalaron que la «atención» es un concepto demasiado burdo. En su opinión, deberíamos centrar nuestra atención en diferentes modalidades de atención y en los circuitos neuronales implicados en cada una de ellas. Los descubrimientos realizados hasta el momento parecen indicar que la meditación mejora muchos de estos subtipos, aunque todavía no tenemos una imagen global y los resultados obtenidos por Amishi nos dicen que esa imagen debe ser matizada.

Pero hay que advertir que, mientras que algunos aspectos de la atención mejoran al cabo de unas pocas horas (¡o al cabo de unos pocos minutos!) de práctica, ello no implica que esas mejoras se mantengan. No creemos que intervenciones rápidas y puntuales dejen una huella profunda después de desvanecerse una mejora provisional. No existe prueba, por ejemplo, de que la eliminación del parpadeo atencional inducida por 17 minutos de meditación conlleve una diferencia detectable horas después, cuando el estado en cuestión se desvanezca. Y lo mismo podríamos decir con respecto a sesiones de mindfulness de 10 minutos que invierten la erosión del foco de la multitarea. Nuestra sospecha es que, a menos que perseveremos en la práctica cotidiana, la multitarea debilita el foco atencional.

Creemos que la activación duradera de un sistema neuronal como la atención no solo requiere entrenamientos breves y práctica cotidiana regular, sino también sesiones intensivas de mantenimiento, como fue el caso del estudio dirigido por Cliff Saron con las personas que asistieron al retiro de *shamatha* y se vieron evaluadas 5 meses después. Así, el cableado cerebral regresará a su estado anterior: una vida sumida en la distracción y puntuada con ocasionales lapsos de concentración.

Pese a ello, sin embargo, resulta alentador que dosis cortas de meditación mejoren la atención. El hecho de que estas mejoras lleguen con tal rapidez confirma la presunción de William James de que la atención puede ser cultivada. Hoy en día hay centros de meditación a no más de un cuarto de hora andando de la casa de Cambridge en la que vivió William James. De haber estado ahí en su tiempo, no cabe duda de que, en ellos, hubiese encontrado la educación perdida *par excellence* de la que hablaba.

Resumen

La meditación, en su raíz, mejora la atención, y diferentes tipos de atención mejoran aspectos distintos de la atención. MBSR fortalece la atención selectiva, mientras que la práctica sostenida del *vipassana* la mejora todavía más. Incluso 5 meses después del retiro de *shamatha* de 3 meses, los meditadores seguían conservando la mejora de la vigilancia (es decir, la capacidad de mantener la atención) obtenida durante el retiro. Y el parpadeo atencional se reducía considerablemente después de 3 meses de un retiro de *vipassana*, pero inicios de esta reducción aparecían también al cabo de 17 minutos de meditación en los principiantes, un estado sin duda alguna provisional para los recién llegados y más duradero en el caso de los asistentes al retiro. Es muy probable que la frase «la práctica hace al maestro» se aplique también a otros tipos de meditación rápida: basta con 10 minutos de mindfulness para superar, al menos a corto plazo, el daño provocado, a la concentración, por la multitarea y solo 8 minutos de mindfulness reducen, al menos durante un tiempo, la tendencia a la distracción. Diez horas de mindfulness durante un periodo de 2 semanas fortalecen la atención y la memoria operativa y aumentan también la puntuación en el GRE. Pero, aunque que la meditación mejore muchos aspectos de la atención, estos beneficios son a corto plazo porque, si queremos obtener beneficios más duraderos, se necesitará, sin duda alguna, una práctica continua.

8. La levedad del ser

El séptimo día del retiro en Dalhousie dirigido por S.N. Goenka, Richie tuvo una revelación durante la «hora de quietud», que comenzó con el voto de no realizar ningún movimiento voluntario, por más insoportable que el malestar resultara. Casi desde el mismo comienzo de esa interminable hora, el habitual dolor de Richie en la rodilla derecha se vio intensificado por el compromiso de no moverse, una auténtica tortura que llegaba en forma de punzadas pulsantes de dolor. Pero, cuando el dolor alcanzó el límite de lo insoportable, algo en él cambió: su conciencia.

Súbitamente, lo que hasta entonces solo había sido un dolor se desvaneció dando paso a un caleidoscopio de sensaciones (hormigueo, quemazón, presión) y su rodilla dejó de dolerle. Así fue como el «dolor» acabó disolviéndose en olas de vibración sin rastro alguno de reactividad emocional.

Centrar exclusivamente la atención en las sensaciones modifica la naturaleza del daño. En tal caso, en lugar de quedarnos atrapados en el dolor, este se deconstruye en las sensaciones que lo componen. Y lo que, en tal caso, se pierde es, precisamente, la resistencia psicológica y los sentimientos negativos asociados a esas sensaciones.

Pero no, por ello, el dolor se desvaneció, lo único que pasó fue que Richie cambió su *relación* con él. Solo quedaron sensaciones puras, no *mi* dolor y la habitual corriente asociada de pensamientos angustiosos.

Mientras estamos sentados, no solemos darnos cuenta de los sutiles cambios que se producen en nuestra postura y similares, pequeños movimientos que liberan la tensión que se acumula en nuestro cuerpo. No es de extrañar que, cuando no movemos un solo músculo, esa tensión se intensifique hasta convertirse en un dolor insoportable. Y si, como Richie, estamos observando esas sensaciones, puede darse un cambio notable en la relación con nuestra experiencia que acabe disolviendo la sensación de «dolor» en un caleidoscopio de sensaciones físicas.

Durante esa hora, la formación científica de Richie le permitió entender –del modo más personal posible– que lo que llamamos «dolor» no es más que la etiqueta que le damos a un conjunto de miles de sensaciones somáticas diferentes. Desde su percepción alterada nueva, el «dolor» se reveló como una idea, una etiqueta mental, el barniz conceptual con el que envolvemos una variopinta amalgama de sensaciones, percepciones y pensamientos de resistencia.

Esta experiencia le permitió a Richie reconocer que gran parte de nuestra actividad mental ocurre sin que nos demos cuenta de ello «bajo el capó», por así decirlo, de nuestra mente. Entonces se dio cuenta de que nuestra experiencia no se apoya en la percepción directa de lo que ocurre, sino que se basa fundamentalmente en nuestras expectativas y proyecciones, los pensamientos y reacciones habituales con los que hemos aprendido a responder y a un océano insondable de procesos neuronales. El mundo en el que vivimos no se basa tanto en la percepción de los incesantes detalles de lo que ocurre, sino que es algo fundamentalmente construido por nuestra mente.

Esto llevó a Richie a la comprensión científica de que la conciencia opera como un coordinador, aglutinando una gran cantidad de elementos y procesos mentales de la mayoría de los cuales no sabemos absolutamente nada. Pues, por más que conozcamos el producto final (*mi dolor*), no solemos tener la menor conciencia de los incontables elementos que se combinan para conformar esa percepción.

Y aunque esta comprensión haya acabado convirtiéndose en un dato de la ciencia cognitiva actual, en la época del retiro de Dalhousie no había tal comprensión y Richie no tenía de ella más indicio que su propia transformación de conciencia.

Durante los primeros días del retiro, Richie cambió de postura de vez en cuando para liberar la tensión de su rodilla y de su espalda. Después de esa crisis perceptual de no movimiento, sin embargo, pudo permanecer como una roca durante sesiones maratonianas de tres o incluso más horas. Con este cambio interno radical, Richie tenía la sensación de que podía permanecer sentado indefinidamente.

Richie se dio cuenta de que, cuando prestamos una atención correcta a la naturaleza de la experiencia, esta cambia considerablemente. La «hora de quietud» le demostró que, en cada momento de nuestra vida vigílica, construimos nuestra experiencia en torno a una historia de la que somos los protagonistas y que, centrándonos en nosotros y aplicando el tipo correcto de conciencia, podemos deconstruir.

Cómo construye el cerebro nuestro yo

Marcus Raichle estaba tan sorprendido como perturbado. Como un neurocientífico de la Universidad de Washington de San Luis había estado realizando estudios cerebrales pioneros que le permitieran identificar las regiones neuronales que permanecían activas durante diversas actividades mentales. Y, para llevar a cabo este tipo de investigación –que se remontaba a 2001–, utilizó una estrategia habitual en esa época que consistía en comparar los momentos en los que el sujeto estaba comprometido con una tarea con aquellos otros en los que no estaba haciendo absolutamente «nada». Lo que más le desconcertó fue la *desactivación*, durante tareas cognitivas muy exigentes (como, por ejemplo, contar hacia atrás restando 13 del número 1.475), de distintas regiones cerebrales.

La creencia estándar era que una tarea mental de ese tipo iría siempre acompañada de una activación de las áreas cerebrales. Pero la *desactivación* descubierta por Raichle era una pauta sistemática que acompaña al cambio desde la línea basal de descanso de «no hacer nada» a emprender cualquier otra tarea mental.

La inactividad, dicho en otras palabras, va acompañada de la activación de ciertas regiones cerebrales, una activación mayor aún que cuando emprendían una tarea cognitiva compleja, mientras que cuando, por el contrario, emprendían esa difícil sustracción, esas regiones cerebrales sencillamente se aquietaban.

Su observación confirmó un hecho que, desde hacía un tiempo, desconcertaba al mundo de la ciencia cerebral según el cual, si bien el cerebro solo ocupa un 2% de la masa corporal, consume el 20% de la energía metabólica del cuerpo (medida por la tasa de consumo de oxígeno), un valor que permanece constante independientemente de lo que hagamos e incluso cuando no estamos haciendo nada. El cerebro, pues, parece tan ocupado cuando estamos relajados como cuando estamos sometidos a algún tipo de estrés mental.

¿Qué es, pues, lo que hacen todas esas neuronas cuando no hacemos nada en concreto? Raichle identificó una serie de áreas, fundamentalmente la mPFC (acrónimo inglés de la región medial de la corteza prefrontal) y la PCC (corteza postcingulada), un circuito que conecta con el sistema límbico y al que bautizó con el nombre de «red de la modalidad por defecto» del cerebro.[1]

Cuando el cerebro está comprometido en una tarea, haciendo operaciones matemáticas o meditando, por ejemplo, se activan las áreas cerebrales asociadas a esa tarea, al tiempo que se aquietan las áreas por defecto... que vuelven a activarse, por cierto, cuando concluye la tarea en cuestión. Esto resolvió el problema de cómo el cerebro podía mantener su nivel de actividad cuando no estaba haciendo «nada».

No resulta sorprendente que, cuando los científicos preguntaron a los sujetos lo que ocurría en su mente durante esos periodos en que «no hacían nada», su respuesta fuese precisamente «¡nada!». Solían afirmar que su mente estaba distraída o dando vueltas en torno a cuestiones relacionadas con el yo («¿Cómo estaré haciendo este experimento?», «¿Qué diablos estarán estudiando en mí?», «Tengo que responder a la llamada telefónica de Joe», respuestas todas que reflejan una actividad mental que gira en torno al «yo» o a «mí»).[2]

Nuestra mente divaga fundamentalmente en torno a nosotros (nuestros pensamientos, nuestras emociones, nuestras relaciones, a quién le gusta el último *post* que hemos colgado en nuestro muro de Facebook, etcétera), detalles todos, en suma, de nuestra historia vital. Centrado así en el modo en que nos afecta cada acontecimiento de nuestra vida, la modalidad por defecto se encarga de convertirnos a cada uno de nosotros en el centro del universo que conocemos. Esas ensoñaciones trenzan, con hebras procedentes de nuestros recuerdos, expectativas, sueños y planes fragmentarios, nuestra sensación de identidad que, de ese modo, se convierte en el centro del yo, de mí y de lo mío. Así es como nuestra modalidad por defecto reescribe continuamente un guion en el que cada uno de nosotros es el protagonista, reproduciendo una y otra vez las escenas que más nos agradan o más nos inquietan.

La modalidad por defecto se pone en funcionamiento cuando nos relajamos, dejamos de hacer todo aquello que requiera concentración y esfuerzo, y florece cuando nuestra mente se aquieta. Cuando, por el contrario, nos enfrentamos a un reto como, por ejemplo, descubrir por qué tenemos problemas con nuestra señal wifi, la modalidad por defecto se apacigua.

Cuando no hay nada que capture nuestra atención, nuestra mente se distrae y da vueltas en torno a lo que nos preocupa, una de las causas principales de la ansiedad que, en ocasiones, nos atenaza. Por esto, la conclusión de un estudio llevado a cabo en Harvard, en el que se pedía a miles de personas que, en momentos aleatorios de su vida cotidiana, informasen de su concentración y de su estado de ánimo, fue la de que «una mente errante es una mente infeliz».

El sistema del yo da vueltas y más vueltas en torno a nuestra vida, especialmente a las dificultades a las que nos enfrentamos, los problemas de relación, nuestras preocupaciones y nuestras ansiedades. Como el yo no deja de dar vueltas a lo que nos preocupa, nos sentimos liberados cuando tenemos la posibilidad de desconectar. En ello, precisamente, reside el gran atractivo de los deportes de riesgo como, por ejemplo, el alpinismo, porque el peligro nos obliga a estar atentos para saber dónde debemos colocar nuestra mano o apoyar nuestro pie. Esta es una situación que deja entre bastidores preocupaciones más mundanas.

Y lo mismo podríamos decir con respecto al estado de «flujo» que tanto mejora nuestro desempeño. La investigación realizada nos dice que el hecho de prestar una atención plena a lo que estamos haciendo es la actitud que más nos conecta –y mantiene– en un estado de goce. El yo, en su modalidad de divagación mental, se convierte en una distracción que, de este modo, se ve provisionalmente suprimida.

Como ya hemos visto en el capítulo anterior, la gestión de la atención es un ingrediente esencial de todas las modalidades de meditación. Y cuando, durante la meditación, nos perdemos en nuestros pensamientos, caemos en la mente errante y en la modalidad por defecto.

Un elemento común a todas las tradiciones meditativas es su insistencia en la necesidad de darnos cuenta de que nuestra mente se ha distraído y en llevarla de nuevo hacia el objetivo elegido, independientemente de que se trate de un mantra o de la respiración. Este simple movimiento mental tiene el correlato neuronal de activar el circuito que conecta la corteza dorsolateral prefrontal (PFC) con la modalidad por defecto, una conexión que, según la investigación realizada al respecto, es más fuerte en los meditadores avanzados que en los principiantes.[3] Y, cuanto más fuerte es esa conexión, mayor es la probabilidad de que los circuitos reguladores de la corteza prefrontal inhiban las áreas por defecto, aquietando así la mente del mono, es decir, la incesante charla centrada en uno que tan a menudo ocupa nuestra mente cuando no hay nada que nos apremie.

Un poema sufí apunta a este cambio cuando habla de pasar de «los mil pensamientos» a un solo pensamiento, el pensamiento de que «no hay más dios que Dios».[4]

La deconstrucción del yo

El sabio indio del siglo v Vasubandhu observó que: «Mientras sigas identificado con el yo estarás atrapado en el mundo del sufrimiento».

Aunque la mayoría de las formas de liberarnos de la carga del yo son provisionales, los caminos de la meditación aspiran a convertir esa liberación en un hecho permanente de la vida, es decir, en un rasgo duradero. Los caminos meditativos tradicionales contraponen nuestro estado mental cotidiano –una corriente de pensamientos cargados de angustia o las interminables listas de cosas que hacer– a otro estado de ser despojado de todos esos lastres. Y los distintos caminos consideran, cada uno a su modo, que la clave de la libertad interior consiste en aligerar nuestra sensación de identidad.

El cambio súbito del dolor de rodilla de Richie de insoportable a llevadero se vio acompañado de un cambio correlativo en la identificación con ese dolor; pues, una vez se desidentificó de él, ya no se trataba de *su* dolor.

Las horas que Richie pasó en absoluta quietud nos proporcionan una vislumbre del modo en que nuestro «yo» ordinario puede reducirse a una ilusión óptica de nuestra mente. Y cuando esta aguda observación se fortalece, llega un momento en el que trascendemos la misma sensación de tener un yo sólido. Este cambio en el modo en que nos experimentamos –tanto a nuestro dolor como a todo aquello con lo que nos identificamos– es uno de los objetivos fundamentales de toda práctica espiritual: aliviar el sistema que construye nuestra sensación de «yo», «mí» y «lo mío».

En su explicación de esta comprensión, el Buda equipara el yo a un carro, un concepto que no existe como algo ajeno, sino que emerge de la unión de elementos separados (como ruedas, plataforma, yugo, etcétera). Actualizando la metáfora diríamos que no hay «coche» en los neumáticos, el salpicadero ni la carrocería de acero que lo recubre, pero que, cuando unimos todos los elementos que lo componen, pensamos en ello como un coche.

La ciencia cognitiva nos enseña, de manera parecida, que nuestra sensación de identidad emerge como una propiedad de los muchos subsistemas neuronales con los que entrelazamos, entre otras cosas, recuerdos, percepciones, emociones y pensamientos. Aisladamente considerados, cualquiera de esos elementos sería insuficiente para generar una sensación plena de nuestra identidad, pero adecuadamente combinados, nos proporcionan la confortable sensación de nuestro ser único.

Todas las tradiciones meditativas comparten el mismo objetivo de renunciar a la continua identificación (debida a la pegajosidad de nuestros pensamientos, emociones e impulsos) que nos guía a través de toda nuestra vida. Este objetivo, técnicamente conocido como «desreificación», transmite al meditador la prueba clara de que los pensamientos, sentimientos e impulsos son acontecimientos mentales insubstanciales y pasajeros. Por eso no tenemos que creernos lo que afirman nuestros pensamientos, y, en lugar de dejarnos arrastrar por ellos, podemos dejarlos ir.

Como enseñó el maestro Dogen, fundador de la escuela soto Zen: «Si aparece un pensamiento, toma buena nota de él y déjalo estar. Y, cuando sueltes definitivamente todos los apegos, te convertirás naturalmente en Zazen».

Son muchas las tradiciones espirituales que consideran que el camino que conduce a la libertad interior pasa por aligerar el yo. A menudo hemos escuchado al Dalái Lama hablar de «vacuidad», término con el que se refiere a la sensación en la que nuestro «yo», así como todos los objetos, en suma, que componen nuestro mundo, emergen realmente de la combinación de sus componentes.

Algunos teólogos cristianos utilizan el término *kenosis* para referirse al vaciado del yo en el que nuestros deseos y necesidades menguan al tiempo que crece nuestra apertura a las necesidades de los demás, lo que naturalmente da lugar a la compasión. Como dijo un maestro sufí: «Cuando estamos ocupados con el yo nos separamos de Dios. Un solo paso tiene el camino que te conduce a Dios y ese paso consiste en salir de ti».[5]

En puridad, el paso que te saca de ti pasa por un debilitamiento de la actividad de los circuitos por defecto que aglutinan el mosaico de recuerdos, pensamientos, impulsos y otros procesos mentales semiindependientes que configuran la sensación del «yo» y de lo «mío».

La materia en nuestra vida resulta menos «pegajosa» cuanto más distante es la actitud que en este sentido asumimos. Cuanto más elevada es nuestra práctica, más reduce el entrenamiento mental la actividad de nuestro «yo». «Yo» y «lo mío» pierden entonces su poder hipnótico y nuestras preocupaciones se tornan menos agobiantes. Y, aunque todavía tengamos un precio que pagar, cuanto más ligero es nuestro «yo», menos angustia experimentamos y más libres, en consecuencia, nos sentimos. Es verdad que todavía deberemos pagar un precio, pero nos habremos liberado de la carga extra que implica el lastre emocional.

Aunque casi todos los caminos contemplativos insistan en la levedad del ser como objetivo primordial, lo cierto es que la ciencia ha prestado paradójicamente muy poca atención a ese objetivo. Nuestra revisión de los escasos estudios realizados al respecto hasta la fecha sugiere la existencia de tres estadios en el modo en que la meditación aligera el lastre de la sensación de identidad. Cada uno de esos estadios apela, para aquietar la modalidad por defecto del cerebro, a una estrategia neuronal diferente y nos libera un poco de las garras del yo.

Los datos

David Creswell, que hoy en día está en la Universidad Carnegie Mellon, era otro joven científico cuyo interés por la meditación se vio alentado por su asistencia al Mind and Life Summer Research Institute. Con la intención de valorar ese estadio temprano, presente entre los meditadores principiantes, el grupo de Creswel midió la actividad cerebral de personas que se habían presentado voluntarias para asistir a un curso intensivo de mindfulness de 3 días de duración.[6] Los voluntarios nunca antes habían meditado, pero en ese curso de mindfulness aprendieron que, si uno se pierde dando vueltas a algún melodrama personal (uno de los argumentos favoritos de la modalidad por defecto), puede soltarlo deliberadamente, es decir, puede nombrarlo y dirigir de nuevo su atención a la observación de la respiración o a la conciencia pura del momento presente. Todas estas son intervenciones activas, es decir, esfuerzos destinados a evitar la mente del mono.

Esos esfuerzos aumentan la actividad del área dorsolateral prefrontal, un circuito clave para gestionar la modalidad por defecto. Como ya hemos visto, esta área se activa cuando tratamos de aquietar deliberadamente la agitación de nuestra mente como, por ejemplo, cuando tratamos de pensar en algo más placentero que en algún desagradable encuentro que no deja de dar vueltas y más vueltas en nuestra mente.

Tres días de práctica de estos métodos de mindfulness aumentan la conexión neuronal que existe entre estos circuitos de control y la modalidad por defecto, ubicada en la corteza cingulada posterior (PCC), una región fundamental para el pensamiento centrado en uno mismo. Esto significa que los meditadores principiantes evitan que su mente divague activando circuitos neuronales que aquietan el área por defecto.

Los meditadores experimentados aligeran, por su parte, el yo añadiendo, a ese aumento de la conexión con las áreas de control, una reducción de la actividad de regiones clave de la modalidad por defecto (es decir, debilitando la mecánica del yo). Conviene señalar aquí, a modo de ejemplo, que los investigadores dirigidos por Judson Brewer (que entonces se hallaba en la Universidad de Yale y ahora forma parte del equipo docente del SRI) exploraron los correlatos cerebrales de la práctica del mindfulness comparando el funcionamiento de meditadores principiantes con meditadores experimentados (con un promedio de horas de práctica de unas 10.500 horas).[7]

Todos ellos se vieron alentados, durante la práctica de la meditación, a diferenciar el simple hecho de advertir la identidad de una experiencia («me pica», pongamos por caso) e identificarse luego con ella («yo soy el picor») del simple hecho de dejarla estar. Esta distinción parece ser un paso fundamental en el proceso que lleva a aligerar el yo, activando la metaconciencia, es decir, dejando un «yo mínimo» que, en lugar de trenzar la experiencia con nuestra historia («mi picor»), se limita simplemente a advertir lo que hay («el picor»).

Si, cuando estamos viendo una película, nos identificamos con ella, nos perderemos en su historia, pero si recordamos que estamos en un cine viendo una película, daremos un paso atrás que, alejándonos de la película, nos permitirá ver el marco de referencia mayor que, sin dejar de incluir la película, también la trasciende. Ese tipo de metaconciencia nos permite monitorizar nuestros pensamientos, sentimientos y acciones, gestionarlos adecuadamente e indagar en su dinámica.

Nuestra sensación de identidad se entrelaza en una narrativa personal continua que aglutina en una línea argumental coherente facetas separadas de nuestra vida. Este narrador reside fundamentalmente en la modalidad por defecto, pero amalgama en la sensación de identidad *inputs* procedentes de un amplio abanico de regiones cerebrales que nada tienen que ver.

Los meditadores avanzados del estudio de Brewer presentaban la misma fuerte conexión entre los circuitos de control y la modalidad por defecto propia de los principiantes, pero le añadían una desactivación de la modalidad por defecto. Y esto era más claro cuando practicaban la meditación de la bondad amorosa, lo que corrobora la máxima de que, cuanto más pensamos en el bienestar de los demás, menos centrados estamos en nosotros.[8]

Resulta curioso que los meditadores avanzados mostrasen la misma conectividad amortiguada en los circuitos de la modalidad por defecto tanto cuando practicaban mindfulness como cuando descansaban antes de la prueba. Este, como ya hemos dicho, probablemente sea el signo distintivo de un efecto rasgo y un buen indicio de que esos meditadores no solo se habían entrenado en permanecer despiertos mientras meditaban, sino en permanecer también igual de atentos durante su vida cotidiana. Esta menor atenuación de la conectividad en los meditadores avanzados que en los no meditadores fue descubierta también en una investigación llevada a cabo en Israel que estudió la respuesta cerebral de meditadores de mindfulness que tenían un promedio de 9.000 horas de práctica.[9]

Una prueba adicional indirecta de este cambio en los meditadores avanzados nos la proporciona un estudio de la Universidad Emory con meditadores avanzados (con más de 3 años de práctica, pero sin contabilizar el número de horas invertidas) que, comparados con los sujetos que formaban parte del grupo de control, parecían mostrar una menor actividad en regiones del área por defecto cuando, durante el escáner cerebral, se concentraban en la respiración. Cuanto mayor es este efecto, mejor es su desempeño en los tests de atención sostenida fuera del escáner, lo que sugería una reducción permanente de la divagación mental.[10] Y también conviene recordar, por último, un pequeño pero sugestivo estudio, de meditadores Zen, de la Universidad de Montreal que descubrió una atenuación de la conectividad en el área por defecto de los meditadores Zen (con un promedio de 1.700 horas de práctica) mientras descansaban comparados con un grupo de voluntarios que habían recibido un entrenamiento en Zazen de solo una semana.[11]

Existe una teoría que dice que lo que captura nuestra atención implica un apego y que, cuanto más apegados estamos, más a menudo nos veremos atrapados. En un experimento destinado a corroborar esta premisa, se dijo a un grupo de voluntarios y a otro de meditadores avanzados (4.200 horas) que iban a recibir cierta cantidad de dinero cuando reconociesen determinadas formas geométricas en una serie (lo que, en cierto modo, implicaba la creación de un miniapego).[12] Cuando, en una fase posterior, se les dijo que ignorasen esas formas y se les pidió que se concentrasen simplemente en la respiración, los meditadores se distrajeron menos que los sujetos pertenecientes al grupo de control.

En ese mismo sentido, el grupo de Richie descubrió que el volumen de materia gris del núcleo *accumbens* de los meditadores que tenían un promedio de 7.500 horas de práctica era inferior al correspondiente a la gente de edad similar.[13] El núcleo *accumbens* es la única región cerebral en la que existe una diferencia estructural entre los meditadores y los integrantes de un grupo de control compuesto por personas de su misma edad. Un núcleo *accumbens* más pequeño reduce la conectividad entre las áreas asociadas al yo y otros módulos neuronales que habitualmente participan en la creación de la sensación de identidad.

Esto es una sorpresa, porque el núcleo *accumbens* desempeña un papel muy importante en los circuitos de «recompensa» y constituye una fuente de sensaciones placenteras. Pero esta es también un área clave para los «apegos» y adicciones emocionales, en suma, para lo que nos atrapa. Esta reducción en el volumen de materia gris del núcleo *accumbens* también puede reflejar, en el caso de los meditadores, una menor identificación, especialmente con el yo narrativo.

¿Convierte acaso ese cambio a los meditadores en personas frías e indiferentes? Esta pregunta nos hace pensar en el Dalái Lama y en otros practicantes avanzados como los que llegaron al laboratorio de Richie que eran, por el contrario, personas alegres y cordiales.

Los textos de meditación se refieren a los practicantes avanzados como personas que muestran una compasión y una beatitud continuas, aunque desde la «vacuidad», es decir, sin apego. Los caminos contemplativos hindúes, por ejemplo, describen el *vairagya*, un estadio avanzado de la práctica en el que desaparecen los apegos y aparece la renuncia, pero que no es algo que ocurra como resultado de un esfuerzo voluntario, sino como un fruto espontáneo de la práctica. Y este cambio va acompañado de una fuente alternativa de gozo por el puro hecho de ser.[14]

¿Puede esto indicar la existencia de un circuito neuronal que proporciona, cuando se desvanecen nuestro apegos basados en el núcleo *accumbens*, una sensación de gozo tranquilo? Esta es una posibilidad que investigaremos en el capítulo 12, titulado «Tesoro oculto», en el que nos ocuparemos de los estudios realizados sobre el cerebro de los yoguis avanzados.

En cierta ocasión, Arthur Zajonc, segundo presidente del Mind and Life Institute, físico cuántico y, por si fuera poco, también filósofo, dijo que, si dejásemos de identificarnos, «nos convertiríamos en personas más abiertas a nuestra experiencia y a los demás. Esa abertura –una forma, en suma, de amor– nos tornaría más sensibles al sufrimiento ajeno».

«Las grandes almas –añadió– parecen encarnar la capacidad de comprometerse con el sufrimiento y afrontarlo sin colapsarse. Dejar de aferrarnos resulta liberador y proporciona un eje moral para la acción y la compasión».[15]

Un ladrón en una casa vacía

Los antiguos manuales de meditación dicen que abandonar los pensamientos se asemeja, al comienzo, a una serpiente que se desenrosca, lo que requiere un cierto esfuerzo. Más adelante, sin embargo, cuando los pensamientos entran en nuestra mentes son como el ladrón que, al encontrarla vacía, no tarda en abandonar la casa en la que acaba de entrar.

Esta secuencia que, pese a comenzar con un esfuerzo, acaba convirtiéndose en algo espontáneo, parece un tema universal, aunque poco conocido, en los caminos de la meditación. El sentido común nos dice que el aprendizaje de una nueva habilidad requiere inicialmente un esfuerzo que, con el tiempo y la práctica, resulta cada vez más sencillo. La neurociencia cognitiva afirma, en este mismo sentido, que este cambio a la modalidad sin esfuerzo va acompañado de una transición desde las áreas prefrontales a los ganglios basales ubicados en la parte inferior del cerebro.

La práctica con esfuerzo propia de los primeros estadios de la meditación activa los circuitos reguladores prefrontales. Sin embargo, el paso posterior a una práctica sin esfuerzo puede ir acompañado de una dinámica diferente, una reducción de la conectividad entre los distintos nodos de los circuitos por defecto y una menor actividad de la PCC (que prueba que el esfuerzo ha dejado de ser necesario). La mente que se halla en este estadio está empezando a asentarse y la narrativa del yo resulta mucho menos «pegajosa».

Eso fue lo que descubrió otro estudio dirigido por Judson Brewer en el que los meditadores avanzados informaban de su experiencia en el momento, lo que permitió a los científicos identificar la actividad cerebral que se correlacionaba con ello. Ese estudio puso de relieve que, cuando el cerebro de los meditadores presentaba un descenso de la actividad en su PCC, también hablaban de «conciencia atenta» y de «acción sin esfuerzo».[16]

En el estudio científico de cualquier habilidad que requiere un ejercicio, desde la odontología hasta el ajedrez, las horas de práctica son esenciales para diferenciar a los profesionales de los principiantes. Una pauta de gran esfuerzo en los principiantes va seguida de otra de menos esfuerzo y más habilidad en el desempeño de los expertos en actividades tan distintas como la natación o el violín. Y, como hemos visto, el cerebro de las personas que más tiempo han dedicado a la meditación muestra un menor esfuerzo y una mayor capacidad para mantener, aun en medio de grandes distracciones, su foco unidireccional que quienes han invertido menos tiempo. Y, al comienzo, los principiantes presentaban un considerable aumento en los marcadores biológicos del esfuerzo mental.[17]

La regla general es que el cerebro de los novatos consume más energía que el de los expertos. Cuando dominamos una actividad, el cerebro conserva la energía pasando a una modalidad «automática», lo que implica abandonar los circuitos superiores y dejar el control en manos de los ganglios basales (que, como su nombre indica, se hallan en un nivel muy inferior a la neocorteza). Todos hemos experimentado, cuando aprendimos a caminar, la transición que conduce de un aprendizaje inicialmente difícil a otra modalidad que no requiere esfuerzo. Así es como hemos acabado dominando, desde entonces, muchos otros hábitos. Pues lo que, al comienzo, requiere esfuerzo y atención acaba convirtiéndose, con la práctica, en algo sencillo y automático.

Y, como parece indicar la investigación llevada a cabo por el equipo de Brewer, suponemos que, durante el tercer y último estadio de este proceso de abandono de la autorreferencia, el papel de los circuitos de control se relaja en la medida en que la acción principal cambia a una menor conectividad con la modalidad por defecto (el asiento del yo).

Este cambio espontáneo a la modalidad sin esfuerzo va acompañado de un cambio en la relación con el yo, que pierde entonces parte de su «pegajosidad». Ya que, aunque quizás siga apareciendo el mismo tipo de pensamientos, su poder ya no nos atrapa y pueden desplazarse con más facilidad. Esto es, al menos, lo que nos dicen tanto los yoguis avanzados estudiados en el laboratorio de David como los manuales clásicos de meditación.

Pero no tenemos más datos, por el momento, acerca de este punto que, en consecuencia, sigue necesitando ser investigado. Y esta futura investigación puede proporcionarnos muchas sorpresas como que, con este cambio en la relación con el yo, por ejemplo, quizás no veamos muchos cambios en los «sistemas neuronales del yo» que actualmente conocemos, sino en otros que todavía esperan ser descubiertos. Resulta curioso que liberarse de las garras del yo, objetivo primordial de los practicantes de meditación, se haya visto ignorado por los investigadores de meditación que, de un modo quizás comprensible, han centrado su atención en cuestiones más populares, como la relajación y la mejora de la salud. Así pues, aunque tenemos muy pocos datos relativos a la ausencia de identidad del yo (uno de los objetivos clave de la meditación), otros, como, por ejemplo, la mejora de la salud, se han visto muy investigados, como veremos en el siguiente capítulo.

La falta de pegajosidad

Richie vio una vez al Dalái Lama llorar al enterarse de la trágica situación por la que el Tíbet estaba atravesando, que había llevado a algunos tibetanos a inmolarse en protesta por la ocupación de su país por la China comunista.

Al ver, instantes después, a alguien en la habitación haciendo algo divertido, empezó a reír. Pero no había, en esta última expresión, falta de respeto por la tragedia que acababa de hacerle soltar unas lágrimas, sino, más bien, una transición fluida y optimista de un tono emocional a otro.

Paul Ekman, experto mundial en el campo de las emociones y su expresión, cuenta que la notable flexibilidad afectiva del Dalái Lama le sorprendió muy positivamente desde el mismo día en que le conoció. La conducta del Dalái Lama refleja las emociones que le suscita una determinada persona, emociones que desaparecen apenas llega el instante siguiente con una nueva realidad emocional.[18]

La vida emocional de Dalái Lama parece incluir un rango considerablemente amplio de intensas y coloridas emociones, desde la tristeza profunda hasta la alegría más expansiva. Esta transición rápida y sin fisuras de las emociones es muy especial y muestra una falta de pegajosidad.

La pegajosidad parece reflejar la dinámica de los circuitos emocionales del cerebro, incluida la amígdala y el núcleo *accumbens*. Es muy probable que estas regiones cerebrales constituyan el asiento del apego y la aversión que los textos tradicionales consideran raíz del sufrimiento que lleva a la mente a quedarse atrapada a algo que parece agradable o a desembarazarse, por el contrario, de algo que le parece desagradable.

El espectro de la pegajosidad va desde sentirse atrapado e incapaz de desembarazarse de las emociones desagradables o deseos adictivos a la libertad instantánea con la que el Dalái Lama se libera de cualquier afecto. Y el rasgo característico de una vida que no está atrapada en las emociones parece ser un optimismo continuo que llega incluso al extremo del gozo.

Cuando, en cierta ocasión, le preguntaron cuál había sido el momento más feliz de su vida, respondió: «Creo que este».

Resumen

La modalidad por defecto del cerebro se activa cuando no estamos haciendo nada especial que nos exija un esfuerzo mental y dejamos que nuestra mente divague, en cuyo caso damos vueltas y más vueltas a pensamientos y sentimientos (a menudo desagradables) que giran en torno a nosotros, construyendo la narrativa que experimentamos como nuestro «yo». Los circuitos de la modalidad por defecto se aquietan durante el mindfulness y la meditación de la bondad amorosa. En los estadios tempranos de la meditación, este aquietamiento del sistema del yo afecta a circuitos cerebrales que inhiben las áreas por defecto y, en las prácticas más avanzadas, la conexión y la actividad de esas regiones mengua.

Este aquietamiento de los circuitos del yo empieza como un efecto de estado que se presenta durante e inmediatamente después de la meditación, pero en el caso de los practicantes avanzados, acaba convirtiéndose en un rasgo duradero que va también acompañado de una atenuación de la modalidad por defecto. Esta reducción de la pegajosidad significa que los pensamientos y sentimientos centrados en el yo que emergen en la mente tienen mucha menos «garra», lo que atenúa su capacidad de secuestrar la atención.

9. Mente, cuerpo y genoma

Cuando Jon Kabat-Zinn implantó el MBSR en el centro médico de
la Facultad de Medicina de la Universidad de Massachusetts lo hizo
muy gradualmente. Para ello visitó, uno tras otro, a todos los médicos que trabajaban allí y los invitó a que le derivasen los pacientes
que sufrían enfermedades crónicas que les provocaban un dolor insoportable –los considerados «fracasos» médicos que ni siquiera se
veían aliviados por los narcóticos–, o aquellos otros que tenían que
enfrentarse a enfermedades graves como la diabetes o los trastornos
coronarios. Jon nunca dijo que pudiese curar esas enfermedades,
sino que su misión se limitaba a mejorar la calidad de vida de los
pacientes.

Resulta sorprendente que Jon apenas encontrase resistencia en el
cuerpo médico. Casi desde el mismo comienzo, los directores de los
departamentos clínicos clave (atención primaria, clínica del dolor y
ortopedia) se mostraron dispuestos a enviar a sus pacientes a lo que,
en ese momento, Jon llamaba «programa de reducción del estrés y
relajación», que se llevaba a cabo en una sala ubicada en el sótano
que les había prestado el departamento de Fisioterapia.

Jon comenzó dirigiendo unas sesiones durante unos pocos días
por semana, pero a medida que se extendió la noticia de los pacientes
que alababan el método por haber hecho más soportable su vida

con una enfermedad incurable, el programa prosperó y, en 1995, se expandió al Center for Mindfulness in Medicine, Health Care and Society que alberga los programas de investigación, clínica y formación profesional. Hoy en día, hospitales y clínicas de todo el mundo ofrecen el MBSR, una de las modalidades de práctica de la meditación más extendida y cuyos beneficios cuentan, por el momento, con mayor evidencia empírica. Yendo más allá, sin embargo, del cuidado de la salud, el MBSR se ha convertido en un movimiento muy extendido que encabeza la aplicación del mindfulness en los campos de la psicoterapia, la educación y hasta el mundo empresarial.

Hoy en día enseñada en la mayoría de los centros médicos académicos de Estados Unidos y en muchas partes de Europa, el MBSR ofrece un programa estándar que favorece la investigación científica. Hasta la fecha, se han publicado más de 600 estudios realizados sobre el método, revelando una amplia diversidad de beneficios y alguna que otra advertencia muy instructiva.

La medicina a veces flaquea en el tratamiento del dolor crónico. La aspirina y otros analgésicos que ofrece el mercado farmacéutico suelen tener efectos secundarios demasiado problemáticos como para ser utilizados cotidianamente; los esteroides proporcionan una liberación provisional, pero también tienen demasiadas contraindicaciones, y los opiáceos, por último, han demostrado ser demasiado adictivos para ser empleados de manera general. El MBSR, sin embargo, puede ser útil porque no presenta esas desventajas, dado que la práctica del mindfulness no tiene efectos secundarios negativos y, en el caso de que se practique siguiendo el programa de 8 semanas de MBSR, puede ayudar a las personas a convivir mejor con enfermedades crónicas y trastornos relacionados con el estrés que no mejoran por sí solos y se muestran refractarios al tratamiento médico convencional. Un elemento clave para el beneficio a largo plazo del MBSR consiste en la perseverancia y, pese a su larga historia, aún carecemos de información fiable sobre las personas que, después de haber participado en un curso de MBSR, siguen comprometidas con la práctica formal durante los años que siguen a su entrenamiento inicial.

Consideremos, por ejemplo, el dolor debilitador que acompaña a la vejez. Una de las consecuencias más temidas del envejecimiento es la pérdida de independencia debida a problemas relacionados con la movilidad y el dolor provocados por la artritis en las caderas, las rodillas o la columna. Una investigación bien diseñada con pacientes que padecen de dolores relacionados con el envejecimiento ha demostrado la eficacia de la MBSR para reducir tanto la intensidad del dolor como la sensación de incapacidad que ello provoca.[1] Y un seguimiento realizado 6 meses después ha puesto de relieve el mantenimiento en el tiempo de esa reducción de la intensidad del dolor. Como sucede con todos los programas MBSR, a los participantes se les invitó a seguir practicando en casa. Contar con un método al que uno pueda apelar para aliviar su dolor proporciona una sensación de «autoeficacia», es decir, la sensación de que, hasta cierto punto, podían controlar su destino. Esto, en sí mismo, ayuda al paciente a convivir mejor con un dolor que se muestra reacio a desaparecer.

Cuando unos investigadores holandeses analizaron decenas de estudios relativos al empleo del mindfulness para el tratamiento del dolor concluyeron que se trataba de una buena alternativa al tratamiento estrictamente médico.[2] Pese a ello, sin embargo, ninguna investigación ha descubierto que la meditación produzca una mejora clínica del dolor crónico derivada de la erradicación de su causa biológica; la única liberación procede del modo en que las personas se relacionan con su dolor.

La fibromialgia nos proporciona, en este sentido, un ejemplo muy instructivo. Esa enfermedad constituye todo un misterio médico, porque no existe explicación biológica conocida para el dolor crónico, la fatiga, la tensión y el insomnio característicos de este debilitador trastorno. La única excepción parece ser un empeoramiento en la función del corazón (aunque este punto también resulta cuestionable). Un estudio estándar sobre los efectos del MBSR en mujeres que padecían de fibromialgia no descubrió efecto alguno en la actividad cardiaca.[3]

Pese a ello, otro estudio bien diseñado descubrió que el MBSR proporcionaba importantes mejoras en algunos síntomas psicológicos, como la tensión que experimentan los pacientes de fibromialgia y que también alivia muchos de sus síntomas subjetivos.[4] Cuanto más a menudo recurren por su cuenta al MBSR, mejor se sienten. Tampoco se ha descubierto cambio alguno en el funcionamiento físico de los pacientes, ni reducción en la tasa de cortisol, una hormona clave del estrés. Parece que, si bien el MBSR cambia la relación que el paciente establece con su dolor, no modifica su causa biológica subyacente.

¿Debe acaso la persona con un trastorno como el dolor crónico o la fibromialgia probar el MBSR o algún tipo de meditación? Esta es una pregunta cuya respuesta dependerá de la persona a quien se la formules porque, en su incesante búsqueda de resultados definitivos, los investigadores médicos tienen en cuenta determinados criterios, mientras que los pacientes tienen otros.

Así pues, mientras que aquellos quieren ver datos duros que demuestren una mejora médica, estos solo quieren sentirse mejor, especialmente si son pocas las cosas que pueden hacer para librarse de su problema clínico. Por eso, desde el punto de vista del paciente, mindfulness ofrece un camino para liberarse del dolor aunque la investigación médica diga a los médicos que no existe evidencia clara de que erradique su causa biológica.

Aunque, después de haber pasado por el curso de 8 semanas de MBSR, los pacientes pueden sentirse liberados del dolor son muchos los que, al cabo de un tiempo, abandonan la práctica. Esa puede ser la razón por la cual varios estudios han descubierto buenos resultados para los pacientes inmediatamente después de participar en el programa MBSR, pero no tantos en un seguimiento realizado medio año después. Así –como Jon les dice–, la clave de una vida relativamente libre de la experiencia del dolor, tanto físico como emocional, consiste en perseverar en la práctica del mindfulness día tras día, mes tras mes, año tras año y hasta década tras década.

Lo que la piel revela

La piel constituye una excelente ventana para advertir los efectos del estrés sobre la salud. En cuanto frontera tisular que se halla en contacto directo con los agentes externos del mundo que nos rodea (como también lo son los pulmones o el tracto gastrointestinal), la piel forma parte de la primera línea de defensa contra los gérmenes invasores. La inflamación señala una maniobra de defensa biológica que impide la expansión de la infección al tejido sano. En este sentido, una mancha roja inflamada es un claro indicador de que la piel se ha visto atacada por un patógeno.

El grado de inflamación cerebral y corporal desempeña un papel fundamental en la gravedad de una enfermedad como el alzhéimer, el asma o la diabetes. El estrés, habitualmente considerado como algo psicológico, empeora la inflamación, forma parte, aparentemente, de una antigua respuesta biológica ante cualquier indicio de peligro que se encarga de gestionar los recursos corporales para la recuperación (otra señal de esta misma respuesta son las ganas de descansar cuando tenemos gripe). Pero, si bien las amenazas que, en la prehistoria, provocaban esta respuesta eran de orden físico (como la presencia de un depredador), los desencadenantes son hoy en día psicológicos (como una esposa enfadada o un tuit irónico). Sea como fuere, sin embargo, las reacciones corporales son, en ambos casos, las mismas, incluido el malestar emocional.

La piel humana tiene un gran número de terminaciones nerviosas (un promedio de 78 por centímetro cuadrado), cada una de las cuales constituye un camino para que el cerebro envíe señales de lo que se conoce como inflamación «neurogénica», es decir, de una inflamación de origen cerebral. Hace mucho que los dermatólogos han observado que el estrés puede provocar el estallido de trastornos inflamatorios neurogénicos (como la psoriasis y el eczema), lo que convierte a la piel en un interesante laboratorio para estudiar el modo en que los disgustos afectan a nuestra salud.

Como los caminos neuronales que permiten al cerebro enviar una señal para que la piel se inflame son sensibles a la capsaicina (la substancia que hace «picante» al chile), este hecho fue del que se sirvió el laboratorio de Richie para provocar una inflamación en zonas controladas y ver si el estrés intensifica esa reacción o si la meditación la atenúa. Entretanto, Melissa Rosenkranz, una científica que trabaja en el laboratorio, inventó una forma muy ingeniosa de ensayar las substancias químicas que producen inflamación, creando ampollas artificiales (indoloras) en el área inflamada que se llenarían con fluido.

Un artilugio diseñado por Melissa utilizaba una bomba de vacío para crear las ampollas levantando el primer estrato de la piel en pequeñas áreas circulares durante unos 45 minutos. Este es un método que, realizado lentamente, resulta indoloro y pasa casi inadvertido por los participantes. Luego basta con determinar los niveles de citoquinas proinflamatorias (el tipo de proteínas causante de esas manchas rojas) en ese fluido.

El laboratorio de Richie comparó entonces el desempeño en el test de Trier (la desalentadora entrevista de trabajo seguida de una compleja tarea matemática de la que hemos hablando en el capítulo 5 y que representa un modo seguro de desencadenar el pandemónium de la respuesta de estrés) de un grupo que estaba aprendiendo MBSR con el de un grupo HEP (tratamiento de control activo).[5] Dicho más concretamente, el radar que permite al cerebro detectar amenazas (la amígdala) activa el eje HPA (es decir, el circuito hipotalámico-pituitario-suprarrenal) para que libere epinefrina, una importante substancia cerebral de lucha-huida-parálisis junto a la hormona de estrés cortisol que, a su vez, aumenta la inversión de energía para hacer frente al agente estresor.

Para que el cuerpo proteja al cuerpo de las bacterias en las heridas, las citoquinas proinflamatorias aumentan el flujo de sangre al área en cuestión aportando substancias que anulan el agente patógeno. La inflamación resultante envía, a su vez, señales al cerebro para que active diferentes caminos neuronales, incluida la ínsula y sus conexiones con el resto del cerebro. Una de las áreas activadas por los mensajes procedentes de la ínsula es la corteza cingulada anterior (ACC), que modula la información, conecta nuestros pensamientos con nuestros sentimientos y controla la actividad del sistema nervioso autónomo, incluida la tasa cardiaca. El equipo de Richie descubrió que la activación de la ACC en respuesta a un alergógeno provoca, en las personas con asma, más ataques 24 después.[6]

Volviendo a nuestro estudio sobre la inflamación, debemos decir que no existe diferencia alguna en los informes subjetivos de distrés existente entre los sujetos de ambos grupos, en los niveles de citoquinas que desencadenan la inflamación, ni en la tasa de cortisol, el precursor hormonal de enfermedades que se ven empeoradas por el estrés crónico (como, por ejemplo, la diabetes, la aterosclerosis y el asma).

Pero el grupo MBSR presentaba manchas de inflamación indiscutiblemente menores después de la prueba de estrés y su piel era

más resistente y cicatrizaba antes, una diferencia que seguía presente
4 meses más tarde.

Aunque los beneficios subjetivos –y hasta algunos de los beneficios biológicos– del MBSR no parecen únicos, este efecto de la
inflamación sí parece serlo. Las personas que se comprometieron a
practicar en casa 25 minutos de MBSR al día, presentaron una mayor
reducción de las citoquinas proinflamatorias, es decir, las proteínas
que desencadenan la mancha roja, comparadas con los integrantes
del grupo HEP. Este resultado corrobora curiosamente un descubrimiento anterior de Jon Kabat-Zinn y algunos dermatólogos, según el
cual, el MBSR puede contribuir a acelerar la curación de la psoriasis,
un trastorno empeorado por las citoquinas inflamatorias (un estudio
de hace ya 30 años, pero que todavía no se ha visto replicado por la
investigación realizada en el campo de la dermatología).[7]

Para hacernos una buena idea del modo en que la práctica de la
meditación puede mejorar esos problemas inflamatorios, el laboratorio de Richie repitió el estudio del estrés utilizando meditadores muy
experimentados (con cerca de 9.000 horas de práctica).[8] Los resultados de esa investigación concluyeron que el test de Trier no solo
resultaba menos estresante para los meditadores que para un grupo
similar de principiantes (como ya hemos visto en el capítulo 5), sino
que también tenían manchas más pequeñas de inflamación. Más
significativo todavía es que su tasa de cortisol fuese un 13% inferior
a la que presentaban los integrantes del grupo de control, una diferencia substancial que muy probable sea clínicamente significativa.
Y los meditadores afirmaron, por último, encontrarse en mejor salud
mental que los voluntarios de edad y género similar que no meditaban. Es importante señalar que, cuando se tomaron esas medidas,
estos practicantes avanzados no estaban meditando, lo que indica la
presencia de un efecto rasgo. Al parecer, la práctica del mindfulness
reduce la inflamación día tras día, no solo durante la meditación.

Resulta curioso que esos beneficios aparezcan después de solo 4 semanas de práctica de mindfulness (en torno a 30 horas en total) y de meditación de la bondad amorosa.[9] Mientras que las personas que emprenden el programa MBSR presentan una leve reducción de la tasa de cortisol, la práctica continuada muestra un claro descenso de la tasa de cortisol durante el estrés. Esta parece una confirmación biológica de la afirmación de los practicantes de que la meditación les ayuda a gestionar más adecuadamente los avatares de la vida.

El estrés y la preocupación constantes exigen un peaje a nuestras células, envejeciéndolas. Y lo mismo ocurre con las distracciones y las divagaciones continuas, debido a los efectos tóxicos de la cavilación, que lleva a nuestra mente a dar vueltas y más vueltas a los problemas que nos asedian, sin llegar a resolverlos nunca.

David Creswell (cuya investigación vimos en el capítulo 7) reclutó a parados en busca que empleo –un grupo especialmente estresado– y les ofreció la posibilidad de elegir entre emprender un programa intensivo de 3 días de entrenamiento en mindfulness u otro programa parecido de relajación.[10] Los análisis de sangre realizados antes y después revelaron que los meditadores presentaban una tasa inferior de una citoquímica proinflamatoria clave, cosa que no ocurría en los sujetos que formaban parte del grupo de relajación.

Y los escáneres RMf mostraron que, cuanto mayor es el aumento de conectividad entre la región prefrontal y las áreas por defecto (que, como ya hemos visto, están asociadas al aumento de la charla interior), mayor es la reducción de la tasa de citoquina. Parece, pues, que la reducción de la cháchara interna que nos inunda de pensamientos de desesperanza y depresión –comprensible en el caso de los desempleados– va acompañada de una reducción de los niveles de citoquina. Así pues, el modo en que nos relacionamos con una charla interior pesimista parece tener un efecto directo en nuestra salud.

¿Hipertensión? Relajación

¿Cuando hoy te has despertado estabas inspirando o espirando? Esta difícil pregunta, formulada a un asistente a un retiro por el difunto monje birmano y maestro de meditación Sayadaw U Pandita, ilustra la versión extraordinariamente consciente y precisa del mindfulness que se dedicaba a enseñar.

El *sayadaw* era el heredero directo del linaje del gran maestro birmano Mahasi Sayadaw y guía espiritual de Aung San Suu Kyi durante sus largos años de arresto domiciliario antes de convertirse en jefa del gobierno birmano. En sus ocasionales viajes a Occidente, Mahasi Sayadaw había instruido a muchos de los más conocidos maestros del *vipassana*.

Dan viajó a un centro dedicado a campamento de verano para niños ubicado en el desierto de Arizona que había sido alquilado, durante temporada baja, para asistir a un retiro de varias semanas bajo la guía de Pandita. Como luego escribió en el *New York Times Magazine*: «La exigente tarea de cada día consistía en prestar una atención detallada a la respiración, advirtiendo cada matiz de la inspiración y de la espiración, su velocidad, ligereza, tosquedad, calidez, etcétera».[11] Para Dan, se trataba de una forma de aclarar la mente y sosegar, de ese modo, el cuerpo.

Aunque este retiro fue uno de una serie que Dan trato de incluir en su calendario anual de actividades durante la década que siguió a su regreso de su estancia como postgraduado en Asia, su expectativa no se centraba solo en el avance en la meditación. Quince años después de su larga estancia en la India, su presión arterial era muy elevada y Dan esperaba que ese retiro la redujese, aunque solo fuera un poco. Su médico estaba preocupado por las lecturas de 140/90 (la inferior al borde de la hipertensión), de modo que cuando, al finalizar el retiro, regresó a casa, descubrió complacido que ese objetivo se había conseguido.

La posibilidad de emplear la meditación para reducir la presión arterial había sido una idea esbozada por el doctor Herbert Benson, un cardiólogo de la Facultad de Medicina de Harvard que había publicado uno de sus primeros artículos mientras estábamos en Harvard.

Herb, como le conocíamos, formó parte del tribunal ante el cual Dan tuvo que defender su tesis doctoral y era uno de los pocos miembros del profesorado de Harvard interesado en los estudios sobre la meditación. Y, como ha demostrado la investigación posterior al respecto, su hipótesis de que la meditación reducía la presión arterial estaba en lo cierto.

Un estudio bien diseñado, con hombres afroamericanos especialmente proclives a la hipertensión, las afecciones renales y las enfermedades cardiacas, demostró que bastaba con 14 minutos de práctica diaria de mindfulness para que un grupo de personas con problemas renales redujesen las pautas metabólicas que, de haberse mantenido año tras año, hubieran acabado provocando esas enfermedades.[12]

El siguiente paso, obviamente, consistía en determinar los efectos del mindfulness (o de cualquier otro tipo de meditación) con un grupo similar, pero que todavía no había desarrollado completamente la enfermedad, con los integrantes de un grupo de control que hacían algo como HEP y realizar con ellos un seguimiento de varios años para ver si la meditación ataja, como es de esperar, la enfermedad (aunque todavía debemos esperar, para estar seguros, los resultados de este estudio).

Cuando, por otra parte, tenemos en cuenta un conjunto mayor de estudios, los resultados son muy diversos. En un metaanálisis de 11 estudios clínicos en el que pacientes de enfermedades como insuficiencia cardiaca y cardiopatía isquémica se vieron aleatoriamente asignados a entrenamiento de meditación o a un grupo de control que sirviera de comparación, los resultados fueron, en palabras de los investigadores, «alentadores, pero no concluyentes».[13] Como es habitual, el metaanálisis requiere estudios más largos y rigurosos.

Aunque existe, en este sentido, un cuerpo creciente de investigación, por desgracia se trata de estudios pobremente diseñados. Pues, aunque la mayoría han empleado listas aleatorias de control de espera (lo que es positivo), suelen carecer de un grupo de control activo (lo que es mejorable). Solo el empleo de este tipo de grupo nos permitiría determinar si los beneficios se deben específicamente a la meditación o al impacto «no específico» de contar con un instructor alentador y un grupo de apoyo.

Genómica

«Es ingenuo» –replicó sin ambages el inspector encargado de dar el visto bueno para subvencionar una investigación– esperar ver los cambios en el modo en que se expresan los genes después de un solo día de meditación. Esa fue la negativa que recibió Richie a su solicitud de subvención para llevar a cabo su estudio.

Conviene señalar que, después de que los científicos cartografiasen el genoma humano completo, se dieron cuenta de que no basta con saber si alguien posee un determinado gen; lo importante es si ese gen se expresa o no, si se manufactura o no la proteína para la que está diseñado, cuánto se expresa y dónde está el «control de volumen» del equipamiento genético.

Esto significa que también debemos tener en cuenta lo que activan o desactivan nuestros genes. Ya que, en el caso de que hayamos heredado un gen que nos torna más sensibles a una enfermedad (como, por ejemplo, la diabetes), no será fácil que desarrollemos esa enfermedad si tenemos el hábito de no consumir azúcar y hacer ejercicio regularmente.

El azúcar activa los genes de los que depende la diabetes mientras que el ejercicio, por el contrario, los desactiva. En este sentido, el azúcar y el ejercicio son algunos de los muchos factores «epigenéticos» que determinan la expresión o no de un determinado gen. Por este motivo, la epigenética ha acabado convirtiéndose en la vanguardia de los estudios genómicos. Y Richie cree que la meditación puede tener un efecto epigénetico desactivando los genes responsables de la respuesta inflamatoria. Esto es algo que, como ya hemos visto, parece hacer también la meditación, aunque el mecanismo genético para lograr ese efecto siga siendo un completo auténtico misterio.

Impasible ante los escépticos, este laboratorio siguió adelante, determinando los cambios en la expresión de genes clave antes y después de un día de meditación de un grupo de practicantes avanzados de *vipassana* (con cerca de 6.000 horas de práctica).[14] Ellos siguieron un programa establecido de 8 horas diarias de práctica y escucharon algunas grabaciones de charlas inspiradoras y de prácticas guiadas por Joseph Goldstein.

Después del día de práctica, los meditadores presentaban una notable desactivación de los genes inflamatorios, algo nunca visto en respuesta a una práctica estrictamente mental. Esa caída, sostenida en el tiempo, puede ayudar a combatir enfermedades que comienzan con una leve inflamación crónica. Y esto, como ya hemos dicho, incluye muchos de los grandes problemas de salud que aquejan al mundo (desde los trastornos cardiovasculares hasta la artritis, la diabetes y el cáncer).

Y recordemos que, en aquel tiempo, el efecto epigenético era considerado una idea «ingenua» que contrastaba con la sabiduría prevalente en el mundo de la ciencia genética. Pese a las creencias en sentido contrario, el grupo de Richie ha demostrado que el ejercicio mental o la meditación puede ser un impulsor de beneficios genéticos. Quizás la ciencia genética debería cambiar sus creencias sobre el modo en que la mente puede ayudar a favorecer la gestión del cuerpo.

Otros estudios han descubierto los posibles efectos epigenéticos saludables de la meditación. Así, por ejemplo, mientras que la soledad va acompañada de una elevada tasa de genes proinflamatorios, el MBSR no solo reduce esa tasa, sino que también atenúa la sensación de aislamiento.[15] Y, aunque estos eran simples estudios pilotos, la investigación con otros tipos de meditación ha puesto de relieve la existencia de otros beneficios epigenéticos. Uno de ellos es la mencionada «respuesta de relajación» de Herb Benson, en la que la persona repite en silencio, como si de un mantra se tratara, una determinada palabra como, por ejemplo, «paz».[16] El otro es la «meditación yóguica», donde el meditador recita un mantra en sánscrito, al comienzo en voz alta, luego en un susurro, después en silencio y, finalmente, con una breve técnica de relajación de respiración profunda.[17]

Hay otros prometedores indicios de que la meditación puede ser una fuerza para perfeccionar nuestra epigenética. Los telómeros son las fundas que recubren los extremos de las hebras de ADN que determinan la longevidad de una célula, de modo que, cuanto más largo es el telómero, más larga es la vida de esa célula.

La telomerasa es una enzima que retrasa el acortamiento de los telómeros debido a la edad, de modo que, cuanta más telomerasa, más salud y más longevidad. Un metaanálisis de 4 estudios aleatoriamente controlados en el que participaron un total de 190 meditadores puso de relieve que la práctica del mindfulness va acompañada de un aumento de la actividad de la telomerasa.[18]

El proyecto de Cliff Saron descubrió el mismo efecto después de 3 meses de práctica intensiva de mindfulness y de meditación de la compasión.[19] El estudio en cuestión ha puesto de relieve que, cuanto más presente a su experiencia inmediata y menos distracciones durante las sesiones de concentración, mayor es el beneficio provocado por la telomerasa. Y otro prometedor estudio piloto ha descubierto telómeros más largos en las mujeres con un promedio de 4 años de práctica regular de la meditación de la bondad amorosa.[20]

También debemos mencionar el llamado *panchakarma* (término sánscrito que significa «cinco tratamientos»), que combina la fitoterapia con el masaje, el cambio de dieta, el yoga y la meditación. Este es un enfoque derivado de la medicina ayurvédica, un antiguo sistema de curación indio que se ha convertido en oferta habitual en algunos centros de salud de lujo en los Estados Unidos (y, para quien esté interesado, todo hay que decirlo, en muchos espacios de salud de bajo coste de la India).

Una investigación realizada al respecto ha descubierto, en un grupo de personas que pasaron por un tratamiento de 6 días de *panchakarma*, una mejora sorprendente en un rango de sofisticadas medidas metabólicas que reflejan tanto cambios epigéneticos como la expresión de una determinada proteína, que otro grupo que estaba simplemente de vacaciones en el mismo *resort*, resultados que prueban una activación beneficiosa de los genes.[21]

Pero nuestro problema es que, si bien el *panchakarma* puede tener efectos positivos para la salud, la combinación de tratamientos que lo componen imposibilita determinar cuál es el efecto aislado de uno de ellos (como, por ejemplo, la meditación). Como el estudio emplea cinco tipos diferentes de intervención, esa mezcolanza (que, técnicamente, resulta desconcertante) nos impide determinar si el ingrediente activo de la mejora es la meditación, una determinada hierba, la dieta vegetariana u otro de los componentes. Conocemos sus beneficios… pero ignoramos por qué.

Existe un abismo entre demostrar la existencia de mejoras genéticas y confirmar que la meditación tiene efectos biológicos médicamente importantes. Esta es una conclusión que queda lejos de los resultados de los estudios realizados hasta el momento.

Además, también está el problema de determinar los efectos secundarios de los distintos tipos de meditación. El grupo de Tania Singer investigó los efectos provocados en la tasa cardiaca por la concentración en la respiración, la meditación de la bondad amorosa y el mindfulness teniendo muy en cuenta el esfuerzo que, según los meditadores, requería cada método.[22] La meditación en la respiración resultó ser, de todos ellos, el método más relajante, mientras que la meditación de la bondad amorosa y el mindfulness aumentaban un poco la tasa cardiaca, un indicio de que requerían más esfuerzo. El laboratorio de Richie también descubrió un aumento parecido, durante la meditación de la compasión, en la tasa cardiaca de meditadores muy avanzados (más de 30.000 horas de práctica).[23]

Mientras que el aumento de la frecuencia del latido cardiaco parece ser un efecto secundario de las prácticas meditativas basadas en el afecto –un efecto de estado–, los beneficios del efecto rasgo de la práctica de la concentración en la respiración apuntan en otra dirección. Hace mucho que la ciencia sabe que las personas con trastornos de ansiedad y dolor crónico respiran más rápida y menos regularmente que los demás. Y, si uno ya respira rápidamente, es más probable que, cuando se enfrente a una situación estresante, se desencadene una reacción de lucha-huida-parálisis.

Consideremos ahora el descubrimiento realizado por el laboratorio de Richie según el cual, comparados con un grupo de meditadores de edad y sexo similar, los meditadores avanzados (con un promedio de 9.000 horas de práctica)[24] respiran un promedio de 1,6 veces más despacio. Y hay que decir que ese era el resultado mientras permanecían sentados esperando pasar una prueba cognitiva.

Esta diferencia en la tasa respiratoria entre los meditadores avanzados y los no meditadores se traduce en unas 2.000 y 800.000 respiraciones extra al día y al año, respectivamente. No es de extrañar que esas respiraciones extra impongan un peaje fisiológico que, con el tiempo, implique un coste para la salud.

A medida que la práctica avanza y la respiración se enlentece progresivamente, el cuerpo acomoda en consecuencia su punto de ajuste psicológico. Eso es algo muy positivo porque, si bien la respiración crónica y rápida implica una ansiedad continua, una respiración más lenta es signo de una actividad autónoma reducida, un estado de ánimo más positivo y una mejor salud.

El cerebro de los meditadores

Quizás el lector haya escuchado la noticia de que la meditación engrosa ciertas áreas clave del cerebro. El primer informe científico de este cambio neuronal llegó en 2005 de la mano de Sara Lazar, una de las primeras graduadas del Mind and Life Summer Research Institute y que acabó convirtiéndose en investigadora de la Facultad de Medicina de Harvard.[25]

Su grupo descubrió que, comparados con los no meditadores, los meditadores presentaban un engrosamiento cortical en ciertas regiones ligadas a la sensación interior del cuerpo y la atención, especialmente la ínsula anterior y determinadas regiones de la corteza prefrontal.

El informe de Sara ha ido seguido de otros, muchos de los cuales –aunque no todos– informan de un aumento de tamaño en determinadas áreas clave del cerebro de los meditadores. Menos de una década después (poco tiempo, dado el trabajo que requiere el diseño, la ejecución, el análisis de los datos y la publicación de los resultados obtenidos), había suficientes estudios de imagen cerebral de los meditadores como para justificar la realización de un metaanálisis en el que se combinaron 21 estudios para ver lo que se mantenía y lo que no.[26]

Los resultados de ese metaanálisis pusieron de relieve que las áreas del cerebro de meditadores que parecían aumentar eran las siguientes:

- La ínsula, que nos conecta con nuestro estado interior y aumenta la autoconciencia emocional, mejorando la atención a las señales procedentes de nuestro interior.
- Áreas somatomotoras, principales ejes corticales para las sensaciones de tacto y dolor y quizás otros beneficios ligados al aumento de la conciencia corporal.
- Partes de la corteza prefrontal que operan al prestar atención y durante la metaconciencia, capacidades que se ven cultivadas por casi cualquier forma de meditación.
- Regiones de la corteza cingulada importantes para la autorregulación, otra habilidad desarrollada durante la práctica de la meditación.
- La corteza orbitofrontal, que también forma parte del circuito de autorregulación.

Y las grandes noticias sobre los efectos positivos de la meditación en personas mayores nos las proporciona un estudio llevado a cabo en UCLA, según el cual la meditación enlentece el encogimiento habitual del cerebro que suele acompañar al envejecimiento (el cerebro de los meditadores es, a los 50 años, unos 7,5 años «más joven» que el de los no meditadores de la misma edad).[27] Y, además, por cada año que supera los 50, el cerebro de los practicantes es 1 mes y 22 días más joven que el de los no practicantes de la misma edad.

La conclusión del estudio, según los investigadores, es que la meditación contribuye a conservar el cerebro ralentizando su atrofia. Y aunque no esté claro que pueda invertir la atrofia cerebral, sí que hay razones para suponer que puede verse enlentecida.

Pero hay un problema con las pruebas recopiladas al respecto. Ese descubrimiento sobre la meditación y el envejecimiento cerebral fue la repetición del análisis de un estudio anterior llevado a cabo en UCLA que reclutó a 50 meditadores y 50 personas de edad y sexo equiparables que nunca habían meditado. Las cuidadosas imágenes cerebrales llevadas a cabo por los investigadores pusieron de manifiesto que los meditadores mostraban una mayor girificación cortical (es decir, el proceso de repliegue de la capa superior de la neocorteza), lo que implicaba un mayor desarrollo del cerebro.[28] Y el grado de repliegue se correlaciona positivamente con las horas invertidas en la práctica de la meditación.

Pero, como han señalado los mismos investigadores, son muchas las preguntas que estos descubrimientos nos obligan a formularnos. Las variedades concretas de meditación practicadas por esas 50 personas iban desde el *vipassana* hasta el Zen, el *kriya yoga* y el *kundalini yoga*. Y poco tienen que ver las habilidades mentales concretas desarrolladas por el meditador durante la presencia abierta a cualquier cosa que aparezca en la mente o durante la concentración en una sola cosa, los métodos que gestionan la respiración y aquellos otros que permiten que la respiración discurra a su ritmo natural. Miles de horas de práctica en esos distintos métodos pueden tener un impacto único, incluido en la neuroplasticidad. Lamentablemente, este estudio no especifica los cambios asociados a cada método. ¿Producen todos los tipos de meditación una mayor girificación o eso solo afecta a algunos de ellos?

Esta mezcolanza de métodos de meditación, como si todos provocasen el mismo efecto (y tuvieran, en consecuencia, semejante impacto cerebral), afecta también a ese metaanálisis. Como los estudios incluidos aquí combinan diferentes tipos de meditación, el dilema al que nos abocan casi todos los descubrimientos realizados por los estudios de imagen cerebral consiste en discernir el efecto aislado de los distintos métodos en una determinada imagen «multisectorial» del cerebro.

Las diferencias pueden deberse a factores tales como la educación o el ejercicio, cada uno de los cuales tiene su propio efecto amortiguador en el cerebro. Tal vez se trate de un efecto de autoselección, en el sentido de que quizás las personas que presenten los cambios cerebrales de los que hablan esos estudios elijan, precisamente, la meditación (es decir, que las personas que tienen una ínsula mayor, por ejemplo, prefieran la meditación); porque, en tal caso, esas distintas causas alternativas no serían un efecto de la meditación.

A decir verdad, los mismos investigadores señalan, en su estudio, esos inconvenientes. Pero nosotros los mencionamos aquí para subrayar que un descubrimiento científico complejo, escasamente comprendido y estrictamente provisional, puede transmitirse al público como el mensaje supersimplificado de que «la meditación esculpe el cerebro». No olvidemos que el diablo, como suele decirse, está en los detalles.

Consideremos ahora algunos resultados prometedores de tres investigaciones que parecen indicar, basándose en las diferencias encontradas antes y después del estudio, que una pequeña práctica de meditación parece aumentar el volumen de determinadas regiones del cerebro.[29] Descubrimientos parecidos relativos al aumento del grosor y similares de determinadas áreas cerebrales proceden de otro tipo de entrenamiento mental como la memorización; y la neuroplasticidad indica que esto es también completamente posible en el caso de la meditación.

Lamentablemente, todos estos estudios se basan en un número muy pequeño de personas, demasiado pocas como para extraer, de ellos, conclusiones definitivas. Pero hay otro problema debido al cual necesitamos muchos más participantes en estos estudios, ya que las medidas cerebrales utilizadas son relativamente blandas, basadas en el análisis estadístico de cerca de 300.000 vóxels (un vóxel es una unidad de volumen, esencialmente un píxel tridimensional, cada uno de los cuales abarca un milímetro cúbico de la geografía neuronal). Por más extraño que parezca, un pequeño fragmento de estos 300.000 análisis se nos presentaría como estadísticamente «significativo» cuando, en realidad, son azarosos, un problema que se reduce en la medida en que aumenta el número de imágenes cerebrales consideradas. No hay, por el momento, forma alguna de saber si los descubrimientos acerca del desarrollo cerebral que nos ofrecen esos estudios son un mero artefacto generado por el método utilizado. Otro problema es que los investigadores tienden a publicar sus descubrimientos, pero no hacen lo mismo con sus no descubrimientos, es decir, con las veces en que *no* advierten la presencia de efecto alguno.[30]

Finalmente, las medidas cerebrales se han perfeccionado desde el momento en que se llevaron a cabo muchos de estos estudios. Ignoramos, por tanto, si el empleo de criterios más nuevos y rigurosos nos proporcionaría los mismos resultados. Nuestra intuición es que mejores estudios revelarían la presencia de cambios positivos en la estructura cerebral asociados a la meditación, aunque todavía es demasiado pronto para decirlo.

Señalemos, a modo de breve digresión, que el laboratorio de Richie llevó a cabo una investigación tratando de replicar los descubrimientos realizados por Sara Lazar sobre el engrosamiento cortical en meditadores occidentales avanzados con trabajos cotidianos y un mínimo de 5 años de práctica (con unas 9.000 horas de práctica promedio de la meditación).[31] Pero los resultados de ese estudio no descubrieron el engrosamiento que Sara había encontrado, ni tampoco lo hicieron otros cambios estructurales que estudios previos habían asociado al MBSR.

De momento tenemos, pues, muchas más preguntas que respuestas. Quizás algunas de las respuestas que buscamos vengan del análisis de los datos recopilados en un estudio masivo y rigurosamente diseñado en el que han participado, durante 9 meses, un gran número de sujetos. En el momento en que escribimos esto, esos datos están siendo procesados por el laboratorio de Tania Singer en el Max Plank Institute for Human Cognitive y Brain Sciences, examinando muy cuidadosa y sistemáticamente cambios en el grosor cortical asociado a tres tipos diferentes de práctica meditativa (que hemos revisado en el capítulo 6, titulado «Predispuestos al amor»).

Uno de los primeros descubrimientos que nos ha ofrecido este trabajo es que los efectos en la anatomía cerebral dependen del tipo de práctica. Esta investigación ha descubierto, por ejemplo, que un método que enfatiza la empatía cognitiva y la comprensión del modo en que la persona contempla los acontecimientos de la vida aumenta el grosor de la corteza de una determinada región de la corteza ubicada entre los lóbulos temporal y parietal, conocida como unión temporoparietal o TPJ (que, según otra investigación previa realizada por el equipo de Tania, había demostrado estar especialmente activa al asumir la perspectiva de otra persona).[32]

Este cambio cerebral fue descubierto únicamente con este método y no con otros. Todos estos hallazgos subrayan la importancia que, para los investigadores de los efectos de la meditación, tiene el hecho de diferenciar los distintos tipos de práctica, especialmente en lo que respecta a identificar los cambios cerebrales a ellos asociados.

Neuromitología

Echemos ahora un vistazo, mientras estamos centrándonos en la neuromitología y la meditación, a algunas de las investigaciones realizadas en el laboratorios de Richie.[33] En la actualidad, el estudio más conocido de todos los realizados por el laboratorio de Richie ha sido citado 2.813 veces, algo inédito tratándose de un artículo académico. Dan fue uno de los primeros en informar sobre esta investigación en el libro en el que relató el encuentro del Mind and Life Institute sobre las emociones destructivas llevado a cabo en el año 2000 con el Dalái Lama, en el que Richie participó y presentó los resultados provisionales de su trabajo, entonces todavía sin concluir.[34]

Esta investigación se ha extendido como un reguero de pólvora por el mundo académico, llegando a reverberar también en la cámara de resonancia de los grandes medios sociales. Y el hecho de que las empresas apelen al mindfulness es invariablemente esgrimido como «prueba» de que el método funciona.

Pero ese estudio plantea grandes interrogantes a los científicos, especialmente al mismo Richie. Estamos hablando de una época en la que Jon Kabat-Zinn había enseñado MBSR a voluntarios de una empresa de biotecnología muy estresante en la que las personas trabajaban sin parar a un ritmo frenético.

Digamos, para poner las cosas en su adecuado contexto, que Richie llevaba varios años tratando de recopilar datos sobre la ratio de actividad entre las cortezas prefrontales derecha e izquierda mientras las personas estaban descansando. Los resultados descubiertos hasta entonces parecían poner de relieve que la mayor actividad del lado derecho se correlacionaba con estados de ánimo negativos (como la depresión y la ansiedad), mientras que la mayor actividad del lado izquierdo estaba ligada a estados de ánimo positivos (como la energía y el entusiasmo).

Esa ratio parecía ser un buen predictor del rango de estado de ánimo en el que cotidianamente se mueve la persona. Y la forma en que esa ratio se distribuía asume la forma de una campana de Bell cuyo centro ocupan la mayoría de las personas (que tenemos días buenos y días malos), y en ambos extremos se hallan unas pocas personas, con una clara diferencia entre aquellos cuya ratio se inclina hacia la derecha o hacia la derecha (características de los sujetos más clínicamente ansiosos o deprimidos, o de quienes se recuperan más rápidamente, respectivamente, de los bajones).

Los resultados del estudio de la empresa de biotecnología parecían mostrar, después del entrenamiento en meditación, un cambio considerable en las funciones cerebrales que revelaban un cambio «hacia la izquierda» en la mencionada ratio y también un estado más relajado. No hubo tales cambios en un grupo de comparación de trabajadores asignados a un grupo de control de lista de espera a quienes se les dijo que recibirían más tarde el mismo entrenamiento en meditación.

Pero aquí tropezamos con un importante problema porque ignoramos, por ejemplo, si un grupo de control activo como el HEP iría acompañado de beneficios similares.

Y, aunque ese estudio nunca se ha visto replicado, otros parecen apoyar el descubrimiento de un cambio en esta ratio cerebral. Un estudio alemán con pacientes que habían pasado por episodios recurrentes de depresión grave puso de relieve una ratio claramente inclinada hacia la derecha, lo que puede ser un marcador neuronal del trastorno.[35] Y los mismos investigadores alemanes descubrieron un cambio en esa inclinación del lado derecho hacia el izquierdo, pero solo mientras practicaban mindfulness, no cuando estaban simplemente descansando.[36]

El problema se debía a que el laboratorio de Richie no había podido demostrar que la meditación provoque una mayor activación en la corteza prefrontal izquierda. Richie tropezó con un escollo cuando empezó a llevar a su laboratorio yoguis tibetanos (es decir, meditadores a los que podríamos calificar «de nivel olímpico» sobre los que el lector encontrará más información en el capítulo 12, titulado «El tesoro oculto») porque, pese a ser algunas de las personas más optimistas y felices que Richie había conocido, esos expertos, cuyas horas de práctica superan toda expectativa, no muestran la esperada inclinación hacia la izquierda.

Este descubrimiento socavó tanto la confianza de Richie en la medida que ha acabado abandonándola. Richie no entiende la razón por la cual esa ratio izquierda/derecha no funciona, en el caso de los yoguis, como era de esperar. Una posibilidad es que quizás, al comienzo de la práctica meditativa, se produzca una inclinación hacia la izquierda y otra es que un pequeño cambio en la ratio izquierda/derecha no tenga tanta importancia. Tal vez refleje presiones provisionales o temperamentos básicos, pero no parece estar asociado a cualidades duraderas del bienestar, ni a cambios más complejos en el cerebro presentes en las personas con mucha experiencia meditativa.

Actualmente creemos que, en los estadios posteriores de la práctica meditativa, entran en juego otros mecanismos, de modo que lo que cambia no es tanto la ratio entre estados positivos y negativos, como la *relación* que el sujeto establece con todas y cada una de sus emociones. O, dicho en otras palabras, las emociones parecen perder, en los niveles más elevados de la práctica meditativa, el poder de arrastrarnos.

Otra posibilidad es que distintos tipos de meditación tengan efectos diferentes, así que quizás no haya una clara línea de desarrollo que sea continua, pongamos por caso, desde el mindfulness de los principiantes hasta los practicantes avanzados de *vipassana* y los monjes tibetanos estudiados en el laboratorio de Richie.

Y luego está la cuestión de la persona que se ocupa de enseñar el mindfulness. Como ha señalado Jon, existe una gran diversidad de experiencia entre los instructores de MBSR, el número, los retiros de meditación en los que han participado y sus propias cualidades de ser. La compañía de biotecnología había disfrutado del beneficio de contar como instructor con el mismo Jon que, por encima de las instrucciones de las técnicas MBSR, tiene una capacidad excepcional para impartir una visión de la realidad que puede cambiar la experiencia de los estudiantes de un modo que posiblemente explique un cambio en la asimetría cerebral. No sabemos cuáles serían los efectos en el caso de haber empleado a otro instructor elegido al azar.

La línea basal

Volvamos de nuevo a Dan y al retiro de meditación al que asistió con la intención de reducir su presión arterial. Aunque, inmediatamente después de ese retiro, su presión experimentó un considerable descenso, es imposible saber si ello se debía a la meditación o a un «efecto vacaciones» más general, es decir, a la liberación que todo el mundo experimenta cuando se sustrae durante un tiempo de las presiones de su vida cotidiana.[37]

Semanas después, su tensión volvió a subir y permaneció así hasta que un astuto médico descubrió que padecía una de las pocas causas conocidas de la hipertensión, un extraño trastorno suprarrenal de origen hereditario, y le recetó un fármaco que, corrigiendo ese desequilibrio metabólico, restablecía su presión arterial, algo que quedaba fuera del alcance de la meditación.

Nuestras preguntas son simples en lo que respecta al hecho de si la meditación mejora la salud: ¿Qué es cierto, qué es falso y qué es lo que ignoramos? En cuanto a nuestra investigación de los centenares de estudios relacionados con la meditación y sus efectos sobre la salud, aplicamos criterios muy estrictos. Como sucede con todas las investigaciones realizadas sobre la meditación, los métodos utilizados en muchos estudios sobre el impacto en la salud no consiguen superar el listón más elevado. Resulta sorprendente, pues, dado el entusiasmo (y las exageraciones) que acompaña a la meditación como forma de mejorar la salud, lo poco que, al respecto, podemos decir con absoluta certeza.

En este sentido descubrimos que los estudios más sólidos no se centran en la cura de síndromes médicos, ni en la identificación de los mecanismos biológicos subyacentes, sino en el simple hecho de aliviar la ansiedad psicológica. Por eso, nuestra respuesta al empleo de la meditación para mejorar la calidad de vida de las personas que padecen de una enfermedad crónica es rotundamente afirmativa. Resulta extraño que la medicina soslaye con tanta frecuencia ese abordaje paliativo que tan importante resulta, no obstante, para los pacientes.

¿Proporciona la meditación alguna ayuda biológica? Consideremos el caso del Dalái Lama, actualmente un octogenario que se acuesta cada día a las 7 y se levanta a las 3 de la mañana para realizar 4 horas de práctica espiritual, incluida la meditación. Y, si a eso le añadimos 1 hora más de práctica antes de acostarse, tenemos un total de 5 horas al día de práctica contemplativa.

Pero la dolorosa artritis de sus rodillas convierte el hecho de subir o bajar escaleras en una auténtica pesadilla; algo muy habitual, todo hay que decirlo, en alguien de su edad. Y, cuando le preguntamos si la meditación mejora sus problemas médicos, él nos responde: «Si la meditación resolviera todos los problemas de salud, las rodillas no me dolerían».

Pero todavía no estamos seguros de si la meditación hace algo más que proporcionar cuidados paliativos, ni tampoco tenemos claras las enfermedades para las que puede servir.

Pocos años después de que Richie tomase la decisión de medir los cambios genéticos provocados por un día de meditación, recibió una invitación para pronunciar una conferencia en la prestigiosa cátedra Stephen E. Strauss del National Institute of Health, una charla anual en honor al fundador del National Center for Complementary and Integrative Health.[38]

El tema elegido por Richie fue «Change Your Brain by Training Your Mind» [«Cambie su cerebro entrenando su mente»], un tema bastante controvertido, por decirlo suavemente, para los muchos escépticos que llenaban el auditorio del campus del NIH. El día de la charla, sin embargo, el prestigioso auditorio del centro clínico estaba a rebosar y muchos científicos estaban dispuestos a contemplar desde sus consultas la retransmisión en vídeo del acontecimiento, un posible augurio del cambio de estatus que había experimentado la meditación como tema serio de investigación.

La conferencia de Richie se centró en los descubrimientos realizados en esa área (fundamentalmente en su laboratorio), la mayoría de los cuales se describen en este libro. Richie señaló los cambios neuronales, biológicos y conductuales provocados por la meditación y de qué manera podían contribuir al mantenimiento de la salud favoreciendo, por ejemplo, la regulación emocional y fortaleciendo la atención. Y, como hemos tratado de hacer aquí, Richie se mantuvo en la delgada línea que separa el rigor crítico de la convicción auténtica de que «ahí» hay realmente algo, es decir, de que la meditación tiene efectos muy beneficiosos y merecedores, por tanto, de una seria investigación científica.

Y, al finalizar, Richie recibió, pese al tono profundamente académico de su charla, un caluroso aplauso.

Resumen

Ninguna de las muchas formas de meditación estudiadas aquí fue originalmente diseñada para tratar la enfermedad, al menos tal y como hoy en día la conocemos en Occidente. Pero la literatura científica actual está llena de estudios destinados a determinar la utilidad de esas antiguas prácticas en el tratamiento de la enfermedad. El

MBSR y otros métodos similares pueden aliviar el componente emocional del sufrimiento que acompaña a la enfermedad, pero no llegar a curarla. Pero el entrenamiento en mindfulness –aunque solo sea de 3 días– reduce a corto plazo las citoquinas proinflamatorias, las moléculas responsables de la inflamación. Y cuanto más practicamos, menor es la tasa de esas citoquinas proinflamatorias. La práctica parece convertir ese efecto estado provisional en un efecto rasgo permanente; y los estudios de imagen descubren en los meditadores en estado de reposo un nivel inferior de citoquinas proinflamatorias junto a un aumento de la conectividad entre el circuito regulador y determinadas regiones del sistema del yo del cerebro, especialmente la corteza cingulada posterior.

Entre los practicantes avanzados de meditación, un periodo de 1 día de práctica intensiva de mindfulness parece desactivar los genes implicados en la inflamación. La enzima telomerasa, que enlentece el envejecimiento celular, aumenta después de 3 meses de práctica intensiva de mindfulness y de meditación de la bondad amorosa. Finalmente, la meditación parece provocar, a largo plazo, cambios estructurales beneficiosos en el cerebro, aunque las pruebas con que actualmente contamos al respecto no nos permiten determinar si esos efectos aparecen con prácticas relativamente cortas como el MBSR, o solo se manifiestan en el caso de prácticas que impliquen lapsos mayores. Resulta sorprendente que los meditadores experimentados presenten una disminución del volumen en el área cerebral asociada al «deseo» o el «apego». Teniendo todo esto presente, contamos con indicios científicamente creíbles de que la meditación va acompañada de un recableado neuronal en el que se sustentan los rasgos alterados, aunque todavía necesitamos estudios adicionales para concretar esta hipótesis.

10. La meditación como psicoterapia

El doctor Aaron Beck, fundador de la terapia cognitiva, tenía una pregunta: «¿Qué es el mindfulness?».

Nos hallábamos a mediados de la década de 1980 y el doctor Beck acababa de formularle esa pregunta a Tara Bennett-Goleman (la esposa de Dan). Tara había ido al hogar de los Beck en Ardmore (Pennsylvania) a petición del doctor Beck, que tenía el presentimiento de que la meditación podía ayudar a su esposa, la jueza Judith Beck, a prepararse mental –y quizás también físicamente– para una operación a la que estaba a punto de someterse.

Tara aleccionó entonces personalmente a la pareja y, siguiendo su guía, los Beck se sentaron tranquilamente a observar las sensaciones de entrada y salida de su respiración, una práctica que finalizó con un paseo meditativo por su sala de estar.

Ese fue un atisbo de lo que, con el tiempo, ha acabado convirtiéndose en el movimiento de la «terapia cognitiva basada en el mindfulness» (o MBCT). El libro de Tara, titulado *Alquimia emocional. Los poderes de la atención consciente*, fue el primero en integrar el mindfulness con la terapia cognitiva.[1]

Tara llevaba años practicando la meditación *vipassana* y acababa de participar en un retiro intensivo de un mes con el difunto maestro birmano de meditación U Pandita. Fueron muchas las comprensiones que le proporcionó esa profunda zambullida en la mente, sobre todo la que afecta a la ligereza de los pensamientos contemplados a través de las lentes del mindfulness. Esa misma comprensión subyace al «descentramiento», un principio fundamental de la terapia cognitiva que consiste en observar los pensamientos y los sentimientos sin identificarse con ellos, una forma muy adecuada de *reevaluar* nuestro sufrimiento.

El doctor Beck había oído hablar de Tara al doctor Jeffrey Young, uno de sus discípulos más próximos que, en esa época, estaba poniendo en marcha el primer centro de terapia cognitiva de la ciudad de Nueva York. Tara, que acababa de obtener un máster en orientación, estaba formándose con el doctor Young en su centro y colaborando con él en el tratamiento de una joven que sufría ataques de pánico.

El doctor Young utilizó un enfoque de terapia cognitiva para ayudarla a distanciarse de sus pensamientos catastrofistas («No puedo respirar», «Voy a morir») y cuestionarlos, un enfoque que Tara complementó con el mindfulness. Así fue como, aprendiendo a observar atenta, tranquila y calmadamente su respiración, la joven acabó superando sus ataques de pánico.

De manera independiente, el psicólogo John Teasdale, de la Universidad de Oxford, estaba escribiendo, junto a Zindel Segal y Mark Williams, el libro *Terapia cognitiva basada en el mindfulness para la depresión*, un abordaje que integraba igualmente ambos enfoques.[2] Esta investigación puso de relieve que la terapia cognitiva basada en el mindfulness (MBCT) reducía a la mitad la tasa de recaída en la depresión de personas que se habían mostrado refractarias a los fármacos e incluso a la terapia electroconvulsiva, un efecto superior al de cualquier medicación.

Esos importantes descubrimientos desencadenaron lo que ha acabado convirtiéndose en un auténtico tsunami de la investigación sobre el MBCT. Pero lo cierto es que la mayoría de las investigaciones realizadas sobre meditación y psicoterapia (incluida la investigación original del mismo Teasdale) no cumplían con el requisito fundamental de la investigación clínica: el empleo de grupos de control aleatorios y un grupo de comparación equivalente compuesto por practicantes que crean en la eficacia del tratamiento al que se ven sometidos.

Pocos años después, un grupo de la Universidad Johns Hopkins revisó hasta 47 estudios sobre meditación (que no empleaban la terapia cognitiva) con pacientes que experimentaban trastornos muy diversos (desde la depresión y el dolor hasta el insomnio y problemas que afectan a la calidad global de vida como la diabetes, las enfermedades arteriales, el *tinnitus* y el síndrome del colon irritable).

Esta revisión, dicho sea de paso, fue modélica en lo que respecta al cálculo de las horas de práctica meditativa estudiadas (el MBSR entraña entre 20 y 27 horas de entrenamiento repartidas en 8 semanas, y otros programas de mindfulness implican la mitad de ese tiempo; la meditación trascendental requiere entre 16 y 39 horas repartidas en un tiempo que va desde los 3 hasta los 12 meses, y otros tipos de meditación con mantras dedican la mitad de ese tiempo).

En un destacado artículo publicado en una de las revistas de la *JAMA* (las publicaciones oficiales de la American Medical Association), los investigadores concluyeron que el mindfulness (aunque no las meditaciones basadas en mantras como la MT, que no cuentan con suficientes estudios bien diseñados para llegar a ninguna conclusión) puede aliviar la ansiedad, la depresión y el dolor. El grado de mejora se asemeja, según ese estudio, al de la medicación, pero sin los desagradables efectos secundarios de esta, convirtiendo así a las terapias basadas en mindfulness en una alternativa viable para el tratamiento de esas enfermedades.

Pero no se descubrieron los mismos beneficios en otros indicadores de salud como los hábitos alimenticios, el sueño, el abuso de substancias o los problemas de peso. Y el metaanálisis descubrió poca o ninguna evidencia de la utilidad de la meditación para el tratamiento de otros problemas psicológicos (como estados de ánimo negativos, adicciones y una pobre atención), al menos en las intervenciones a corto plazo utilizadas durante la investigación. Quizás la práctica de la meditación resulte útil a largo plazo, pero todavía no contamos con suficientes datos como para extraer una conclusión adecuada al respecto.

Este alivio de los problemas al que parecían apuntar los estudios anteriores sobre los efectos de la meditación se desvaneció al compararlo con los beneficios obtenidos por los integrantes de un grupo de control activo como el ejercicio. Por eso, la conclusión sobre los efectos de la meditación en un amplio abanico de problemas basados en el estrés es, hasta el momento al menos, la de que «no existe una evidencia clara al respecto».[3]

Estos estudios eran el equivalente a los que, desde una perspectiva médica, investigan la administración de una pequeña dosis de un fármaco durante un breve periodo de tiempo. Nuestra conclusión aquí es la de que es necesario llevar a cabo más investigaciones en este sentido, empleando un mayor número de personas y durante un espacio más largo de tiempo. Pero, por más adecuado que esto sea en los estudios sobre los efectos de un determinado fármaco (el modelo dominante de investigación en el campo de la medicina), que cuestan millones de dólares pagados por las empresas farmacéuticas o los National Institutes of Health, resulta difícil encontrar subvención en el caso de la investigación en el campo de la meditación.

Otro punto destacado –y un tanto friki, todo hay que decirlo– es que el metaanálisis empezó reuniendo 18.753 citas de artículos de todo tipo sobre la meditación (un número realmente extraordinario si tenemos en cuenta que, en la década de los 1970, apenas si se podía encontrar un puñado y que hoy en día supera, según nuestros cálculos, los 6.000, porque ellos emplearon criterios de búsqueda más amplios que los empleados por nosotros). Cerca de la mitad de los estudios citados por esos autores, sin embargo, no eran informes de datos reales y unos 4.800 de los informes empíricos citados carecían de grupo de control o no habían sido adecuadamente aleatorizados. Tras un cuidadoso cribado, solo el 3% de los estudios (los 47 del metaanálisis) demostraron estar lo suficientemente bien diseñados como para ser incluidos en la revisión. Y esto, como bien señala el grupo de Hopkins, simplemente subraya la necesidad de actualizar la investigación sobre la meditación.

Este tipo de revisión impone una gran carga a los médicos, especialmente en una época, como la nuestra, en la que la medicina se empeña cada vez más en basarse en las pruebas. El grupo de Hopkins hizo este metaanálisis para la Agency for Healthcare Research and Quality, a cuyas directrices tratan de atenerse los médicos.

La conclusión de la revisión es que la meditación (especialmente el mindfulness) tiene, en el tratamiento de la depresión, la ansiedad y el dolor, un efecto parecido al de la medicación, pero sin sus efectos secundarios; y también puede, aunque en un grado inferior, reducir el peaje del estrés psicológico. En general, sin embargo, la meditación no ha logrado obtener, en el tratamiento de la ansiedad psicológica, mejores resultados que los abordajes médicos, aunque la evidencia con que contamos al respecto sigue sin ser concluyente.

Así estaban las cosas en 2013 (el estudio se publicó en enero de 2014). Con el aumento de la investigación sobre los efectos de la meditación, cada vez son más y están mejor diseñados los estudios que parecen aclarar, al menos hasta cierto punto, estos resultados.

La depresión es, en este sentido, un caso muy especial.

Ahuyentando la tristeza con el mindfulness

El descubrimiento del grupo de John Teasdale en Oxford de que el MBCT reducía a la mitad el riesgo de recaída en la depresión grave motivó muchos estudios de seguimiento. Después de todo, una reducción del 50% en la recaída en la depresión supera con mucho los resultados obtenidos por cualquier fármaco habitual lo que, para la empresa farmacéutica que lo lograse, supondría una auténtica mina.

La necesidad de llevar a cabo estudios más rigurosos era evidente, porque el estudio piloto original de Teasdale carecía de grupo de control y de grupo activo de comparación. Esta fue una tarea que emprendió Mark Williams, uno de los socios de la investigación original de Teasdale en Oxford. Su equipo reclutó a casi 300 personas con una depresión tan grave que ninguna medicación podían evitarles la recaída, el mismo tipo de pacientes refractarios al tratamiento que participaron en el estudio original.

En esta ocasión, sin embargo, los pacientes se vieron aleatoriamente asignados al grupo MBCT o a uno de los dos grupos de control activos (en los que aprendían los principios básicos de la terapia cognitiva o recibían el tratamiento psiquiátrico habitual).[4]

Los resultados obtenidos en un seguimiento realizado seis meses después de acabar el experimento demostraron que el MBCT era más eficaz en los pacientes con una historia de trauma infantil (lo que podía empeorar la depresión) e igual de eficaz que el tratamiento estándar para la depresión.

Poco después, un equipo europeo descubrió que el MBCT resultaba eficaz para el tratamiento de un grupo de pacientes tan deprimidos que se mostraban refractarios a toda medicación.[5] Ese fue también un estudio aleatorizado y que contaba con un grupo de control activo. Y un metaanálisis realizado en 2016 con 9 estudios parecidos (en los que participaron un total de 1.258 pacientes) concluyó que, al cabo de un año, el MBCT era una forma eficaz de reducir la tasa de recaída en la depresión grave. Parece, pues, que los beneficios del MBCT para el tratamiento de la depresión son tanto mayores cuanto más graves son sus síntomas.[6]

Zindel Segal, uno de los colaboradores de John Teasdale, profundizó en las razones que explican la eficacia del MBCT.[7] Para ello, comparó los resultados de una RMf de pacientes que se habían recuperado de un brote de depresión mayor después de participar en un grupo MBCT con los de quienes solo habían recibido terapia cognitiva estándar (es decir, sin mindfulness). Las conclusiones de este estudio pusieron de relieve que la tasa de recaída de quienes, al finalizar el tratamiento, presentaban un mayor aumento en la actividad de la ínsula era un 35% inferior.

¿Cómo hay que entender estos resultados? En un análisis posterior, Segal descubrió que los pacientes que mejores resultados obtenían eran los más capaces de «descentrarse», es decir, de colocarse a suficiente distancia de sus pensamientos y sentimientos como para observar cómo vienen y van, pero sin dejarse arrastrar por ellos. Dicho en otras palabras, se trata de los pacientes que más atentos están; y la probabilidad de recaída en la depresión es menor cuanto más tiempo han dedicado a la práctica del mindfulness.

Así fue como finalmente contamos con una masa crítica de investigación que acabó convenciendo a un entorno escéptico de la eficacia de un método basado en el mindfulness para el tratamiento de la depresión.

Son varias las aplicaciones del MBCT que resultan prometedoras para el tratamiento de la depresión. Por ejemplo, las mujeres embarazadas con un historial previo de episodios de depresión se muestran comprensiblemente reacias a tomar antidepresivos y quieren asegurarse de que, durante el proceso del embarazo e incluso después del parto, no se deprimirán. Para ellas parece haber buenas noticias, porque un equipo dirigido por Sona Dimidjian, graduada del Summer Research Institute, descubrió que el MBCT proporciona una alternativa sencilla a los fármacos que puede atenuar el riesgo de caída en la depresión.[8]

Los estudios llevados a cabo por investigadores de la Universidad Internacional Maharishi comparando el efecto de la enseñanza de la MT a reclusos con el efecto de programas estándar de la prisión descubrieron que, 4 meses después, quienes habían participado en el grupo de MT presentaban menos síntomas del trauma, ansiedad y depresión y también dormían mejor y percibían su vida de un modo menos estresante.[9]

Otro ejemplo: la adolescencia suele ser un periodo lleno de angustia en el que los síntomas depresivos hacen acto de presencia. Tengamos en cuenta que, en 2015, el 12,5% de la población estadounidense de entre 12 y 17 años (es decir, cerca de 3 millones de adolescentes) había padecido, durante el año anterior, al menos un episodio de depresión mayor. Mientras que algunos de los signos más característicos de la depresión son el pensamiento negativo, la autocrítica grave y similares, hay veces en las que asumen formas más sutiles, como los trastornos del sueño o del pensamiento o los problemas respiratorios. En este mismo sentido hay que decir que un programa de mindfulness destinado a adolescentes redujo, hasta 6 meses después de haber terminado el programa al menos, la aparición de la depresión y de estos síntomas sutiles.[10]

Por más prometedores que parezcan, sin embargo, si estos estudios quieren satisfacer los criterios de la revisión médica estándar, deben ser replicados y su diseño debe ser actualizado. Además, para la persona que sufre de brotes de depresión –o de ansiedad o de dolor–, el MBCT (y quizás incluso la MT) nos proporciona una posibilidad de liberación.

También debemos considerar la posibilidad de que el MBCT y otras modalidades alternativas de meditación contribuyan a aliviar síntomas de otras enfermedades psiquiátricas. ¿Y cuáles serían, en tal caso, los mecanismos que explicarían ese alivio?

Revisemos ahora la investigación realizada sobre el efecto del MBSR en el tratamiento de personas con ansiedad social llevada a cabo por Philippe Goldin y James Gross en la Universidad Stanford (que hemos mencionado en el capítulo 5). La ansiedad social, que se presenta en formas muy diversas –desde el miedo escénico hasta la timidez en las reuniones–, es un problema emocional muy común que afecta a más del 6% de la población de los Estados Unidos (en torno a 15 millones de personas).[11]

Después del preceptivo curso de 8 semanas de MBSR, los pacientes afirmaron sentirse menos ansiosos, un buen augurio. Pero recordemos el siguiente paso, que hace más interesante todavía el estudio porque, mientras estaban llevando a cabo una meditación de conciencia de la respiración para gestionar sus emociones, también se les realizó un escáner cerebral al tiempo que escuchaban frases inquietantes como «la gente siempre me juzga» (uno de los argumentos más comunes de la cháchara mental de quienes sufren de ansiedad social). Los pacientes dijeron sentirse menos ansiosos de lo habitual al escuchar esos desencadenantes emocionales, al mismo tiempo que se atenuaba la actividad cerebral de su amígdala y aumentaba la de los circuitos de la atención.

Esta ojeada a la actividad cerebral subyacente parece indicar el futuro de la investigación sobre el modo en que la meditación puede contribuir al alivio de los problemas mentales. Desde hace varios años –al menos hasta el momento en que estamos escribiendo esto–, el NIMH (el National Institute of Mental Health), principal fuente de financiación de este tipo de estudios, está desestimando las investigaciones que se basan en las viejas categorías de la psiquiatría enumeradas en el *Manual diagnóstico y estadístico de las enfermedades mentales* (DSM).

Aunque el *DSM* incluya trastornos mentales como la «depresión» en sus distintas modalidades, el NIMH no favorece tanto la investigación centrada en las categorías del *DSM* como en clústeres de síntomas concretos y sus correspondientes circuitos cerebrales subyacentes. En este mismo sentido, también nos preguntamos si los descubrimientos realizados por el grupo de Oxford, según los cuales el MBCT funciona bien con pacientes deprimidos que presentan un historial de trauma, no sugerirán la presencia, en el subgrupo refractario al tratamiento, de una amígdala más reactiva que la de quienes solo se deprimen de vez en cuando.

Son varias las preguntas a las que debe responder todavía la investigación futura como, por ejemplo: ¿Cuál es el valor relativo del mindfulness comparado con la terapia cognitiva? ¿Para qué trastornos resulta más adecuada la meditación (en forma incluso de MBSR y MBCT) que el tratamiento psiquiátrico estándar habitual? ¿Deberían combinarse estos métodos con las intervenciones estándar? Y ¿qué tipo concreto de meditación funciona mejor con tal o cual problema mental y cuáles son los circuitos neuronales subyacentes implicados?

Estas son preguntas para las que, hasta el momento, no tenemos respuesta. Esperamos no tardar en descubrirlas.

Meditación de la bondad amorosa para el tratamiento de los traumas

Recordemos que, el 11 de septiembre de 2001, un avión se estrelló en el Pentágono cerca de Steve Z y lo que había sido su despacho se convirtió instantáneamente en un montón de cascotes que apestaban a queroseno quemado. Cuando la oficina se reconstruyó, Steve volvió al mismo despacho en el que estaba sentado el 11 de septiembre… aunque en un entorno mucho más solitario porque la mayoría de sus compañeros habían perecido en el atentado.

«Estábamos motivados por la rabia. ¡Pillaremos a esos bastardos! –dice Steve, recordando sus sentimientos de esa época–. Fue un tiempo muy oscuro, una época realmente miserable».

Su TEPT fue acumulativo. Y, como Steve había servido anteriormente en los escenarios de combate de la operación Tormenta del Desierto e Irak, la catástrofe del 11 de septiembre no hizo más que intensificar el trauma que, durante todo ese tiempo, había estado incubando.

Años después, la ira, la frustración, la desconfianza y la correspondiente hipervigilancia bullían todavía en su interior. Pero, si alguien le preguntaba cómo estaba, su respuesta era invariablemente la misma: «Ningún problema». Él trataba de calmarse con el alcohol, el ejercicio físico, visitando a la familia o leyendo, cualquier cosa, en suma, que le ayudase a recuperar el control.

Steve estaba a punto de suicidarse cuando entró en el Walter Reed Hospital en busca de ayuda y comenzó a desintoxicarse del alcohol. Entonces aprendió cosas sobre el trastorno que le aquejaba y decidió emprender una terapia a la que todavía asiste y en la que aprendió la meditación mindfulness.

Al cabo de dos o tres meses de sobriedad buscó un grupo de mindfulness local, al que sigue asistiendo una vez por semana. Las primeras veces entró en el local con paso vacilante, pero después de echar un vistazo, se dijo: «¡Esto no tiene nada que ver conmigo!», y dio media vuelta. Además, sentía claustrofobia cada vez que estaba en espacios cerrados.

Cuando, finalmente, pudo asistir a un breve retiro de meditación, descubrió que le ayudaba. Y lo curioso es que, lo que más le impactó, fue la práctica de la bondad amorosa, una forma de desarrollar la compasión por uno mismo y por los demás. Esta práctica le permitió sentirse «de nuevo en casa», un recordatorio profundo del modo en que se sentía cuando, de niño, jugaba con sus amigos y la clara sensación de que todo iba a terminar bien.

«La práctica me ha ayudado a permanecer con esos sentimientos sabiendo que "esto pasará". Y, si me enfadaba, siempre podía dirigir una actitud bondadosa y compasiva hacia mí mismo y hacia los demás».

Luego nos enteramos de que Steve había vuelto a la universidad, donde acababa de obtener el título de psicoterapeuta y de que estaba preparando su tesis doctoral, titulada: «Daño moral y bienestar espiritual».

Steve conectó con la Veterans Administration y con grupos de apoyo para militares que, como él, padecían de TEPT, que le derivaron a pacientes a los que, consciente de poderles ayudar, atendía en su consulta privada.

Los primeros descubrimientos realizados a este respecto parecen corroborar su intuición. En el hospital de la Veterans Administration de Seattle, 42 veteranos con TEPT recibieron un curso de 12 semanas en meditación de la bondad amorosa, el tipo de meditación que Steve había descubierto que le ayudaba.[12] Tres meses después, sus síntomas de TEPT habían mejorado y la depresión –un efecto secundario muy habitual– se había reducido un poco.

Esos primeros descubrimientos resultaron muy prometedores, pero no sabíamos si un grupo de control como el HEP podría ser tan eficaz. Los resultados de la investigación realizada hasta la fecha sobre los efectos del mindfulness sobre el TEPT resumen los últimos descubrimientos realizados para la validación científica de la meditación como tratamiento en la mayoría de los trastornos psiquiátricos.

Sea como fuere, son muchos los argumentos que apuntan a la utilidad de la meditación de la compasión como antídoto del TEPT, empezando por informes anecdóticos como el de Steve.[13] Muchos de esos argumentos son de tipo práctico como, por ejemplo, el hecho de que, en un determinado año, muchos veteranos padecen de TEPT y de que, a lo largo de la vida de un veterano, ese número asciende al 30%. Si la práctica de la bondad amorosa funciona, ese sería un tratamiento grupal económicamente muy rentable.

Otra razón es que, entre los síntomas del TEPT, cabe destacar el embotamiento emocional, la alienación y la sensación de «indiferencia» hacia las relaciones, algo que la práctica de la bondad amorosa y el correspondiente cultivo de sentimientos positivos hacia los demás podía acabar invirtiendo. Y otro punto no menos importante son los desagradables efectos secundarios de la medicación habitualmente utilizada para el tratamiento del TEPT, que lleva a muchos de ellos a abandonarla por tratamientos alternativos. La práctica de la bondad amorosa resulta, en ambos casos, muy prometedora.

Noches oscuras

«Experimenté un odio tan intenso y profundo hacia mí que cambió el modo en que me relaciono… con el sentido de mi vida y con mi propio camino en el *dharma*». Así recuerda Jay Michaelson el momento en el que, en medio de un largo y silencioso retiro de *vipassana*, cayó en lo que él denomina una «noche oscura» de estados mentales muy intensos y difíciles.[14]

El *Visuddhimagga* vincula esta crisis al momento en el que el meditador experimenta la liberación provisional del peso de los pensamientos. En ese preciso momento, Michaelson llegó a esa noche oscura después de haber atravesado una fase silenciosamente extática del camino, el estadio de «surgir y pasar» en el que los pensamientos, apenas afloran, parecen desvanecerse en rápida sucesión.

Poco después de haberse zambullido en esa noche oscura, se vio envuelto en una espesa niebla de duda, ira, culpa, ansiedad y odio hacia sí mismo, una combinación tan nociva que rompió a llorar y se derrumbó su práctica.

Pero cuando, en lugar de dejarse arrastrar por esos pensamientos y sentimientos, se dedicó a observarlos y verlos como estados mentales tan pasajeros como los demás, el episodio no tardó en superarse.

No todos los episodios de noche oscura meditativa se resuelven tan fácilmente y el sufrimiento del meditador puede durar hasta mucho después de haber abandonado el centro de meditación. Son tantas las cosas que ignoramos sobre los efectos positivos de la meditación que las personas que atraviesan una noche oscura acaban descubriendo que los demás no suelen entender ni creer siquiera lo que les está ocurriendo, algo que llega a afectar incluso –y con más frecuencia, por cierto, de la deseable– a los psicoterapeutas que, en consecuencia, no son entonces de gran ayuda.

Consciente de esta necesidad, Willoughby Britton, psicólogo de la Universidad Brown (y un graduado también del SRI), puso en marcha el llamado «proyecto noche oscura» destinado a ayudar a las personas que experimentan problemas psicológicos relacionados con la meditación. Su proyecto, formalmente conocido como «Varieties of the Contemplative Experience», añade una coletilla a los conocidos efectos positivos de la meditación: ¿De qué manera puede dañarnos?

Carecemos, por el momento, de una respuesta clara a esta pregunta. Britton ha estado recopilando estudios de casos y ayudando a las personas que atraviesan una noche oscura a entender lo que les está ocurriendo y, en la medida de lo posible, a recuperarse. Los sujetos que participaron en este estudio se vieron derivados por instructores de centros de meditación *vipassana* que, a lo largo de los años, han tenido, en retiros intensivos, bajas ocasionales debidas a la emergencia de alguna que otra noche oscura (pese a que las personas que participan en esos cursos se ven obligados a pasar por un proceso de selección en el que se les pregunta por su historial psiquiátrico para descartar, de ese modo, a las personas vulnerables). A decir verdad, sin embargo, la noches oscuras no parecen tener que ver con el historial psiquiátrico.

Las noches oscuras no son exclusivas del *vipassana* y la mayoría de las tradiciones meditativas nos advierten al respecto. Los textos de la Cábala, por ejemplo, afirman con claridad que los métodos contemplativos son más adecuados para la gente madura y advierten del peligro de disgregación que pueden suponer para un ego mal formado.

Nadie sabe, por el momento, si la práctica de la meditación intensiva es, en sí misma, un peligro para algunas personas, o si las personas que experimentan una noche oscura han atravesado, independientemente de las circunstancias, alguna que otra crisis. Pero es que, aunque los estudios de casos recopilados por Britton sean anecdóticos, su misma existencia resulta convincente.

La incidencia de noches oscuras entre los participantes en retiros prolongados es, según parece, muy pequeña, aunque nadie pueda decir exactamente cuál es esa proporción. Convendría, por tanto, desde la perspectiva de la investigación, contar con ese tipo de datos tanto entre los meditadores como entre la población general.

Una estadística publicada por el National Institute of Mental Health afirmaba que 1 de cada 5 adultos estadounidenses (es decir, cerca de 44 millones de personas) padece cada año una enfermedad mental. Se sabe que el primer año de universidad y de campamento militar –y hasta la psicoterapia– precipitan crisis psicológicas en un pequeño porcentaje de la población. Pero la pregunta que la investigación debería responder sigue en pie: ¿Hay algo en la meditación profunda que ponga a la gente en riesgo por encima de esa tasa de partida?

El programa de Willoughby Britton proporciona apoyo y consejos prácticos a las personas que experimentan esta noche oscura. Y también hay que decir, por último que, pese al riesgo (más bien bajo) de noches oscuras, especialmente durante los retiros prolongados, la meditación se ha convertido en una moda entre los psicoterapeutas.

La meditación como metaterapia

En su primer artículo sobre la meditación, Dan señaló su posible uso en el campo de la psicoterapia.[15] El artículo, titulado «Meditation as Meta-Therapy» [«La meditación como metaterapia»], vio la luz durante su estancia en la India en 1971 sin despertar el interés de ningún psicoterapeuta. A su regreso, sin embargo, fue invitado a dar una conferencia sobre ese tema en la Massachusetts Psychological Association.

Al finalizar esa charla, se le acercó un joven delgado y de ojos brillantes que llevaba una chaqueta deportiva varias tallas grande y que se presentó como graduado en psicología con intereses similares a los suyos. Según dijo, había pasado varios años como monje en Tailandia estudiando meditación y sobreviviendo gracias a la generosidad del pueblo thai, un país en el que todo el mundo consideraba un honor alimentar a los monjes, pero que no parecía tener la misma suerte en Nueva Inglaterra.

Este estudiante creía en la posibilidad de adaptar, como psicólogo, herramientas de la meditación al campo de la psicoterapia para aliviar el sufrimiento de la gente. Y estaba muy contento, según dijo, de tener la oportunidad de escuchar a alguien que compartía su misma creencia en las aplicaciones terapéuticas de la práctica meditativa.

Ese estudiante era Jack Kornfield que, cuando llegó el momento, leyó su tesis doctoral ante un tribunal en el que se hallaba Richie. Jack se convirtió en uno de los fundadores de la Insight Meditación Society en Barre (Massachusetts) y más tarde de Spirit Rock, un centro de meditación ubicado en el área de la bahía de San Francisco. Jack había sido un pionero en presentar las teorías budistas de la mente en un lenguaje acorde con la sensibilidad moderna.[16]

Jack, con un grupo que incluía a Joseph Goldstein, diseñó y dirigió el programa de formación de instructores que, años más tarde, ayudaron a Steve Z a recuperarse de su TEPT. En su libro *The Wise Heart*, Jack explica las teorías psicológicas budistas y muestra el modo de emplear –tanto en el campo de la psicoterapia como trabajando simplemente con uno mismo– esta visión de la mente. Ese libro fue el primero de los muchos que posteriormente han tratado de integrar los enfoques tradicionales orientales con la visión de la psicología moderna.

Otra voz importante de este movimiento ha sido el psiquiatra Mark Epstein. Mark fue alumno en el curso de psicología de la conciencia impartido por Dan y, como alumno de último curso de Harvard, le pidió que fuese su tutor en un proyecto sobre psicología budista, algo a lo que Dan, único miembro entonces del departamento de Psicología de Harvard con interés y cierto conocimiento al respecto, accedió gustoso. Posteriormente, Mark y Dan escribieron un artículo en una revista de corta duración.[17]

En una serie de libros que han tratado de integrar las visiones psicoanalítica y budista de la mente, Mark ha seguido liderando ese camino. Su primer libro llevaba el intrigante título de *Pensamientos sin pensador*, una expresión del teórico de la relaciones objetales Donald Winnicott, que asumía también una perspectiva contemplativa.[18] Los trabajos de Tara, Mark y Jack son representativos de un movimiento más amplio del que participan muchos terapeutas que hoy en día combinan, en su enfoque psicoterapéutico, prácticas o perspectivas contemplativas.

Aunque el sistema de la investigación sigue mostrándose reacio a aceptar la utilidad de la meditación como tratamiento para trastornos incluidos en el DSM, cada vez son más los psicoterapeutas que se muestran entusiasmados sobre el creciente acercamiento entre la meditación y la psicoterapia. Por eso, mientras los investigadores esperan la aparición de estudios aleatorizados y que cuenten con grupos de control activos, los terapeutas ofrecen a sus clientes tratamientos enriquecidos con la meditación.

La literatura científica recoge, hasta el momento, 1.125 artículos sobre la terapia cognitiva basada en el mindfulness. Y resulta sorprendente que más del 80% de ellos se hayan visto publicados en los últimos 5 años.

Obviamente, la meditación tiene sus límites. El interés original de Dan en la meditación durante los años que pasó en la universidad fue porque se sentía ansioso. Y, por más que la meditación pareció apaciguar algo esos sentimientos, lo cierto es que todavía seguían presentes.

Aunque muchas personas aquejadas de ese tipo de problemas acuden a psicoterapia en busca de ayuda, Dan no lo hizo así. Años después, la causa de la elevada presión arterial que le acompañaba desde hacía tiempo se vio diagnosticada, como ya hemos dicho, como el resultado de un trastorno suprarrenal. Uno de los síntomas suprarrenales es la elevada tasa de cortisol, la hormona que provoca la sensación de ansiedad. Junto con sus años de meditación, un fármaco que ajusta ese problema suprarrenal le ayudó a gestionar también el cortisol y, consecuentemente, la ansiedad.

Resumen

Aunque originalmente la meditación no aspiraba al tratamiento de los problemas psicológicos, lo cierto es que, en los últimos tiempos, ha demostrado ser útil para el tratamiento de algunos de ellos, especialmente la depresión y los trastornos de ansiedad. Los resultados de un metaanálisis de 47 estudios sobre la aplicación de métodos de meditación al tratamiento de pacientes con problemas de salud mental han puesto claramente de relieve que la meditación tiene, sobre la depresión (especialmente sobre la depresión grave), la ansiedad y el dolor, un efecto semejante al provocado por la medicación pero sin sus efectos secundarios. La meditación también puede, en cierta medida, reducir el coste del estrés psicológico. Y la meditación de la bondad amorosa parece ser muy útil con pacientes que han padecido un trauma, especialmente el TEPT.

El MBCT (un abordaje que combina el mindfulness y la terapia cognitiva) se ha convertido en el tratamiento psicológico basado en la meditación empíricamente más validado. Este enfoque sigue teniendo un poderoso impacto en el mundo clínico y actualmente están llevándose a cabo muchas investigaciones empíricas para determinar su aplicación a un amplio abanico de trastornos psicológicos. Y, aunque hay algunos informes sobre los efectos negativos de la meditación, los descubrimientos realizados hasta la fecha subrayan la promesa potencial de las estrategias basadas en la meditación; y el extraordinario aumento de la investigación científica que actualmente está llevándose a cabo en este sentido le auguran un futuro muy prometedor.

11. El cerebro de un yogui

En las empinadas colinas que rodean la aldea himalaya de McLeod Ganj hay desperdigadas pequeñas cabañas y remotas cavernas en las que viven yoguis tibetanos en situación de aislamiento voluntario. En la primavera de 1992, un animoso equipo de científicos, entre los que se hallaban Richie y Cliff Saron, llegaron hasta allí con la intención de evaluar la actividad cerebral de esos yoguis.

Un viaje de tres días les había llevado hasta McLeod Ganj, la estación montañosa situada en las laderas de los Himalayas que, desde hace tiempo, se ha convertido en el hogar del Dalái Lama y del Gobierno tibetano en el exilio. Ahí los científicos se establecieron en una pequeña posada regentada por un hermano del Dalái Lama que vive en las proximidades y se dedicaron a distribuir el equipaje en mochilas para facilitar su transporte hasta las ermitas situadas en lo alto de la montaña.

El equipamiento destinado a medir el funcionamiento cerebral estaba compuesto, en esos días, por una pesada combinación de electrodos y amplificadores EEG, monitores de ordenador, equipos de videograbación, baterías y generadores. Viajando con esos instrumentos en sus valijas protectoras, los investigadores parecían una banda de rock ascendiendo montaña arriba –porque, como los yoguis habían elegido los lugares más alejados, no había sendero alguno que seguir–, preparándose para dar un concierto desde lo alto de la montaña. Así fue como, con gran esfuerzo y la ayuda de varios porteadores, los científicos llevaron toda su impedimenta hasta el hogar de los yoguis.

El Dalái Lama nos había hablado de esos yoguis como maestros de *lojong*, un método de entrenamiento mental sistemático, de manera que, en su opinión, eran sujetos ideales para nuestro estudio. Y también había enviado, a modo de emisario personal, a un monje de su oficina privada para solicitar su colaboración en la investigación.

Cuando llegaron a la primera de las ermitas, los científicos presentaron –a través de un intérprete– al monje que ahí vivía una carta firmada por el Dalái Lama confiando en que, así accederían a que los científicos monitorizasen su funcionamiento cerebral mientras estaban meditando.

Lamentablemente, sin embargo, todos los yoguis se negaron a participar en el estudio.

A decir verdad, se mostraron muy amables y cordiales. Pero, aunque hubo quienes se ofrecieron incluso a enseñar a los científicos las prácticas que pretendían medir, y alguno que otro dijo que se lo pensaría, lo cierto es que ahí terminó su participación.

Quizás algunos habían escuchado la historia de un yogui que, en un ocasión anterior, se había dejado convencer por una carta parecida del Dalái Lama para abandonar su retiro y viajar a una universidad hasta los remotos Estados Unidos con la intención de demostrar su capacidad de aumentar a voluntad su temperatura corporal. Lamentablemente, ese yogui había muerto poco después de su regreso y los rumores que se extendieron por el lugar afirmaban que el experimento no había sido ajeno a ese desenlace.

Para la mayoría de los yoguis, la ciencia era algo extraño y ninguno de ellos tenía gran idea sobre el papel que desempeña en la moderna cultura occidental. Además, solo uno de los ocho con los que el equipo se entrevistó en esa expedición había visto, antes de la llegada de Richie y sus acompañantes, un ordenador.

Algunos de ellos afirmaron no tener la menor idea de para qué servía esa extraña máquina. Además, si los resultados obtenidos demostraban ser irrelevantes para lo que estaban haciendo o su cerebro no lograba satisfacer las expectativas de los científicos, podría parecer como si sus métodos fuesen inútiles, desalentando así a quienes estuvieran interesados en seguir el mismo camino.

Sean cuales fueren, sin embargo, las razones de su negativa, esa expedición científica resultó un auténtico fracaso.

Pese a la imposibilidad, sin embargo, de lograr la cooperación de los yoguis –y menos todavía de obtener los preciados datos– y por más infructuosa que a corto plazo resultara, la experiencia no dejó de ser instructiva, porque jalonó el comienzo de una empinada curva de aprendizaje. Convendría pues cambiar el sentido del intento y llevar a los meditadores hasta el equipo, especialmente un laboratorio cerebral bien pertrechado... si es que lo lograban.

Más allá de su singularidad, de su deliberada distancia y de su falta de familiaridad –y hasta de franco desinterés– por el quehacer científico, esa investigación se enfrenta a retos muy importantes. Pues, si bien su dominio de estas habilidades internas se asemeja a la de los deportistas olímpicos, este es un «deporte» en el que, cuanto mayor es el desempeño, menos interés tiene el practicante en sus logros y menos todavía por el estatus social, la riqueza o la fama que le acompañan.

Y a esta lista hay que añadir también la ausencia de cualquier indicio de vanidad sobre lo que los resultados de la investigación pudieran decir acerca de sus logros internos. Lo único que, en este sentido, parecía interesarles era el efecto que la investigación pudiera tener en los demás.

No parecía muy halagüeño, pues, el futuro al que se enfrentaba la investigación.

Un científico y un monje

Entonces fue cuando entró en escena Matthieu Ricard, licenciado en Genética Molecular por el Pasteur Institute de Francia bajo la tutela de François Jacob, que posteriormente fue merecedor del Premio Nobel de Medicina.[1] Después de doctorarse, Matthieu abandonó su prometedora carrera en biología para convertirse en monje y, desde entonces, ha vivido en centros de retiro, monasterios y ermitas.

Matthieu era un antiguo amigo a quien habíamos conocido como participante (al igual que nosotros) en los diálogos organizados por el Mind and Life Institute que reunía al Dalái Lama con grupos de científicos y en los que Matthieu desempeñaba el papel de portavoz de la perspectiva budista sobre el tema del que se estuviera hablando.[2] El lector interesado recordará que, durante el diálogo titulado «Emociones destructivas», el Dalái Lama instó a Richie a investigar rigurosamente los efectos de la meditación e identificar el interés que pudiese tener para el público en general.

Esta llamada de atención del Dalái Lama movilizó a Matthieu tanto como a Richie y desempolvó –para su sorpresa– el método científico que seguía guardado en un rincón de su mente. El mismo Matthieu fue el primer monje en ser estudiado en el laboratorio de Richie, sirviendo como sujeto experimental y como colaborador en el diseño de métodos para perfeccionar el protocolo utilizado con los yoguis que le seguirían. También hay que decir que Matthieu Ricard fue coautor del principal artículo que informó de los descubrimientos iniciales realizados con los yoguis.[3]

La mayor parte del tiempo que Matthieu pasó como monje en Nepal y Bután había sido como asistente personal de Dilgo Khyentse Rinpoché, uno de los maestros de meditación tibetana más universalmente conocidos del siglo pasado.[4] Muchos de los lamas que vivieron en el exilio del Tíbet –incluido el mismo Dalái Lama– habían sido discípulos suyos.

Esto colocó a Matthieu en el centro de una amplia red del mundo meditativo tibetano. Él sabía perfectamente a quién sugerir como potencial sujeto de estudio y, lo que todavía es más importante, en él confiaban esos mismos expertos en meditación. Su colaboración resultó esencial para vencer la resistencia de meditadores tan esquivos.

Matthieu resultó ser la persona idónea para convencerlos de que había buenas razones para viajar al campus universitario de Madison (Wisconsin), ubicado en el otro lado del globo, un lugar del que la mayoría de los lamas y yoguis tibetanos jamás habían oído hablar y mucho menos visto. Además, también tendrían que habérselas con los hábitos y comidas extrañas de una cultura ignota.

A decir verdad, algunos de los reclutados habían sido educados en Occidente y estaban familiarizados con sus normas culturales. Más allá, sin embargo, de viajar a un país exótico, estaban los extraños rituales de los científicos, una tarea completamente ajena a los yoguis. Nada de todo eso tenía mucho sentido para personas más familiarizadas con el marco de referencia de los ermitaños del Himalaya que con el mundo moderno.

Los tranquilizadores comentarios de Matthieu asegurándoles que el esfuerzo merecía la pena resultaron clave para lograr su colaboración. Y conviene aclarar que «merecer la pena» no tenía nada tenía que ver, para esos yoguis, con el beneficio personal (es decir, con aumentar su fama o alimentar su ego), sino con el hecho de que pudiese servir de ayuda a otras personas; pues su motivación, como bien sabía Matthieu, no se basaba en el provecho personal, sino en la compasión.

Matthieu les aseguró que el interés que motivaba a los científicos se basaba en su creencia de que las pruebas científicas sobre la eficacia de esas prácticas favorecerían su integración en la cultura occidental.

Así fue como 21 meditadores muy avanzados llegaron al laboratorio de Richie para llevar a cabo con ellos un estudio cerebral. Siete de ellos eran occidentales que habían participado, al menos, en un retiro de 3 años en el centro de Dordoña (Francia) en el que Matthieu había practicado, y el resto lo formaban 14 practicantes tibetanos que viajaron a Wisconsin desde la India o Nepal.

Primera, segunda y tercera persona

Debido a su formación en biología molecular y a su familiarización con las reglas del método científico, Matthieu se zambulló en el diseño de los métodos que se utilizarían con la primera cobaya humana: él mismo. Y, tanto en su papel de diseñador de la investigación como en el de primero de los voluntarios investigados, se sometió de buen grado al protocolo científico que había contribuido a establecer.

Aunque muy infrecuente en los anales de la ciencia, hay precedentes de este doble papel como investigador-participante, especialmente para garantizar la seguridad de un nuevo tratamiento médico.[5] Pero las razones no se derivaban tanto, en este caso, del miedo a exponer a otras personas a un tratamiento cuyos efectos secundarios eran desconocidos, sino más bien a su conocimiento del modo de entrenar la mente y transformar, en el camino, el cerebro.

Así pues, aunque el objeto de estudio era muy personal (la experiencia interna en primera persona), las herramientas utilizadas para medirla eran máquinas que proporcionan datos objetivos de realidades que no forman parte de ese mundo interior. Técnicamente, la evaluación interna requiere un informe en «primera persona», mientras que las medidas son informes en «tercera persona».

Esta conceptualización se debía a Francisco Varela, el brillante biólogo y cofundador del Mind and Life Institute. En sus escritos académicos, Varela afirmaba la necesidad de contar con un método que combinase las visiones de primera y de tercera persona con una visión de «segunda persona», es decir, de un experto en el objeto de estudio.[6] En su opinión, el sujeto de estudio debería tener una mente bien entrenada que pudiera proporcionarnos mejores datos que una persona que no estuviera bien entrenada.

Matthieu satisfacía perfectamente ambos requisitos, porque era experto en el tema y poseía una mente bien entrenada. Así, por ejemplo, cuando Richie empezó a estudiar los distintos tipos de meditación, no se dio cuenta de que la «visualización» no consiste simplemente en la creación de una imagen mental. Matthieu explicó a Richie y a su equipo que, en este tipo de práctica, la imagen en cuestión debe ir acompañada de un determinado estado emocional (como sucede, por ejemplo, con la imagen de la *bodhisattva* Tara, que va acompañada de los estados de la bondad y de la compasión). Este tipo de observaciones llevaron al grupo de Richie al convencimiento de que debían dejar a un lado las normas propias de la investigación cerebral (que van de arriba abajo) y colaborar con Matthieu en el diseño de los detalles del protocolo experimental.[7]

Mucho antes de contar con la colaboración de Matthieu, ya habíamos avanzado en esa misma dirección sumergiéndonos en el objeto de nuestro estudio (la meditación) para generar así hipótesis que pudiesen someterse a una verificación crítica. Este es un enfoque conocido hoy en día por la ciencia como ejemplo de generación de una «teoría fundamentada», es decir, de una teoría derivada de la sensación personal directa de lo que está ocurriendo.

El enfoque de Varela da un paso más allá necesario cuando lo que se está estudiando permanece oculto en la mente o el cerebro de la persona, pero es ajeno a quien dirige la investigación. Contar con expertos como Matthieu en este dominio tan particular posibilita una precisión metodológica que elude las meras conjeturas.

En este sentido, nosotros admitimos nuestros errores. En la década de 1980, cuando Richie era un joven profesor en la Universidad

Estatal de Nueva York, en Purchase, y Dan un periodista que trabajaba en la ciudad de Nueva York, nos reunimos para llevar a cabo alguna investigación puntual sobre un meditador. Este discípulo de U Ba Khin (el maestro de Goenka) se había convertido a sí mismo en maestro y afirmaba poder entrar a voluntad en estado de *nibbana*, la meta última del camino meditativo birmano. Nosotros queríamos descubrir los correlatos objetivos de ese tan cacareado estado.

El problema era que la principal herramienta con la que entonces contábamos era la determinación de la tasa de cortisol en sangre, un tema de actualidad en la investigación de la época. La elección de esa medida no dependió tanto de la existencia de una correlación clara entre el *nibbana* y el cortisol, sino del simple hecho de que nos habían prestado el laboratorio de uno de los principales investigadores del cortisol. Pero la determinación de la tasa de cortisol obligaba al meditador –instalado en una habitación de hospital al otro lado de un espejo unidireccional– a permanecer conectado a un aparato que, cada hora, extraía una muestra de sangre, una rutina que debíamos seguir varios días y en la que, para cubrir las 24 horas del día, tuvimos que turnarnos con otros dos científicos.

Cada vez que, durante ese tiempo, el meditador entraba en *nibbana*, nos lo advertía pulsando un timbre. Pero la tasa de cortisol resultó ser irrelevante para nuestra investigación. También empleamos una variable cerebral que, para nuestros estándares actuales, es tan primitiva como inadecuada. Es muy largo el camino que, desde entonces, hemos recorrido.

¿Cuál debía ser el siguiente paso que debía dar la ciencia contemplativa? En cierta ocasión, el Dalái Lama dijo a Dan, con un resplandor en su mirada, que llegaría el día en el que «la persona estudiada sería la misma que dirigiese la investigación».

Quizás en parte con este objetivo en mente, el Dalái Lama alentó a un grupo de la Universidad Emory a esbozar un curso de ciencia en tibetano para introducirlo en el programa de estudios de los monjes en los monasterios.[8] ¡Un cambio radical! ¡El primero en 600 años!

La alegría de vivir

Una fría mañana de septiembre de 2002, un monje tibetano puso pie en el aeropuerto de Madison (Wisconsin). Ese viaje, que había comenzado a más de 11.000 kilómetros en un monasterio ubicado en lo alto de una colina en un extremo de Katmandú (Nepal), le mantuvo 18 horas en el aire, atravesando 10 husos horarios a lo largo de 3 días.

Richie había conocido brevemente a ese monje en el encuentro del Mind and Life sobre «Emociones destructivas» celebrado en Dharamsala en 1995. Y, aunque había olvidado su aspecto, no resultó nada difícil descubrirle en medio de la muchedumbre, porque era la única persona con un colorido atuendo rojo y amarillo y la cabeza rapada del aeropuerto regional del Condado de Dane. Su nombre era Mingyur Rinpoché y había realizado ese viaje para que los científicos estudiasen su cerebro mientras meditaba.

Después del descanso nocturno, Richie llevó a Mingyur a la sala del laboratorio en la que estaba el EEG, donde las ondas cerebrales se miden con lo que parece una obra de arte surrealista: una especie de gorro de ducha del que cuelgan cables gruesos como espaguetis, un gorro especialmente diseñado para mantener en su sitio 236 cables, cada uno de los cuales va unido a un sensor colocado en una determinada ubicación del cuero cabelludo. La adecuada conexión entre el sensor y el cuero cabelludo marca la diferencia entre convertir el electrodo en cuestión en una antena para el ruido o en servirle para registrar datos útiles sobre la actividad eléctrica del cerebro.

Luego se le dijo que un técnico de laboratorio se encargaría de colocar los sensores en su lugar y conectarlos al cuero cabelludo, garantizando así una estrecha conexión, una operación que no requeriría más de 15 minutos. Lo que no habían tenido en cuenta era que, al estar rasurado, el cuero cabelludo de Mingyur era más grueso de lo normal, con lo cual el logro de una conexión eficiente requirió mucho más tiempo del habitual.

La mayoría de las personas que llegaban al laboratorio se impacientaban –hasta el punto, en ocasiones, de irritarse– con estas demoras, pero Mingyur no solo no estaba molesto, sino que tranquilizó a los nerviosos técnicos del laboratorio –y a los observadores– asegurándoles que todo estaba bien. Ese fue el primer signo de la calma de Mingyur, que parecía aceptar relajadamente todo lo que la vida le deparaba. La impresión que transmitía Mingyur era la de una persona con una bondad contagiosa y una paciencia inagotable.

Después de lo que pareció una eternidad para garantizar un buen contacto entre los sensores y el cuero cabelludo, el experimento estaba finalmente a punto de empezar. Mingyur fue, después de la sesión inicial con Matthieu, el siguiente yogui en ser estudiado, y el equipo técnico entró en la sala de control, dispuesto a «ver lo que pasaba».

El análisis preciso de algo tan vago como la compasión, por ejemplo, requiere de un protocolo exacto que permita detectar, en medio de la cacofonía de la tormenta eléctrica que se desata de continuo en el cerebro, pautas de actividad cerebral muy concretas que denoten un determinado estado mental. El protocolo seguido por Mingyur alternaba un minuto de meditación sobre la compasión con medio minuto de reposo. Y esa era una secuencia que, para garantizar la fiabilidad de los resultados y asegurarnos de que cualquier efecto detectado no era fruto del azar, deberíamos repetir cuatro veces en rápida sucesión.

Desde el comienzo mismo de la investigación, Richie albergaba serias dudas sobre su funcionamiento. Todos los meditadores que formaban parte del equipo de laboratorio –Richie entre ellos– sabían perfectamente que tranquilizar la mente requería tiempo, a menudo bastante más que unos pocos minutos. Resultaba inconcebible, en su opinión, que alguien como Mingyur no necesitara más tiempo para entrar en esos estados.

Pese a su escepticismo, sin embargo, habían tenido muy en cuenta, durante el diseño del protocolo de ese experimento, los comentarios de Matthieu, buen conocedor de ambos mundos (del mundo del ermitaño y del mundo del científico), que les había asegurado que esa gimnasia mental no supondría ningún problema para alguien con la experiencia de Mingyur. Pero, como Mingyur era el primer practicante en ser formalmente estudiado de este modo, Richie y sus técnicos estaban tan nerviosos como inseguros.

Richie tuvo la suerte de contar con la participación del erudito budista de Wisconsin John Dunne –que compartía una curiosa combinación de interés científico, experiencia en humanidades y fluidez en tibetano–, que se ofreció voluntariamente para ejercer la función de intérprete.[9] John fue la persona que se encargó de transmitir, en el momento adecuado, las instrucciones necesarias para que Mingyur emprendiese la meditación de la compasión y enviarle, al cabo de 60 segundos, otra señal indicándole el comienzo del periodo de 30 segundos de descanso, una secuencia que se repetiría 3 veces más.

Cuando, en el momento en que Mingyur empezó a meditar, los monitores evidenciaron un súbito aumento de la actividad cerebral, todo el mundo dio por sentado que se habría movido, lo que habría creado un artefacto que suele contaminar la investigación con el EEG (que registra las pautas de onda cerebral que tienen lugar en la parte superior del cerebro). Por eso, cualquier movimiento que desplace los sensores –como un cambio en la posición de una pierna o una inclinación de cabeza, por ejemplo– se ve amplificado y convertido en un pico que se asemeja a una onda cerebral y que, para facilitar el adecuado análisis, debe ser minuciosamente eliminado.

Curiosamente, sin embargo, esa pauta de onda pareció mantenerse todo el tiempo dedicado a la meditación de la compasión sin que Mingyur se moviera un ápice. Y lo que es más, esos grandes picos se atenuaban –aunque no desaparecían– sin cambio postural alguno durante el periodo de reposo mental.

Los cuatro experimentadores del equipo que estaban en la sala de control se quedaron estupefactos mientras se anunciaba el siguiente periodo de meditación. Y, cuando John Dunne tradujo al tibetano la siguiente instrucción para meditar, el equipo se quedó observando en silencio los monitores, alternando la mirada entre el monitor de onda cerebral y el vídeo que les transmitía la imagen directa de Mingyur.

En ese momento, se disparó de nuevo el mismo estallido de actividad eléctrica. Mingyur seguía muy tranquilo, sin cambio visible alguno en la postura de su cuerpo durante el breve lapso que separó el periodo de descanso del periodo de meditación mientras el monitor desplegaba la misma pauta de onda cerebral. Y cuando, cada vez que se le instruyó a meditar en la compasión, se repitió la misma pauta, los miembros del equipo daban un respingo que evidenciaba su creciente excitación, y se quedaban boquiabiertos.

El equipo de laboratorio era muy consciente de estar presenciando algo inédito, algo que nunca antes habían visto en el laboratorio. Y, aunque nadie sabía entonces muy bien a dónde conduciría eso, todo el mundo era consciente de que acababan de presenciar un punto de inflexión en la historia de la neurociencia.

Las noticias de esta sesión han levantado un gran revuelo. En el momento en que estamos escribiendo esto, el artículo que informa de estos descubrimientos ha sido citado más de 1.100 veces en la literatura científica de todo el mundo.[10] Este es un clamor ante el que la ciencia ya no puede seguir haciendo oídos sordos.

Una oportunidad perdida

Cuando las noticias de los revolucionarios datos de la investigación realizada con Mingyur Rinpoché llegaron al mundo científico, se vio invitado al laboratorio de un famoso científico cognitivo que entonces se hallaba en la Universidad de Harvard. Ahí, Mingyur se vio sometido a dos protocolos diferentes, en uno de los cuales se le pidió que generase una elaborada imagen visual y, en el otro, se le evaluó para ver si poseía algún talento extrasensorial. Los científicos cognitivos tenían depositadas en él muchas expectativas y creían estar a punto de documentar los logros de un sujeto extraordinario.

El intérprete de Mingyur, entretanto, echaba humo porque el protocolo no solo era largo y desagradable, sino dolorosamente irrelevante para la experiencia meditativa real de Mingyur –una manifiesta falta de respeto, desde su perspectiva, con las normas tibetanas sobre el modo adecuado de tratar a un maestro de la talla de Mingyur (que jamás perdió, por ello, su buen humor).

El resultado neto del día pasado por Mingyur en ese laboratorio fue un fracaso en ambas pruebas en las que no se desempeñó mejor que los estudiantes de los primeros cursos de universidad, que eran los sujetos habituales de ese tipo de estudios.

Resultó que Mingyur llevaba muchos años sin haber hecho ninguna práctica de visualización. A medida que pasó el tiempo, su práctica meditativa también evolucionó. Su método actual, la presencia abierta contínua (que se expresa asimismo como bondad en la vida cotidiana), no se centraba tanto en la generación de una imagen visual concreta, como en soltar todos los pensamientos. En realidad, la práctica de Mingyur va en contra de la generación deliberada de una imagen y los sentimientos que la acompañan, invirtiendo así cualquier habilidad que, tiempo atrás, hubiese podido tener al respecto. Pese a los miles de horas dedicadas a otro tipo de entrenamiento mental, sus circuitos para la memoria visual no presentaron evidencia de habilidad especial alguna.

En cuanto a la «percepción extrasensorial», Mingyur jamás había afirmado poseer poderes paranormales. En realidad, los textos de su tradición consideran cualquier fascinación con tales habilidades como un desvío, un callejón sin salida en el camino.

Eso no era ningún secreto. Pero nadie se lo preguntó. Mingyur había topado con una paradoja habitual en la investigación sobre la conciencia, la mente y el entrenamiento meditativo, según la cual las personas que hacen investigación sobre la meditación no saben muy bien lo que están estudiando.

En las neurociencias cognitivas, el «sujeto» (término científico objetivador y distante con el que se conoce a la persona que se presenta voluntaria a un estudio) suele atenerse a un protocolo experimental diseñado por el investigador. El investigador confecciona el diseño sin consultar con ninguno de los sujetos, en parte, porque, para evitar cualquier posible factor de sesgo, estos deben desconocer el objetivo y porque los científicos tienen sus propios puntos de referencia (sus hipótesis, otros estudios realizados al respecto en el campo y similares). En consecuencia, los científicos no consideran que sus sujetos se hallen especialmente bien informados sobre todo eso.

Esa actitud habitual de la ciencia impidió evaluar el verdadero talento meditativo de Mingyur (como sucedió con nuestro primer fracaso en medir el *nibbana*). La distancia establecida entre la primera y la segunda persona no permite a los meditadores identificar las fortalezas de los meditadores y el modo de medirlas, incurriendo en el mismo error que quien, tratando de establecer la habilidad de un golfista legendario como Jack Niklaus, testeara su capacidad encestadora.

Habilidad neuronal

Volviendo al tiempo que Mingyur pasó en el laboratorio de Richie, la siguiente sorpresa llegó cuando Mingyur se vio sometido a otra batería de pruebas, esta vez con la RMf. A diferencia del registro del EEG, que rastrea simplemente la actividad eléctrica del cerebro, la RMf nos proporciona una imagen tridimensional de la actividad cerebral. Y, si bien las lecturas de aquel son temporalmente más precisas, esta nos proporciona una imagen más exacta de su ubicación neuronal.

El EEG no nos revela lo que ocurre en las profundidades del cerebro y mucho menos el *lugar* del cerebro en el que se producen los cambios, esta precisión espacial nos la proporciona la RMf, que muestra con gran detalle las regiones que se activan. Por su parte, la RMf, aunque espacialmente más exacta, solo nos muestra los cambios al cabo de uno o dos segundos, mucho más tarde que el EEG.

Cuando, siguiendo las indicaciones que se le daban, Mingyur emprendió la práctica de la compasión, los observadores que se hallaban en la sala de control sintieron como si el tiempo se hubiese detenido. Los circuitos cerebrales asociados a la empatía (que suelen activarse un poco durante este ejercicio mental) experimentaron, en ese mismo instante, un aumento extraordinario de entre el 700 y el 800% por encima del nivel basal propio del estado de reposo inmediatamente anterior.

Tal incremento de actividad en las regiones asociadas a la compasión del cerebro de Mingyur resultó desconcertante, porque excedía cualquier cosa que hubiésemos visto en los estudios realizados con personas «normales». El único parecido lo encontramos en los ataques epilépticos, episodios que duran unos pocos segundos y no un minuto entero. Además, a diferencia de lo que ocurre con las personas que experimentan un ataque epiléptico, que se ven *desbordados* por las convulsiones, Mingyur mostraba un control deliberado de su actividad cerebral.

Mientras relataba su historial de práctica, el equipo de laboratorio se enteró de que, en ese momento, alcanzaba las 62.000 horas. Mingyur había crecido en una familia de expertos meditadores y tanto su hermano, Tsonknyi Rinpoché, como sus hermanastros Chokyi Nyima Rinpoché y Tsikey Chokling Rinpoché, eran reputados maestros contemplativos.

Su padre, Tulku Urgyen Rinpoché, era una persona muy respetada en la comunidad tibetana como uno de los pocos grandes maestros vivos en este arte interno que había aprendido en el viejo Tíbet que, debido a la ocupación china, había acabado abandonando. Mientras que, según su escrito, Mingyur había pasado en situación de retiro 10 de sus 42 años, Tulku Urgyen había pasado más de 20 años en retiro y, según se decía, los años que pasó en retiro el abuelo de Mingyur –el padre de Tulku Urgyen– eran más de 30.[11]

Uno de los juegos favoritos de Mingyur cuando era niño era simular que era un yogui meditando en una caverna. A los 13 años emprendió su primer retiro de meditación de 3 años, unos 10 años antes de quienes emprenden ese desafío. Y, al finalizar ese retiro, demostró tal competencia que le convirtió en maestro de meditación durante el próximo retiro de 3 años, que comenzó poco después de haber concluido el primero.

El regreso del monje errante

En junio de 2016, ocho años después de que su cerebro hubiese sido estudiado ahí, Mingyur Rinpoché volvió al laboratorio de Richie. Estábamos ansiosos por ver lo que podía mostrarnos una RMf de su cerebro.

Años antes, Mingyur nos había anunciado que estaba a punto de emprender su tercer retiro de 3 años. Para sorpresa de todos, sin embargo, en lugar de ir, como manda la tradición, a una ermita remota con un asistente que le cocinara y cuidase de él, desapareció una noche de su monasterio en Bodhgaya (India) dejando atrás sus hábitos, un poco de dinero y su carné de identidad.

Durante esta odisea, Mingyur vivió como monje mendicante, pasando los inviernos como *sadhu* en las planicies de la India y viviendo, durante el verano, en las cavernas del Himalaya antaño habitadas por legendarios maestros tibetanos. Tal retiro errante, nada infrecuente en el antiguo Tíbet, ha acabado convirtiéndose casi en una reliquia, especialmente entre tibetanos como Mingyur, cuya diáspora les ha diseminado por el mundo moderno.

Durante esos años de peregrinaje no salió de él una sola palabra, salvo la vez en que fue reconocido por una monja taiwanesa en una caverna en la que estaba retirado. En esa ocasión, él le entregó una carta para sus discípulos (pidiéndole que no la enviase hasta que él se hubiera marchado), en la que les comentaba que no se preocupasen, que estaba bien y les instaba a perseverar en la práctica. Una foto que salió a la luz cuando un antiguo amigo monje se cruzó con él muestra un rostro de pelo largo y barba rala con una expresión completamente extática.

Súbitamente, en noviembre de 2015, después de casi 4 años y medio como vagabundo en silencio, regresó a su monasterio de Bodhgaya. Al enterarse de esas noticias, Richie se dispuso a visitarle ese mismo diciembre.

Meses después, Mingyur pasó por Madison mientras se hallaba en una gira de enseñanzas por los Estados Unidos y se alojó en casa de Richie. A los pocos minutos de su llegada, Mingyur estuvo de acuerdo en volver al escáner. Así fue como, pocos meses meses después de una vida tan dura, Mingyur se movía por un laboratorio de tecnología puntera como si estuviera en su casa.

Cuando Mingyur entró en la sala de la IRM (imagen por resonancia magnética), el técnico de laboratorio le saludó amablemente diciéndole «Yo fui el técnico la última vez que pasaste por el escáner», algo a lo que respondió con su contagiosa sonrisa. Y, mientras esperaba que la máquina estuviera a punto, Mingyur bromeó con otro miembro del equipo de Richie, un científico indio de Hyderabad.

Cuando se encendió la luz verde, Mingyur dejó sus sandalias al pie de la escalera con la que subió a la camilla de la RMf y se acostó para que el técnico pudiera fijar con una correa su cabeza en una base que le permitía movimientos superiores a un par de milímetros, los necesarios para obtener imágenes nítidas de su cerebro. Sus pantorrillas, fortalecidas tras años de caminar por las empinadas laderas del Himalaya, sobresalían de su ropaje de monje y acabaron desapareciendo mientras la camilla se deslizaba entre las fauces de la IRM.

La tecnología había mejorado mucho desde su última visita. Los monitores mostraban una imagen más clara de los pliegues y repliegues de su cerebro. Harían falta meses para comparar los datos actuales con los acumulados años antes y poner de relieve las diferencias existentes entre los cambios que mostraba su cerebro y los cambios normales presentes en los cerebros de los hombres de su edad.

Aunque, después de su regreso del último retiro, Mingyur se vio bombardeado por solicitudes para escanear su cerebro procedentes de laboratorios repartidos por todo el mundo, declinó la mayoría de ellas por miedo a convertirse en un perpetuo sujeto de estudio. Había aceptado volver a escanear su cerebro con Richie y su equipo porque sabía que, al contar con datos procedentes de escáneres suyos anteriores, podían descubrir la existencia de cambios atípicos.

Eran tres, hasta el momento, los escáneres que el laboratorio de Richie hizo a Mingyur, en 2002, 2010 y este, el más reciente, en 2016, que proporcionaron al equipo del laboratorio la oportunidad de identificar, en la densidad de la materia gris (hogar de la maquinaria molecular del cerebro), deterioros asociados a la edad. Como la densidad de materia gris se reduce al envejecer, es posible –como ya hemos visto en el capítulo 9, titulado «Mente, cuerpo y genoma»– comparar el estado de un determinado cerebro con una base de datos mayor del cerebro de personas de su misma edad.

La IRM de alta resolución permite a los científicos utilizar referentes anatómicos para estimar la edad del cerebro de una persona. La representación gráfica de los cerebros de personas de una determinada edad se reparte en torno a una distribución normal (la llamada curva de Gauss) y la mayoría de ellos giran en torno a su edad cronológica. Pero los cerebros de algunas personas envejecen más aprisa que lo propio de su edad cronológica, colocándolos en riesgo de sufrir trastornos cerebrales prematuros asociados a la edad (como, por ejemplo, la demencia), mientras que los de otros, por el contrario, experimentan un envejecimiento menor que el que corresponde a su edad cronológica.

Aunque, en el momento en que estamos elaborando este escrito, todavía están analizándose los datos proporcionados por la reciente IRM del cerebro de Mingyur, Richie y su equipo ya han descubierto, utilizando rigurosos referentes anatómicos cuantitativos, la presencia de algunas pautas muy claras. El cerebro de Mingyur cae en el percentil 99 de los propios de su edad, lo que significa que, de entre 100 personas de su misma edad, el suyo es el cerebro más joven (41 años en el momento de ese escáner). Cuando, después de su último retiro errante, el laboratorio comparó los cambios cerebrales experimentados por el grupo experimental con los experimentados, durante el mismo tiempo, por un grupo de control, los resultados mostraron que el envejecimiento del cerebro de Mingyur era considerablemente más lento y parecía ajustarse más a las normas de las personas de 33 años.

Este hecho más que notable ilustra los logros adicionales de la neuroplasticidad (el fundamento mismo de los rasgos alterados), una modalidad permanente de ser que refleja y subyace a los cambios en la estructura cerebral.

No es fácil calcular las horas totales de práctica invertidas por Mingyur durante los años pasados como monje errante. En su nivel de experiencia, «la meditación» ha dejado de ser un acto puntual y ha pasado a convertirse en un rasgo continuo de su conciencia. Bien podría decirse que, en un sentido muy real, Mingyur practica de continuo día y noche. Su linaje, de hecho, no distingue entre horas de sentada en el cojín y horas destinadas a la vida regular, sino entre estar o no en un estado meditativo, independientemente de lo que uno esté haciendo.

Desde su primera visita al laboratorio, Mingyur había proporcionado datos sorprendentes que parecían apuntar al hecho de que el ejercicio mental voluntario y sostenido contribuye a rediseñar los circuitos neuronales. Pero los descubrimientos realizados con Mingyur eran solo anecdóticos, un caso puntual que podía ser explicado de formas muy diferentes. Quizás, por ejemplo, su extraordinaria familia tuviese alguna misteriosa predisposición genética que los llevase a meditar y explicara sus extraordinarias habilidades.

Más convincentes son los resultados de un grupo mayor de meditadores avanzados como Mingyur. Su notable desempeño neuronal formaba parte de una historia mayor, la de un programa de investigación cerebral único que había cosechado datos procedentes de esos «campeones olímpicos», por así decirlo, de la meditación. El laboratorio de Richie sigue estudiando y analizando la masa de datos proporcionados por esos yoguis que nos proporcionan un conjunto de descubrimientos cada vez mayor y sin precedentes en la historia de las tradiciones contemplativas y menos todavía en la historia de la ciencia cerebral.

Resumen

Al comienzo, al laboratorio de Richie le resultó imposible lograr la colaboración de los yoguis más experimentados. Pero, cuando Matthieu Ricard, un experimentado monje que contaba con un doctorado en Biología, comentó a sus compañeros meditadores que su participación podía ser beneficiosa para la gente, no tardaron en reclutar a 21 yoguis experimentados. Matthieu, en una colaboración innovadora con el laboratorio de Richie, contribuyó a diseñar el protocolo experimental. El segundo yogui en participar en la investigación realizada en el laboratorio fue Mingyur Rinpoché, que también era la persona con más horas de práctica (unas 62.000 por aquel entonces). Cuando Mingyur empezó a meditar en la compasión, el registro del EEG mostró un salto extraordinario en la actividad eléctrica de su cerebro y las imágenes de la RMf revelaron que, durante esos momentos, la actividad de los circuitos cerebrales asociados a la empatía experimentaba un aumento de entre el 700 y el 800% comparada con el nivel de activación propio del estado de reposo. Y, cuando posteriormente volvió a retirarse como monje errante cuatro años y medio, la edad de su cerebro se enlenteció hasta el punto de que a los 41 años, su cerebro parecía tener solo 33 años.

12. El tesoro oculto

Aunque los resultados del paso de Mingyur por Madison nos habían dejado boquiabiertos, él no fue el único. A lo largo de los años, los 21 yoguis mencionados fueron desfilando formalmente por el laboratorio de Richie. Eran la elite de ese arte interno cuyas horas de práctica de meditación iban desde las 12.000 hasta las 62.000 de Mingyur (un número alcanzado durante esos estudios y a los que hay que sumar las realizadas durante esos 4 años más de retiro errante).

Cada uno de esos yoguis había realizado, al menos, un retiro de 3 años, durante el cual meditaron en la práctica formal un mínimo de 8 horas al día 3 años seguidos (actualmente 3 años, 3 meses y 3 días), lo que es equiparable, en una estimación conservadora, a unas 9.500 horas cada retiro.

Todos ellos pasaron por el mismo protocolo, 4 ciclos de 1 minuto de 3 tipos de meditación diferente que han proporcionado una auténtica montaña de datos. El equipo del laboratorio dedicó meses y meses a analizar los espectaculares cambios que advirtieron, durante esos pocos minutos, en esos practicantes avanzados.

Todos ellos, como Mingyur, entraron a voluntad en los estados meditativos especificados, cada uno de los cuales estaba asociado a una signatura neuronal característica. Y, como había sucedido en el caso de Mingyur, esos expertos exhibieron una considerable ha-

bilidad mental, movilizando instantáneamente y con gran facilidad
esos estados (generando sentimientos de compasión, la ecuanimidad
espaciosa de una apertura completa a todo lo que ocurre y una concentración semejante al láser).

Esos yoguis entraban y salían a voluntad en cuestión de segundos
en estos difíciles niveles de conciencia, cambios que iban acompañados de un correlato mensurable en la actividad cerebral, una hazaña
de gimnasia mental colectiva jamás vista antes en el ámbito de la
ciencia.

Una sorpresa científica

Recordemos que un Francisco Varela postrado en la cama se había visto obligado a cancelar, un mes antes de morir, su asistencia al encuentro de Madison con el Dalái Lama. Y, para cubrir su ausencia, envió a
su discípulo Antoine Lutz, que acababa de doctorarse bajo su tutoría.

Richie y Antoine se conocieron un día antes de la reunión y, desde el mismo comienzo, congeniaron. La formación de Antoine en
ingeniería y la de Richie en psicología y neurociencia les hicieron
complementarios.

Antoine pasó los siguientes 10 años en el laboratorio de Richie,
dedicado al análisis de los datos obtenidos por los resultados del
EEG y la RMf de los yoguis. Antoine, como Francisco, era un
practicante de meditación y la combinación de sus comprensiones
introspectivas con su equipamiento mental científico le convirtieron
en un colaborador extraordinario en el centro de Richie.

Actualmente profesor en el Centre de Recherches en Neurosciences de Lyon (Francia), Antoine sigue dedicado a la investigación en neurociencia contemplativa. Desde el comienzo, ha estado
implicado en la investigación con yoguis y ha sido coautor de una

serie de artículos, con más por venir, en los que ha informado de sus descubrimientos.

El tratamiento de los datos brutos proporcionados por los yoguis es una empresa muy minuciosa y que requiere el empleo de sofisticados programas estadísticos. El simple hecho de discernir la diferencia que existe entre la actividad cerebral en estado de reposo y durante la meditación constituye un colosal trabajo de computación. No les resultó fácil a Antoine y Richie descubrir una pauta oculta en el océano de datos, una prueba empírica que se perdía ante la excitación despertada por la evidente capacidad de los yoguis de alterar a voluntad su actividad cerebral durante los estados meditativos. Esa pauta, de hecho, solo quedó patente después de meses de trabajo, en un momento más calmado, cuando el equipo dedicado al análisis cribó de nuevo los datos.

Durante todo ese tiempo, el equipo estadístico se había centrado en los efectos de estado provisionales partiendo de la diferencia entre la actividad cerebral basal del yogui y la que acompañaba a los periodos de meditación de un minuto. Richie revisó los números con Antoine buscando una rutina de control que le ayudase a garantizar que las lecturas basales del EEG –es decir, las tomadas durante los periodos de descanso previos al experimento– eran iguales a las de un grupo de control formado por voluntarios que trataban de llevar a cabo las mismas meditaciones de los yoguis. Entonces pidió ver los datos basales por sí mismo.

Cuando Richie y Antoine se sentaron a revisar los datos procesados por los ordenadores, les bastó con echar un vistazo a los números para mirarse boquiabiertos e intercambiar una sola palabra: «¡Sorprendente!».

Todos los yoguis presentaban ondas gamma, no solo durante los periodos de práctica de la meditación de la presencia abierta y de la compasión, sino también durante el estado basal, es decir, antes de empezar a meditar. Esta pauta evidenciaba que se hallaban en la frecuencia del EEG conocida como «gamma de alta amplitud», la modalidad más fuerte e intensa que se mantenía todavía durante todo el estado basal previo a la meditación.

Así fue como el equipo de Richie descubrió que todos los yoguis estudiados mostraban, durante su actividad neuronal cotidiana, la sorprendente pauta EEG que Mingyur había mostrado durante las meditaciones de la presencia abierta y de la compasión. Dicho en otras palabras, Richie y Antoine habían tropezado con el santo Grial, un rasgo neuronal que ponía de relieve la presencia de una transformación duradera.

Hay cuatro grandes tipos de ondas EEG, ordenadas en función de su frecuencia (que técnicamente se mide en hercios). Las más lentas son las ondas delta (que se mueven entre 1 y 2 ciclos por segundo), fundamentalmente asociadas al sueño profundo; luego están las ondas theta (algo menos lentas), características del estado de somnolencia; después están las ondas alfa, que se dan cuando estamos relajados, y, por último, las ondas beta (las más rápidas), que acompañan al pensamiento, la alerta y la concentración.

Las gamma, las más rápidas de todas las ondas cerebrales, se producen en aquellos momentos en los que distintas regiones cerebrales operan armónicamente, como sucede en los momentos de discernimiento en los que los distintos elementos que componen un puzle mental se «activan» simultáneamente. Invito al lector a que trate, para tener una sensación de esta experiencia «¡Ajá!», de responder a la siguiente pregunta: ¿cuál es la palabra que combina con las siguientes palabras inglesas *sauce* [salsa], *crab* [cangrejo] y *pine* [pino]?*

---

* [*N. del T.*] Adivinanza utilizada por el neurocientífico John Kounios para testear la capacidad de descentramiento de los meditadores y cuya respuesta es la palabra *apple* [manzana] porque, con ella, pueden formarse las palabras compuestas inglesas *applesauce* [salsa de manzana], *crabapple* [manzana silvestre] y *pineapple* [piña].

En el mismo momento en que su mente obtiene la respuesta, su cerebro muestra la pauta cerebral característica de las ondas gamma. Estas ondas gamma de corta duración también se presentan cuando, por ejemplo, nos imaginamos degustando un jugoso melocotón y nuestro cerebro extrae recuerdos almacenados en distintas regiones de las cortezas occipital, temporal, somatosensorial, insular y olfatoria para combinar, en una sola experiencia, la imagen, el olor, el sabor y el sonido. Durante un breve instante, las ondas gamma procedentes de todas esas regiones corticales oscilan en perfecta sincronía. Lo más curioso, sin embargo, es que, a diferencia de lo que sucede en el caso de los yoguis –cuyas ondas gamma duran más de un minuto–, las que acompañan a un discernimiento creativo no duran más que un quinto de segundo.

El EEG de una persona normal y corriente presenta ocasionalmente ondas gamma de corta duración. Durante el estado de vigilia, exhibimos una combinación de ondas cerebrales diferentes que oscilan a diferentes frecuencias. Estas ondas cerebrales reflejan actividades mentales complejas, como el procesamiento de la información, y sus distintas frecuencias se corresponden, hablando en un sentido amplio, con funciones diferentes. La ubicación de estas ondas varía entre distintas regiones cerebrales y podemos desplegar ondas alfa en una determinada ubicación cortical y ondas gamma en otra.

Las ondas gamma son un rasgo mucho más destacado de la actividad cerebral de los yoguis que del resto de las personas. La diferencia que existía entre la intensidad de las ondas gamma de yoguis como Mingyur y la de los integrantes del grupo de control era inmensa.

La amplitud de las ondas gamma de los yoguis durante el estado basal era, hablando en términos generales, 25 veces superior a las de los sujetos que formaban parte del grupo de control.

Solo podemos conjeturar a qué estado de conciencia puede referirse esto. Parece que los yoguis como Mingyur experimentan, du-

rante su vida vigílica –es decir, no solo cuando meditan– un estado
continuo de conciencia rico y abierto. Esto es algo que los yoguis
mismos han descrito como una amplitud y espaciosidad, como si
todos sus sentidos estuvieran abiertos al paisaje rico y pleno de la
experiencia.

O, como dice un texto tibetano del siglo XIV:[1]

… un estado de conciencia desnudo y transparente;
sin esfuerzo y resplandecientemente vívido.
Un estado de sabiduría relajada y sin raíz;
libre de toda fijación y transparente como el cristal.
Un estado que carece de punto de referencia;
la claridad vacía y espaciosa.
Un estado abierto y sin límites
y sin encadenamiento alguno a los sentidos…

El estado cerebral gamma descubierto por Richie y Antoine era
algo completamente inusual, algo que carecía de todo preceden-
te, algo –cómo decirlo– extraordinario. Ningún laboratorio cerebral
había registrado ondas gamma tan intensas, ondas que mostraran tal
sincronización entre distintas regiones cerebrales y no se limitaran a
unos pocos segundos, sino que durasen minutos.

Resulta asombroso que esa pauta gamma del entrenamiento cerebral sostenido se hallara también presente mientras esos meditadores
avanzados estaban dormidos, algo que el grupo de Davidson descubrió en otra investigación con meditadores que tenían un promedio
de 10.000 horas de práctica. Esas ondas gamma continuaban durante
el sueño profundo y parecían reflejar, de nuevo, una cualidad de la
conciencia jamás vista anteriormente que perdura noche y día.[2]

La pauta de ondas gamma presente en los yoguis contrasta con
la brevedad y localización neuronal puntual con la que esas ondas

suelen presentarse. Porque lo cierto es que los meditadores expertos muestran, independientemente de la actividad concreta en que estén implicados, una tasa muy elevada de ondas gamma oscilando en sincronía por todo el cerebro. Algo realmente inaudito.

Richie y Antoine estaban presenciando por vez primera el eco neuronal de las transformaciones provocadas en el cerebro por la práctica sostenida de la meditación. Esos datos, pues, ocultaban un verdadero tesoro, un auténtico rasgo alterado de conciencia.

El paso de estado a rasgo

Cuando los voluntarios de uno de los muchos estudios dirigidos por Antoine recibían un entrenamiento de una semana en las mismas prácticas que llevaban a cabo los yoguis, su cerebro no mostraba diferencia alguna entre el estado de reposo y sus intentos de meditar, lo que contrasta considerablemente con la gran diferencia que, en ese mismo sentido, presentaban los yoguis.[3] Y, como el dominio de cualquier habilidad mental requiere un ejercicio sostenido en el tiempo, esa es una diferencia que no debe sorprendernos, porque parece ser el simple reflejo de la extraordinaria diferencia de horas que los integrantes de ambos grupos habían destinado a la meditación.

Pero conviene subrayar aquí el considerable talento mostrado por los yoguis para entrar a voluntad, al cabo de solo un segundo o dos, en un determinado estado, que es un claro indicador de la presencia de un rasgo alterado. Este rasgo mental diferencia claramente a los yoguis de la mayoría de los meditadores ya que, comparados con ellos, somos poco más que meros principiantes. Nosotros, cuando meditamos, necesitamos un tiempo para calmar nuestra mente, soltar los pensamientos que nos distraen y alejan de nuestro objetivo y poder pasar así un tiempo en meditación.

De vez en cuando, también tenemos lo que llamamos una «buena» experiencia meditativa; aunque echemos ocasionalmente algún que otro vistazo al reloj para ver el tiempo que falta hasta finalizar la sesión.

Pero no es eso lo que sucede en el caso de los yoguis, porque sus notables habilidades meditativas revelan lo que técnicamente se conoce como «interacción estado por rasgo», lo que sugiere la presencia subyacente de cambios cerebrales asociados a habilidades especiales que se activan durante los estados meditativos (y que, en este caso, se muestran en la intensidad y duración de su presencia).

La ciencia contemplativa se refiere a un «estado alterado» como un cambio que solo ocurre durante la meditación. La presencia de un rasgo alterado, por el contrario, indica que la práctica de la meditación ha cambiado el cerebro y la biología, de modo que los cambios provocados por la meditación se hallan presentes *antes* de empezar a meditar.

El efecto «estado por rasgo» se refiere al cambio de un estado alterado provisional a un rasgo alterado duradero (es decir, los meditadores avanzados y los yoguis) que ya hemos presentado durante la investigación llevada a cabo en el laboratorio de Richie.

Recordemos, por dar un ejemplo en este sentido, el considerable aumento de la actividad gamma mostrada por los yoguis durante las meditaciones de la presencia abierta y de la compasión que superaba con creces la presentada por los integrantes del grupo de control. Este aumento de la actividad gamma ilustra un claro cambio en la línea basal (es decir, en su nivel cotidiano) que pone de relieve un cambio de estado a rasgo.

Y, lo que resulta más interesante es que, mientras descansan en el estado de «presencia abierta», se diluye la distinción entre estado y rasgo, porque su tradición insiste explícitamente en la enseñanza de llevar el estado de presencia abierta a la vida cotidiana, es decir, de convertir el estado en un rasgo.

Preparados para la acción

Uno tras otro, los yoguis fueron desfilando por el escáner, con la cabeza firmemente mantenida en su sitio por engorrosos auriculares. Había un grupo de personas que estaban iniciándose en la meditación y otro de yoguis tibetanos y occidentales (con un promedio de unas 34.000 horas de meditación) y cada uno de ellos –y de ellas, porque también había yoguinis– se vio sometido a un escaneado cerebral mientras llevaba a cabo una meditación de la compasión.[4]

El método concreto utilizado fue descrito por Matthieu Ricard, que había colaborado en el estudio, del siguiente modo: en primer lugar, evocaban a una persona que les interesaba mucho y dirigían hacia ella el sentimiento de compasión y, luego, dirigían la misma bondad amorosa hacia todos los seres, sin pensar en ninguno en concreto.[5]

Cada persona, durante las sesiones de bondad amorosa, escucha al azar una serie de sonidos, algunos de los cuales son agradables (un bebé riendo), otros neutros (el ruido de fondo de una cafetería) y otros francamente desagradables (como los gritos de personas sufriendo de los que hemos hablado en el capítulo 6). Y, como hemos visto en los estudios anteriores sobre la empatía y el cerebro, los circuitos neuronales asociados a conectar con el malestar de otra persona se activan más cuando la persona está realizando una meditación de la compasión que cuando está descansando.

También es significativo que esa respuesta cerebral a compartir los sentimientos ajenos fuese mayor en los yoguis que en los principiantes. Además, su experiencia en la práctica de la compasión aumentaba también la activación de circuitos que se ponen en marcha cuando sentimos el estado mental en que se halla otra persona o asumimos su perspectiva. Finalmente, también aparecía un aumento en la actividad de áreas cerebrales clave para detectar algo que destaca como, por ejemplo, la amígdala, que nos lleva a advertir la importancia crucial del malestar experimentado por otra persona y a prestar, en consecuencia, más atención.

Asimismo es importante señalar que los yoguis –aunque no los principiantes– mostraron la parte final del arco cerebral que predispone a la acción, es decir, un aumento extraordinario en la actividad de los centros motores que guían el cuerpo cuando estamos preparados para moverlo y hacer algo para ayudar (aunque los sujetos siguieran acostados en el escáner). La implicación de las regiones neuronales asociadas a la acción, especialmente la corteza premotora, parece sorprendente porque, a la resonancia emocional con el sufrimiento de otra personal, le añade la predisposición a actuar.

El perfil neuronal del yogui durante la meditación de la compasión parece reflejar un punto final en el camino del cambio, una pauta que no se presentaba durante la meditación de la compasión de personas que jamás habían meditado, es decir, de absolutos principiantes, porque ello requiere práctica. Aquí nos encontramos con un efecto dosis, porque se trata de una pauta que aumenta un poco en el caso de los principiantes, más en quienes más tiempo han dedicado a la práctica de la meditación y mucho más en el caso de los yoguis.

Resulta curioso que los yoguis que escuchaban sonidos de personas angustiadas mientras estaban practicando la meditación de la bondad amorosa mostrasen menos actividad que otras en su corteza postcingulada (PCC), un área clave del pensamiento centrado en uno mismo.[6] Eso parece indicar que el hecho de escuchar sonidos asociados al sufrimiento dirige el foco atencional de los yoguis hacia los demás.

Los yoguis también presentan una conexión más fuerte entre la PCC y la corteza prefrontal, una pauta que parece sugerir una «desactivación» de la preocupación por uno mismo («¿qué me pasa?») que amortiguaría la acción compasiva.[7]

Algunos de los yoguis explicaron luego que su entrenamiento les había transmitido una *predisposición* a la acción que los llevaba a ofrecer su ayuda sin vacilación cuando se encuentran ante el sufrimiento ajeno. Y esta predisposición, junto a su tendencia a comprometerse con el sufrimiento ajeno, contrarresta la tendencia normal a retirarse, dar un paso atrás y alejarse de la persona necesitada.

Esto parece encarnar el siguiente consejo de Dilgo Khyentse Rinpoché, maestro de meditación tibetano (y principal maestro también de Matthieu), a los yoguis: «Desarrolla una aceptación y apertura completa a todas las situaciones y emociones y a todas las personas, experimentándolo completamente todo sin reservas ni bloqueos mentales...».[8]

La presencia del dolor

Un texto tibetano del siglo XVIII insta a los meditadores a aprovechar «cualquier problema con el que tropieces en tu camino para practicar –añadiendo– cuando estés enfermo, practica con la enfermedad [...] y, cuando estés resfriado, practica con el resfriado. Así es como todas las situaciones acaban convirtiéndose en un objeto de meditación».[9]

Mingyur Rinpoché aspira a familiarizarnos con cualquier sensación, incluido el dolor, utilizándola como fundamento para la meditación. Como la esencia de la meditación es conciencia, cualquier sensación que sirva para anclar la atención puede ser utilizada como apoyo, y la concentración en el dolor puede acabar revelándose como algo muy eficaz. Por eso conviene considerar el dolor como un amigo que, como él dice, «ablanda y calienta» nuestras relaciones y, abandonando toda intención de desembarazarnos de él, aprender gradualmente a aceptarlo.

Veamos ahora lo que ocurrió cuando, teniendo en cuenta este consejo, el grupo de Richie utilizó el estimulador térmico para provocar un dolor intenso en los yoguis. Cada yogui (incluido Mingyur) se equiparó a un voluntario de su misma edad y género que no sabía nada de meditación. Luego esos voluntarios aprendieron a generar, durante una semana antes del estudio, una «presencia abierta», es decir, la actitud de dejar que todo lo que la vida les depare vaya y venga sin agregarle pensamientos ni reacciones emocionales. Se trata de abrir completamente nuestros sentidos y cobrar conciencia de todo lo que ocurre sin dejarnos arrastrar por los altibajos que puedan presentarse.

Todos los participantes en el estudio se vieron sometidos antes a una prueba destinada a determinar su umbral máximo al calor. Luego se les dijo que, mientras su cerebro era escaneado, se verían expuestos a una ráfaga de 10 segundos de ese dispositivo, que iría precedida de un leve calentamiento de la placa de 10 segundos de duración.

En el momento en que la placa se calentaba –indicio de la proximidad del dolor–, se activaban todas las regiones cerebrales asociadas al dolor de los sujetos pertenecientes al grupo de control, como si estuvieran sintiendo ya ese dolor. La reacción a ese supuesto dolor –técnicamente conocida como «ansiedad anticipatoria»– era tan intensa que, cuando se disparaba la verdadera sensación de calentamiento, la activación de su matriz del dolor era mucho mayor. Y, durante el periodo de recuperación posterior de 10 segundos inmediatamente posterior a la desaparición del calor, esa matriz seguía activa, es decir, no había recuperación inmediata.

Esta secuencia de anticipación-reactividad-recuperación nos abre una ventana para la regulación de la emoción. La preocupación por tener que someternos a un procedimiento médico doloroso, por ejemplo, puede provocarnos un intenso sufrimiento anticipatorio debido al hecho de imaginar lo mal que nos sentiremos. Y una vez que el acontecimiento ha pasado, podemos seguir preocupados por lo que acabamos de atravesar. En este sentido, la respuesta al dolor puede iniciarse mucho antes y permanecer mucho después del momento doloroso (la misma pauta que presentaban los voluntarios del grupo de comparación).

La respuesta de los yoguis a esa misma secuencia era, sin embargo, muy diferente. Como los integrantes del grupo de control, ellos también se hallaban en un estado de presencia abierta aunque de una intensidad, obviamente, muy superior. Por eso, la activación de la matriz de dolor de los yoguis mostraba pocos cambios cuando la placa se calentaba un poco, aun cuando ese fuera un indicio de que, 10 segundos después, se esperaba un dolor mayor. Sus cerebros parecían registrar simplemente ese indicio sin reacción concreta alguna.

Durante el momento de calor real, sin embargo, la respuesta de los yoguis era muy intensa, especialmente en las regiones sensoriales que se encargan de procesar la sensación de un estímulo, como el cosquilleo, la presión, el elevado calor y otras sensaciones fuertes de la piel de la muñeca en la que descansaba la placa. Así pues, las regiones emocionales de la matriz del dolor se activan pero no tanto como sus circuitos sensoriales.

Esto sugiere una reducción del componente psicológico que acompaña a la intensificación de las sensaciones dolorosas (como la preocupación que sentimos al anticipar el dolor). Y, una vez desaparecía el calor, el nivel de activación de las regiones que componen la matriz del dolor de los yoguis recuperaban los niveles previos mucho más rápidamente que los sujetos que formaban parte del grupo de control. Y la recuperación del dolor era, en el caso de los meditadores más avanzados, como si nada hubiera ocurrido.

Esta pauta en forma de V invertida que muestra muy poca reacción a la anticipación de un acontecimiento doloroso seguida, en el momento en que aparece el dolor, de un disparo puntual muy intenso y que acaba recuperándose luego rápidamente puede resultar muy adaptativa. Esto nos permite responder completamente a un reto en el mismo momento en que ocurre, sin dejar que nuestras reacciones emocionales interfieran antes ni después, cuando ya no son útiles, lo que parece una pauta óptima de regulación de la emoción.

¿Recuerda el miedo que sentía cuando, a eso de los 6 años, tenía que ir al dentista para que le empastasen una caries? Esa era una situación que, a esa edad, podía ir perfectamente acompañada de pesadillas. Pero eso es algo que cambia a medida que avanzamos. Por eso, lo que a los 6 años parece un trauma no es, a los 26, más que un hito en medio de un día muy ajetreado, pues, a los 26 años, tenemos formas más maduras de pensar y reaccionar que a los 6; no somos, por así decirlo, la misma persona.

Algo parecido ocurre con los yoguis que participaron en este estudio sobre el dolor. Los resultados de ese estudio sugieren que el estado en el que se hallaban durante el episodio de dolor estudiado refleja cambios duraderos adquiridos a lo largo de sus muchos años de práctica meditativa. Y el hecho de que estuvieran comprometidos en la práctica de la presencia abierta también explica el cambio de estado a rasgo.

Ausencia de esfuerzo

Como sucede con cualquier habilidad, basta con unas pocas semanas de práctica meditativa para que los principiantes adviertan un aumento en la facilidad de su desempeño. Después de 10 semanas de práctica cotidiana de meditación, por ejemplo, los principiantes afirmaron que la práctica les resultaba más sencilla y agradable, independientemente de que se concentrasen en la respiración, en la bondad amorosa o en la simple observación del flujo de los pensamientos.[10]

Como ya hemos visto el capítulo 8, Judson Brewer descubrió que un grupo de meditadores avanzados (con un promedio de práctica de cerca de 10.000 horas) informaban de la presencia, durante la meditación, de una conciencia sin esfuerzo asociada a una reducción de la activación de la PCC, un área clave, recordémoslo, del pensamiento centrado en el «yo».[11] Parece, pues, que cuando el yo desaparece de escena, las cosas resultan más sencillas y requieren menos esfuerzo.

Cuando los meditadores avanzados hablaban de «conciencia atenta», «acción sin esfuerzo», «ausencia de esfuerzo» y «contento», la activación de la PCC se reducía. Y cuando, por el contrario, hablaban de «conciencia distraída», «esfuerzo» y «descontento», la activación de la PCC aumentaba.[12]

Un grupo de meditadores principiantes también informó de un aumento de la facilidad, aunque solo mientras estaban deliberadamente atentos, un efecto de estado que, de otro modo, no persistía. Ese «aumento de facilidad» de los principiantes parece muy relativo y pasaba de hacer un gran esfuerzo al comienzo –para contrarrestar la tendencia de la mente a divagar– a mejorar a medida que pasaban los días y las semanas. Pero esta mayor facilidad no se acerca siquiera a la casi completa ausencia de esfuerzo que muestran los yoguis, como hemos visto que ocurría en su notable desempeño en el protocolo de activación y desactivación.

Una forma de valorar la falta de esfuerzo se expresa en la capacidad de mantener la mente en el objeto elegido sin hacer esfuerzo alguno para sustraerse a la tendencia natural a dejarse arrastrar por algún sonido o tren de pensamientos. Y esta sensación de facilidad parece aumentar con la práctica.

El equipo de Richie comparó inicialmente la magnitud de la activación prefrontal de los meditadores avanzados con la de los participantes en el grupo de control durante la concentración de la atención en una pequeña luz, descubriendo, en aquellos, un ligero aumento (no muy importante, por cierto).

Una tarde en la que Richie y su equipo se sentaron en torno a una mesa de conferencias a ponderar esos datos relativamente desalentadores, empezaron a reflexionar sobre la extraordinaria diversidad de la experiencia de los meditadores que constituían el grupo de «meditadores avanzados» (que abarcaba el inmenso rango que va desde las 10.000 hasta las 50.000 horas de práctica). Richie se preguntó entonces lo que descubriríamos si diferenciásemos los resultados obtenidos por los de mayor práctica con los de menor práctica. Él ya había advertido, en niveles superiores de experiencia, un menor esfuerzo que se refleja en una *menor* –que no *mayor*– activación prefrontal.

Cuando compararon los resultados obtenidos por los meditadores avanzados que más tiempo habían dedicado a la práctica con los que habían dedicado menos tiempo, se sorprendieron al descubrir que el aumento de activación prefrontal afectaba a quienes *menos* tiempo habían dedicado a la práctica, mientras que los que más tiempo habían dedicado mostraban, por el contrario, muy poca activación prefrontal.

Resulta curioso que la activación haga acto de presencia únicamente al comienzo de la práctica, mientras la mente se concentra en su objeto (esa pequeña luz), y que, una vez concentrada, la activación prefrontal se atenúe. Quizás esta secuencia constituya un eco neuronal de la concentración sin esfuerzo.

Otra medida de la concentración tiene que ver con el grado de distracción que experimentan los meditadores al escuchar de fondo ruidos emocionalmente cargados (como risas, llantos y gritos) mientras se concentran en la luz. Pues, cuanto mayor es el grado de activación de la amígdala en respuesta a esos sonidos, más oscila la concentración. Los resultados obtenidos en este sentido han puesto de relieve que la amígdala de los meditadores con más horas de práctica (un promedio de 44.000 horas, que es el equivalente a 12 horas al día durante 10 años) apenas si responde a esos sonidos emocionalmente cargados, cosa que sí ocurre con los de menos horas de práctica (cuyo promedio, pese a todo, sigue girando en torno a las 19.000 horas). ¡Y la diferencia de magnitud de la respuesta amigdalar de ambos grupos era de un sorprendente 400%!

Esto indica la extraordinaria selectividad de la atención que permite que el cerebro bloquee sin esfuerzo tanto los sonidos irrelevantes como la correspondiente reactividad emocional que suele provocar.

Y lo más importante es que la relación dosis-respuesta no parece terminar en las 50.000 horas de práctica y que la consolidación de esos rasgos sigue presentándose aun en esos niveles de práctica.

El descubrimiento de un cambio a la modalidad cerebral sin esfuerzo de los yoguis más experimentados solo fue posible después de que el grupo de Richie determinase el número total de horas de práctica de meditación. A falta de ese dato, la simple comparación entre meditadores principiantes y avanzados hubiese mantenido oculto este interesante descubrimiento.

Mente-corazón

Volvamos ahora a ese viaje de 1992 en el que Richie y su animoso equipo de investigadores llevaron consigo su tonelada de equipo hasta la India, esperando estudiar a los maestros de meditación más avanzados que viven cerca de la residencia del Dalái Lama, junto a la cual se halla el Institute of Buddhist Studies del monasterio de Namgyal, un importante centro de formación de monjes y eruditos del linaje del Dalái Lama. Como el lector recordará, Richie y sus amigos investigadores fueron incapaces de obtener la colaboración de ninguno de ellos.

Pero, cuando el Dalái Lama pidió a Richie y sus colegas que diesen una charla sobre su trabajo a los monjes del monasterio, este pensó que quizás había llegado el momento de aprovechar el equipo que tan costosamente habían acarreado hasta la India, y no se limitaron a exponer una árida charla académica, sino que hicieron una demostración práctica sobre el modo de registrar las señales eléctricas del cerebro.

Así fue como, cuando Richie y sus amigos llegaron con las valijas cargadas con el equipo EEG, se encontraron con 200 monjes disciplinadamente sentados sobre cojines repartidos por el suelo. Y, como la colocación de los electrodos requiere mucho tiempo, Richie y el resto de los científicos se aprestaron a ello.

El sujeto de la demostración de esa noche fue el neurocientífico Francisco Varela. Mientras Richie y sus colaboradores colocaban los electrodos, Francisco quedó oculto, pero cuando completaron su tarea, los serios monjes estallaron en risas.

Richie pensó que estaban riéndose porque, con todos esos espaguetis de alambre saliendo de su cabeza, el aspecto de Francisco resultaba muy divertido. Pero no era de eso de lo que se reían los monjes. Se reían de que, para estudiar la compasión, Richie y su equipo hubiesen colocado los electrodos en la cabeza… en lugar de hacerlo en el corazón.

Todavía debieron pasar 15 años para que el equipo de Richie entendiera lo que los monjes querían decir. Cuando empezaron a llegar al laboratorio de Richie, el grupo descubrió datos que les llevaron a entender que la compasión era mucho más que un estado corporal y que existen vínculos muy estrechos entre el cerebro y el cuerpo y, más concretamente, entre el cerebro y el corazón.

Las pruebas de este vínculo son el resultado de un análisis destinado a determinar la relación que existe entre la actividad cerebral de los yoguis y su tasa cardiaca, una secuela del inesperado hallazgo de que el corazón de los yoguis late más aprisa, al escuchar los sonidos emitidos por personas angustiadas, que el de los principiantes.[13] Y el ritmo cardiaco de los yoguis está asociado a la actividad de una región clave de la ínsula que actúa como puerta de acceso para la transmisión al cerebro de información procedente del cuerpo, y viceversa.

En cierto modo, pues, los monjes de Namgyal estaban en lo cierto. Los datos recopilados por el equipo de Richie al respecto sugieren que el entrenamiento yóguico permite una mayor conexión con el corazón (especialmente durante la meditación de la compasión).

Esto pone de nuevo de relieve un cambio de estado a rasgo que solo se produce cuando los yoguis meditan en la compasión (y no durante otros tipos de meditación, mientras descansan, ni con los integrantes del grupo de control que sirve de comparación).

La compasión agudiza, en suma, la capacidad de los yoguis de sentir las emociones de los demás (especialmente cuando se trata de personas angustiadas) y aumenta la sensibilidad al propio cuerpo (concretamente el corazón), una clave para la resonancia empática con el sufrimiento ajeno.

La variedad de la compasión importa. Aquí, los practicantes estaban practicando una compasión «sin referencia» o, como dijo Matthieu, estaban «generando un estado en el que el amor y la compasión impregnan una mente libre de pensamiento discursivo». Dicho en otras palabras, no se concentraban en ninguna persona concreta, sino que se limitaban a generar la cualidad fundamental de la compasión, lo que puede ser especialmente importante para activar los circuitos neuronales que conectan el cerebro y el corazón.

Estar presente ante otra persona –es decir, mantener una atención respetuosa y sostenida– es una forma básica de compasión. La atención cuidadosa hacia otra persona también aumenta la empatía que nos permite registrar más expresiones fugaces faciales y de otro tipo que nos indican lo que la persona está sintiendo en ese momento. Pero, si nuestra atención «parpadea», podemos perdernos esas señales. Y, como ya hemos visto en el capítulo 7, la atención de los meditadores parpadea menos que la de los demás.

Como sucede con muchas otras funciones mentales, el parpadeo atencional no es, como anteriormente se pensaba, una función básica, fija e inmutable del sistema nervioso, sino que se modifica con el entrenamiento. Y, aunque se trate de un descubrimiento poco conocido fuera de los círculos científicos –donde es tomado como un dato fuerte–, pone claramente en cuestión el sistema de creencias de la ciencia cognitiva. No olvidemos que el hecho de descartar las viejas creencias por los nuevos descubrimientos es, precisamente, el motor que impulsa la ciencia.

También esperábamos que el aligeramiento del yo y la reducción del apego de los yoguis se correlacionaría, como se había descubierto en los meditadores occidentales avanzados, con el encogimiento del núcleo *accumbens*. Pero, pese a que el debilitamiento de los apegos era un objetivo implícito de la práctica, Richie no descubrió, en los yoguis, indicio alguno de ese cambio estructural.

El descubrimiento de la modalidad por defecto y del modo de medirla, como su papel fundamental en el sistema del yo del cerebro, ha sido tan reciente que, cuando los yoguis fueron desfilando uno tras otro por el laboratorio, el equipo de Richie carecía de indicios de que pudiesen emplear la línea basal para determinar este cambio. Solo cerca del final de ese desfile de yoguis, el laboratorio estableció las medidas del estado de reposo, pero en tan pocos yoguis que no pudieron extraer, de ellos, conclusiones fiables.

La ciencia progresa, en parte, debido a medidas innovadoras que nos proporcionan datos anteriormente inaccesibles. Eso es, precisamente, lo que sucede en este caso. Pero ello también implica que los hallazgos que hemos realizado sobre los yoguis tienen más que ver con las medidas a las que tenemos acceso que con ensayos rigurosos sobre la topografía de esa región concreta de la experiencia humana.

Esto ilustra una debilidad de lo que, de otro modo, pueden parecer impresionantes descubrimientos de los yoguis, porque lo que esos datos ilustran no son más que vislumbres de los rasgos alterados producidos por la meditación intensa y prolongada. No conviene reducir esta cualidad de ser a lo que somos capaces de medir.

La visión que tiene la ciencia de los rasgos alterados presentes en esos yoguis se asemeja a la parábola del ciego y el elefante. Pues, si bien la gama de descubrimientos parece muy excitante, es como conocer la trompa del elefante ignorando cómo es el resto de su cuerpo. Y lo mismo podríamos decir con respecto a la reducción del parpadeo atencional, los estados meditativos sin esfuerzo, la recuperación ultrarrápida del dolor y la predisposición a ayudar a alguien que se encuentra en problemas, vislumbres, todos ellos, de una totalidad mayor que aún no alcanzamos a ver completamente.

Quizás lo más importante sea la comprensión de que, como William James observó hace ya más de un siglo, nuestro estado de conciencia vigílica ordinaria no sea más que una entre muchas otras alternativas… y de que los rasgos alterados constituyen otra opción.

Una última palabra sobre el significado global de estos yoguis. Esas personas son muy raras, lo que algunas culturas orientales denominan «un tesoro vivo». Los encuentros con ellos son extraordinariamente nutritivos y a menudo inspiradores, pero no debido a su estatus o a su celebridad, sino a las cualidades internas que irradian de manera natural. Esperamos que las naciones y culturas que alberguen tales seres reconozcan la necesidad de protegerlos tanto a ellos como a sus comunidades de experiencia y de práctica y la necesidad de conservar también las actitudes culturales que valoran esos rasgos alterados. Olvidarnos del camino que conduce a esta experiencia interna sería una auténtica catástrofe.

Resumen

Los elevados niveles de actividad y sincronía gamma entre regiones cerebrales muy separadas que presentan los yoguis sugiere la inmensidad y cualidad panorámica de la conciencia de la que nos informan. La conciencia de los yoguis –que no se queda atrapada dando vueltas al pasado o anticipando el futuro– parece reflejada en la clara respuesta de «V invertida» al dolor que, en su caso, evidencia una pobre respuesta anticipatoria y una rápida recuperación. Los yoguis también presentan pruebas neuronales de la concentración sin esfuerzo y les basta con una leve activación del circuito neuronal para poder dirigir su atención hacia el objeto elegido y poco o ningún esfuerzo para mantenerla ahí. Cuando, por último, generan compasión, su cerebro está más conectado con su cuerpo, especialmente con su corazón, lo que indica una mayor resonancia emocional.

13. Rasgos alterados

«Al principio nada llega, en medio nada perdura y, al final, nada se va», dijo Jetsun Milarepa, un eminente poeta, yogui y sabio tibetano del siglo XII.[1]

Matthieu Ricard explica este enigmático acertijo del siguiente modo: al comienzo, la práctica contemplativa parece no cambiar nada en nosotros. Después de la práctica continuada empezamos a advertir algunos cambios fluctuantes en nuestra forma de ser. Finalmente, la práctica se estabiliza y los cambios provisionales pasan a ser duraderos. A estos últimos, precisamente, nos referimos cuando hablamos de rasgos alterados.

Globalmente considerados, los datos proporcionados por la investigación sobre la meditación reflejan un amplio espectro de transformaciones que va desde los meditadores principiantes hasta los meditadores avanzados y los yoguis. Este abanico de mejoras parece correlacionarse con las horas dedicadas a la práctica y el tiempo de retiro bajo la tutela de un guía experto.

Los estudios realizados al respecto con *principiantes* estudian el efecto provocado por la meditación en 7 personas con menos de 100 horas de práctica. El promedio de horas invertidas en la práctica por las personas que integraban el grupo de meditadores *avanzados* (fundamentalmente compuesto por practicantes de *vipassana*) es de

9.000 horas (en un espectro que va desde las 1.000 hasta las 10.000 horas e incluso más).

Y todos los *yoguis* estudiados en el laboratorio de Richie habían participado, al menos, en un retiro tibetano de 3 años y un total, en el caso de Mingyur, de 62.000 horas de práctica. En general, el promedio de horas de práctica de los yoguis era 3 veces superior al de los meditadores avanzados (y se movía en un rango que iba desde las 9.000 hasta las 27.000 horas de práctica).

Unos pocos meditadores *vipassana* avanzados acumulaban más de 20.000 horas y 1 o 2 llegaban a las 30.000, pero ninguno de ellos había participado en un retiro de 3 años que, de este modo, se convirtió en el rasgo distintivo *de facto* del grupo de yoguis. Pese a ese solapamiento del número de horas invertidas en la práctica, lo cierto es que la inmensa mayoría de los participantes caía claramente en una u otra de esas 3 grandes categorías.

Aunque no haya un límite claro de tiempo que separe estos 3 niveles, la investigación realizada en este sentido se ha agrupado en 3 rangos concretos. Y hemos organizado en consecuencia los beneficios de la meditación en 3 niveles de respuesta a las dosis que giran aproximadamente en torno a los mismos rangos que diferencian, en todo tipo de habilidad (desde las bailarinas hasta los campeones de ajedrez), a los principiantes de los *amateurs* y de los profesionales.

La inmensa mayoría de los meditadores occidentales caen en el primer nivel e incluyen a personas que meditan durante breves periodos (desde pocos minutos al día hasta media hora aproximada la mayoría de los días). Un pequeño grupo forma parte del grupo de meditadores avanzados y solo unos pocos alcanzan la experiencia de los yoguis.

Vamos a ver ahora el impacto provocado por la meditación en quienes acaban de comenzar la práctica. Las pruebas que tenemos sobre los beneficios de la recuperación del estrés durante los primeros meses de práctica de quienes integran este grupo son más subjetivas que objetivas y ciertamente vacilantes. Por su parte, la amígdala, un nodo clave de los circuitos cerebrales asociados al estrés, muestra una reducción de la reactividad después de las 30 horas aproximadas de las 8 semanas de práctica de MBSR.

Los mayores beneficios de la meditación de la compasión se presentan al comienzo y basta con 7 horas de práctica en el curso de 2 semanas para observar una mejora de la conectividad en circuitos cerebrales asociados a la empatía y los sentimientos positivos, lo suficientemente fuerte como para advertirse también fuera del estado meditativo. Este es el primer indicio de conversión de un estado en un rasgo que, en ausencia de práctica cotidiana, probablemente no se mantenga. El hecho, sin embargo, de que se presente fuera de la meditación formal puede ser un indicio de que contamos con un cableado básico innato para la bondad.

Los resultados obtenidos por los principiantes también indican, desde el mismo comienzo, una mejora de la atención. Basta, en este sentido, con *8 minutos* de práctica de mindfulness para advertir una reducción de la divagación mental, un efecto, todo hay que decirlo, de corta duración. Pero también basta con un par de semanas de práctica para advertir una reducción de la divagación y un aumento de la concentración y de la memoria operativa que provoque un aumento significativo de las puntuaciones obtenidas en el GRE (el examen de entrada en la escuela de graduados). En realidad, algunos descubrimientos sugieren, con 2 meses de práctica, un aumento de la actividad en regiones asociadas a la modalidad por defecto (relacionada, recordémoslo, con el yo). Y también hay, en relación con la salud física, buenas noticias, porque 30 horas de práctica van acompañadas de pequeñas mejoras en los marcadores moleculares del envejecimiento celular.

Es improbable que, en ausencia de práctica sostenida, todos estos efectos se mantengan. Sea como fuere, se trata, sin embargo, de beneficios sorprendentes. La práctica de la meditación parece ir acompañada, pues, de ciertos beneficios, aunque uno solo acabe de empezar la práctica.

Meditadores avanzados

El mantenimiento de la práctica a lo largo de los años va acompañado de más beneficios cuando hablamos de personas pertenecientes al grupo de meditadores avanzados (entre 1.000 y 10.000 horas de práctica). Esto podría implicar una sesión de meditación diaria y la asistencia quizás a retiros anuales de una semana o más con instrucciones adicionales, todo ello mantenido durante muchos años. Los efectos de la meditación en los participantes de este grupo se profundizan mientras aparecen otros nuevos.

En este rango asistimos, por ejemplo, a la emergencia de indicadores neuronales y hormonales que reflejan una menor reactividad al estrés. También aumenta la conectividad funcional del cerebro con un circuito importante para la regulación de la emoción, al tiempo que se reduce la tasa de cortisol en sangre, una hormona secretada por la glándula suprarrenal en respuesta al estrés.

La práctica sostenida de la bondad amorosa y de la compasión mejora, a largo plazo, la resonancia neuronal con el sufrimiento ajeno y la consiguiente preocupación y aumento de la probabilidad de ayudarlos. La práctica sostenida de la atención fortalece también muchas facetas de la atención (agudiza la atención selectiva, reduce el parpadeo atencional, favorece el mantenimiento de la atención y aumenta la predisposición a responder). Y, en los practicantes más avanzados, se advierte también una mayor tendencia a reducir la divagación y el pensamiento obsesivamente centrado en uno mismo propio de la modalidad de funcionamiento por defecto y un debilitamiento de la conexión con esos circuitos (lo que significa menos preocupación por uno mismo). Todas estas mejoras suelen aparecer durante los estados meditativos y generalmente acaban convirtiéndose en rasgos.

Los cambios en procesos biológicos básicos, como la reducción de la respiración, solo se presentan después de varios miles de horas de práctica. Algunos de estos efectos parecen fortalecerse más con la participación en retiros intensivos que con la práctica cotidiana.

Aunque las pruebas al respecto todavía no sean concluyentes, la neuroplasticidad asociada a la práctica prolongada parece provocar cambios estructurales y funcionales en el cerebro, como una mayor conexión operativa entre la amígdala y los circuitos reguladores de las áreas prefrontales. Y este tipo de práctica parece encoger los circuitos neuronales del núcleo *accumbens* asociados al deseo y el apego.

Aunque, en general, advertimos un gradiente de cambios proporcional a las horas invertidas en la meditación, sospechamos que la tasa de estos cambios varía en función del sistema neuronal considerado. Los beneficios de la compasión, por ejemplo, aparecen antes que la capacidad de gestionar el estrés. Esperamos que estudios futuros nos proporcionen los detalles de la dinámica de respuesta a la dosis de los distintos circuitos cerebrales.

Existen indicios interesantes que parecen sugerir que los meditadores avanzados experimentan un cambio de estado a rasgo que aumenta la potencia de su práctica. Algunos elementos del estado meditativo, como las ondas gamma, pueden continuar durante el sueño. Y señalemos, para terminar, el descubrimiento –sorprendente para el *establishment* médico– de que un retiro de un solo día mejora la respuesta genética inmunitaria de los meditadores avanzados.

Los yoguis

Este avanzadísimo nivel (que va desde las 12.000 hasta las 62.000 horas de práctica e incluye también muchos años de retiro profundo) va acompañado de efectos realmente sorprendentes. La práctica de la meditación gira, en parte, en torno a convertir estados en rasgos. Tengamos en cuenta que el significado etimológico de la palabra tibetana para referirse a la meditación es el de «familiarizarse» con la actitud meditativa, una actitud que posibilita el asentamiento de los estados alterados y su posterior conversión en rasgos alterados duraderos.

El equipo de Richie advirtió, en esta categoría, signos de rasgos alterados en la función –y hasta en la estructura– del cerebro de los yoguis, junto a cualidades humanas muy positivas. También advirtieron la presencia, en el estado basal, de ondas gamma sincronizadas que habían visto, aunque con una intensidad inferior, durante la meditación de la compasión. O, dicho en otras palabras, ese estado había acabado convirtiéndose, para los yoguis, en un rasgo.

El cambio de estado a rasgo implica que lo que sucede durante la meditación es, en el caso de los yoguis, mucho más claro e intenso que lo que ocurre con los principiantes. Quizás la prueba más fuerte sea la respuesta de los yoguis al dolor físico durante prácticas simples tipo mindfulness que asume la forma de una especie de «V invertida», con poca actividad cerebral durante la anticipación del dolor y una actividad puntualmente muy intensa y corta seguida de una pronta recuperación.

Aunque, para la mayoría de los meditadores, la concentración requiera un esfuerzo mental, no parece ser ese el caso de los yoguis con más horas de práctica. Una vez que su atención se centra en el estímulo elegido, se aquietan los circuitos neuronales asociados a la atención con esfuerzo sin que ello merme un ápice su concentración.

La meditación de la compasión va acompañada, en el caso de los yoguis, de una conexión entre el corazón y el cerebro que supera en mucho la habitual. Digamos, por último, que existe una extraordinaria cantidad de datos que demuestran, en los meditadores avanzados, un encogimiento del núcleo *accumbens*, un dato que sugiere la posibilidad de encontrar, en el cerebro de los yoguis, cambios estructurales adicionales que apoyen una reducción del apego, el deseo y la concentración en uno mismo. Aunque todavía es necesario realizar más investigación para descubrir la presencia de otros cambios neuronales y su significado.

Después

Aunque todos estos datos sean meros indicios, lo cierto es que parecen revelar el pleno florecimiento, en este nivel, del camino contemplativo. Algunos de estos descubrimientos son el fruto de la mera casualidad, como cuando Richie, por ejemplo, decidió tener en cuenta el nivel basal de los yoguis, o ver lo que ocurría cuando centraba su atención en el grupo de meditadores más avanzados.

También hay que señalar alguna que otra muestra anecdótica como cuando el laboratorio de Richie pidió a un yogui muestras de saliva para determinar su tasa de cortisol mientras se hallaba en un retiro y sus niveles eran tan bajos que se salían de la escala estándar y el laboratorio se vio obligado a adaptar, en consecuencia, el rango del ensayo.

Algunas tradiciones budistas hablan de este nivel de estabilización como el reconocimiento de una «bondad básica» que impregna la mente y las actividades de la persona. Refiriéndose a su maestro –un maestro reverenciado por todos los linajes contemplativos de la tradición tibetana–, un lama tibetano dijo que era «alguien que tiene una conciencia de segundo grado», es decir, una persona cuyos logros meditativos constituyen el trasfondo estable de todo lo que hace.

Varios laboratorios –incluidos los de Richie y Judson Brewer– han señalado que, en estado de reposo, los meditadores más avanzados presentan una pauta de onda cerebral semejante a la de un estado meditativo como el mindfulness o la bondad amorosa, cosa que no sucede en el caso de los principiantes.[2] La comparación de la línea basal de los meditadores expertos con la de los principiantes ilustra el modo en que los rasgos alterados se muestran en la investigación, aunque eso solo nos ofrezca una instantánea.

Quizás un día contemos con un estudio lo suficientemente largo como para tener el equivalente a un vídeo que nos muestre la emergencia de los rasgos alterados. Por el momento, como sospecha el grupo de Brewer, la meditación parece transformar el estado de descanso –es decir, la modalidad de funcionamiento por defecto del cerebro– y asemejarlo al estado meditativo.

O, como hemos dicho al comienzo de este libro, el después es el antes del siguiente durante.

En busca de un cambio duradero

«Si tu corazón divaga o se distrae –advirtió el santo católico Francisco de Sales (1567-1622)– vuelve a llevarlo amablemente a su centro […] y, aunque durante toda tu hora no hayas hecho nada más que volver a tu corazón […] por más que se escapara cada vez que lo traías, tu hora habrá estado muy bien empleada».[3]

Con independencia de los detalles concretos de la práctica, casi todos los meditadores comparten una serie de pasos. Todo empieza centrando deliberadamente la atención en un punto y cuando, al cabo de un rato, la mente se dispersa y uno se da cuenta de ello, hay que dar el último paso, que consiste en llevarla de nuevo a su foco original.

La investigación de la Universidad Emory, de Wendy Hasenkamp (alumna del SRI y directora hoy en día del departamento de Ciencia del Mind and Life Institute), descubrió un fortalecimiento, en los meditadores más avanzados, de las conexiones entre las regiones cerebrales correspondientes a las tres fases recién mencionadas.[4] Es importante señalar que las diferencias que existen entre los meditadores y los integrantes del grupo de control no solo se descubrieron durante la meditación, sino también durante el estado de reposo, lo que parece sugerir la presencia de un efecto rasgo.

La medida de las horas de práctica nos brinda la posibilidad de determinar la correlación que hay entre ese dato y los cambios cerebrales. Pero, si queremos descartar la posibilidad de que tal asociación se deba a la autoselección u otros factores, debemos dar antes otro paso, un estudio longitudinal que revele la existencia clara de una correlación entre el efecto en cuestión y las horas destinadas a la práctica (más un grupo de control activo seguido durante el mismo tiempo que no muestre tales cambios).

Dos estudios longitudinales (el trabajo de Tania Singer sobre la empatía y la compasión y el de Cliff Saron sobre *shamatha*) nos han proporcionado algunos de los datos más convincentes que existen sobre el poder de la meditación para la creación de rasgos alterados. Y entonces fue cuando nos encontramos con alguna que otra sorpresa.

Tomemos, por ejemplo, un descubrimiento de la investigación realizada por Tania Singer. Entre otras muchas cosas, ella se pregunta por qué los investigadores que lo han intentado no han logrado descubrir ninguna mejora en contar los latidos cardiacos (una prueba estándar de «interocepción» o conexión con el cuerpo) en los meditadores que a diario llevan a cabo un escáner corporal (como lo hacen quienes practican el método de Goenka).

Tania encontró una respuesta a esta pregunta en el proyecto Re-Source. La capacidad de cobrar conciencia de las señales corporales, como el latido cardiaco, no aumenta después de 3 meses de práctica cotidiana de «presencia», lo que incluye un escáner corporal atento. Esas mismas mejoras, sin embargo, empezaron a presentarse al cabo de 6 meses, con logros mayores pasados los 9 meses. Pues, para madurar, algunos beneficios necesitan tiempo, lo que los psicólogos denominan «efecto letargo» o «efecto incubación».

Consideremos, por ejemplo, el caso de un yogui que había pasado años de retiro en una cueva del Himalaya. Un día llegó un viajante y, al ver el yogui, le preguntó qué estaba haciendo:

–Estoy meditando sobre la paciencia –respondió el yogui.

–¡En tal caso –respondió el viajero– puedes irte al infierno!

–¡Vete tú al infierno! –replicó, enojado, el yogui.

Esta anécdota (como la anteriormente mencionada del yogui en el mercado) se ha utilizado durante siglos como recordatorio para los practicantes serios de que la auténtica prueba de la práctica no son tanto las horas invertidas en una meditación aislada, como la vida misma. Un rasgo como la paciencia nos deja impasibles independientemente de lo que la vida nos depare.

El Dalái Lama cuenta esta historia aclarando que: «Existe un refrán tibetano que dice que hay practicantes que, cuando todo va bien, el sol brilla y tienen el estómago lleno, parecen santos pero que, apenas se enfrentan a un reto o una crisis real, revelan ser personas normales y corrientes como las demás».[5]

La «catástrofe plena» de nuestra vida nos ofrece la mejor prueba de permanencia de los rasgos alterados. Ya que, mientras que la baja tasa de cortisol de un yogui aislado nos muestra su nivel de relajación puntual, un día ajetreado nos revelaría si eso se ha convertido en un rasgo alterado permanente.

Experiencia

Todos hemos oído que para dominar una habilidad, como, por ejemplo, la programación de ordenadores, es necesario invertir, en ello, 10.000 horas de práctica, ¿no es así?

Falso.

Lo que la ciencia ha descubierto en realidad es que, para dominar ciertas habilidades (como la memorización, pongamos por caso), basta con 200 horas de práctica. O, dicho más exactamente, el laboratorio de Richie ha descubierto que, hasta en los adeptos a la meditación –todos los cuales han invertido, al menos, 10.000 horas de práctica–, su habilidad sigue aumentando en función del número de horas de práctica.

Esto no supone ninguna sorpresa para Anders Ericsson, el científico cognitivo cuyo trabajo sobre la experiencia dio lugar a la inexacta creencia –aunque repetida hasta la exasperación– en el poder mágico de las 10.000 horas para dominar cualquier habilidad.[6] La investigación realizada por Ericsson puso de relieve que lo importante no son tanto las horas de práctica invertidas, como lo *inteligentes* que son esas horas.

Lo que llamamos práctica «deliberada» implica la presencia de un entrenador experto que nos proporciona impresiones sobre el modo en que uno está desempeñándose y el modo en que puede perfeccionar su práctica y acercarse a su objetivo. Así, el golfista puede recibir consejos de su entrenador que le indiquen cómo mejorar su *swing* y el cirujano aprender de cirujanos más expertos. Y una vez que el golfista y el cirujano han ejercitado esas habilidades hasta llegar a dominarlas, su entrenador les dará comentarios para su siguiente ronda de habilidades.

Esta es la razón por la cual muchos profesionales –tanto en el campo del deporte como en los del teatro, el ajedrez y la música, entre otras actividades– siguen teniendo entrenadores durante toda su carrera. Pues, por más bueno que uno sea, siempre es posible ser un poco mejor. En tareas competitivas, una pequeña mejora puede implicar la diferencia entre ganar y perder. Y, en el caso de que uno no esté compitiendo, siempre puede seguir perfeccionando su especial habilidad.

Esto mismo se aplica también al caso de la meditación. Consideremos, por ejemplo, nuestro caso, de Richie y Dan. Durante más de 40 años nos hemos sentado a meditar cada mañana (a menos que la necesidad de tomar un avión a esa hora nos obligase a interrumpir esa rutina) y hemos asistido a uno o dos retiros semanales al año. Sin embargo, pese a que técnicamente podamos ser considerados meditadores «avanzados» con cerca de 10.000 horas de práctica, ninguno de nosotros se siente especialmente evolucionado por lo que respecta a rasgos alterados muy positivos. ¿Por qué?

Por una parte, los datos sugieren que meditar a diario es muy distinto a asistir a un retiro de muchos días o de más duración. Consideremos un descubrimiento que apareció inesperadamente durante un estudio realizado con meditadores avanzados (con un promedio de 9.000 horas de práctica) y su reactividad al estrés (véase el capítulo 7, titulado «Una mente imperturbable»).[7] Cuanto mayor es la conectividad entre el área prefrontal de los meditadores y la amígdala, menos reactivos se muestran estos. La sorpresa es que ese mayor aumento en la conexión entre la región prefrontal y la amígdala se correlaciona positivamente con el número de horas que el meditador ha pasado en retiro, pero no con el número de horas que ha practicado en casa.

Señalemos también, en ese mismo sentido, otro sorprendente descubrimiento relacionado con el ritmo respiratorio. Las horas de práctica que el meditador ha dedicado a la práctica en retiro se correlacionan muy positivamente con una respiración más lenta, pero no tanto con las horas dedicadas a la práctica en casa.[8]

Una importante diferencia del retiro meditativo es la posibilidad de conectar con maestros que puedan proporcionarnos guía. Y también hay que señalar la mayor intensidad de la práctica en retiro, donde los meditadores normalmente pasan 8 horas al día (y más todavía en ocasiones) en práctica formal y a menudo durante muchos días seguidos. Y la mayoría de los retiros se llevan a cabo parcialmente en silencio, lo que aumenta su intensidad. Todo ello constituye una oportunidad única para amplificar la curva de aprendizaje.

Otra diferencia entre los *amateurs* y los expertos tiene que ver con el *modo* en que practican. Independientemente de la habilidad de la que se trate –ya sea el golf, el ajedrez o, supuestamente, el mindfulness y similares–, muy a menudo se estabiliza después de unas 50 horas de mejora de la práctica. A partir de ahí, la habilidad se asienta y la práctica adicional no va acompañada de grandes mejoras.

Los expertos, por su parte, practican de manera diferente. Emprenden sesiones intensivas bajo el ojo atento de un tutor, que les sugiere lo que deben trabajar para mejorar. Esto conduce a una curva de aprendizaje continua con mejoras estables.

Estos descubrimientos apuntan a la necesidad de contar con un maestro, es decir, con una persona que esté más avanzada que nosotros y pueda señalarnos lo que tenemos que hacer para mejorar. Esto es lo que hemos hecho nosotros buscando la ayuda, a lo largo de los años, de maestros de meditación, una oportunidad que, no obstante, solo se presenta muy de vez en cuando.

El *Visuddhimagga* aconseja a los practicantes buscar un guía más experimentado. Esta lista antigua de posibles maestros empieza idealmente buscando la dirección de un *arhant* (término pali con el que se conoce a un meditador plenamente realizado, es decir, un experto de nivel «olímpico»). Y, en el caso de no tener la posibilidad de acceder a alguien de ese nivel, nos aconsejan buscar a alguien más experimentado y, en el caso de que eso tampoco fuera posible, recomiendan la lectura de un *sutra*, es decir, de un pasaje de un texto sagrado. Y esto, en el mundo actual, podría ser el equivalente a recibir instrucción de alguien que ha probado una aplicación de la meditación. Algo que, a fin de cuentas, siempre es mejor que nada.

Emparejando cerebros

No estaba muy equivocado Dan cuando envió una carta a Jon Kabat-Zinn que, en 1983, se esforzaba en lograr que los médicos del centro en el que trabajaba le derivasen pacientes, diciéndole: «Estoy seguro de que tu programa acabará extendiéndose a todo el sistema sanitario».

En esa carta, Dan alentaba a Jon a llevar a cabo una investigación sobre la eficacia de su programa, una pequeña semilla de los centenares de estudios que hoy en día se llevan a cabo sobre el MBSR. Junto al tutor de su tesis doctoral en Harvard, Dan y Richie habían establecido una medida blanda de la ansiedad corporal o mental que experimenta la gente. Y, señalando que el programa MBSR proporciona prácticas cognitivas y somáticas, Dan aconsejó a Jon descubrir «los componentes que funcionan mejor para cada caso».

Uno de los descubrimientos del estudio realizado por Jon fue que el yoga es el elemento del MBSR que más parece ayudar a las personas preocupadas y ansiosas (es decir, las que más ansiedad cognitiva experimentan).[9] Este fue el punto de partida de una pregunta que acabó extendiéndose a todos los tipos de meditación y a las versiones derivadas de ellas más accesibles para el usuario: ¿Cuáles son las prácticas más útiles para tal o cual tipo de persona?

Descubrir el método que más se acomoda a un determinado discípulo es algo que tiene raíces muy antiguas. El *Visuddhimagga*, por ejemplo, aconseja a los maestros de meditación identificar la categoría a la que pertenecen sus discípulos para ofrecerles el método más adecuado a su caso y circunstancias. Y este método, que puede parecer un tanto medieval a la sensibilidad moderna, consiste en ofrecer al tipo de personas motivadas por la avidez o el odio, por ejemplo, los métodos que más les cuadren. En el caso del tipo ansioso (es decir, de la persona que lo primero que advierte es lo hermoso), se le ofrece comida mala, alojamiento incómodo y emplear como objeto de meditación el aborrecimiento de determinadas partes del cuerpo. Y, en el caso del tipo odioso (es decir, de la persona que lo primero que ve es lo que está mal), una comida mejor, un alojamiento y una cama cómoda y meditar sobre cuestiones tales como la bondad amorosa o la ecuanimidad.

Un emparejamiento más científicamente orientado podría apelar a estilos cognitivos y emocionales como los propuestos por Richie y Cortland Dahl.[10] Una práctica útil para el principiante que tiende a la rumiación y a preocuparse por sí mismo puede ser el mindfulness a los pensamientos, aprendiendo a contemplar sus pensamientos como «meros pensamientos» sin dejarse atrapar por su contenido (o el yoga, como había descubierto Jon). Y una medida adicional puede ser también la reacción a la propia respuesta de sudoración, un indicador del grado de secuestro emocional experimentado por la persona que se ve arrastrada por los sentimientos. O la persona con una fuerte capacidad de concentración y carente de empatía puede verse beneficiada por la práctica de la compasión.

Estoy seguro de que llegará el día en que esta equiparación se basará en un escáner cerebral que nos muestre el abordaje más apropiado a cada tipo de persona. Esta determinación del mejor tratamiento para cada diagnóstico y configuración genética ya funciona en algunos centros médicos con la llamada «medicina de precisión».

Tipologías

Neem Karoli Baba, el extraordinario yogui que Dan conoció durante
su primer viaje a la India, solía hospedarse en templos y *ashrams*
hindúes dedicados a Hanuman, el dios mono. Sus seguidores practicaban *bhakti*, el yoga de la devoción dominante en la zona de la
India por la que se movía.

Aunque él nunca habló de la historia de su práctica, de vez en
cuando se filtraba alguna que otra cosa. Según se dice, por ejemplo,
había pasado mucho tiempo en la jungla viviendo como un yogui
y hubo quienes afirmaron que practicó varios años en una caverna
subterránea. Sus meditaciones eran devocionales y estaban dedicadas al héroe de la epopeya india del *Ramayana* y a menudo podía
escuchársele recitando «Ram, Ram, Ram Ram...» o llevando, con
los dedos, la cuenta de los mantras recitados.

También se dice que, en la década de 1930, había viajado a la
Meca con un devoto musulmán y, según los occidentales, adoraba
a Cristo. Durante un par de años se convirtió en discípulo y amigo
de Lama Norla, que había escapado a la India en 1957, mucho antes de que hubiese asentamientos destinados a los refugiados tibetanos. (Lama Norla era un maestro de retiros de uno de los linajes de
meditación en los que Mingyur Rinpoché había practicado).

Si alguien estaba siguiendo un determinado camino interno,
Neem Karoli siempre le alentaba. De lo que se trataba, según su
perspectiva, era de practicar, no de empeñarse en encontrar «el mejor
de los caminos».

Y, cuando se le preguntaba cuál era el mejor camino, respondía
Sub ek!, lo que, en hindi, significa «solo hay un camino». Todo
el mundo tiene preferencias, necesidades, etcétera, diferentes, de
modo que de lo que se trata es de elegir un camino y zambullirnos
en él.

Todos los caminos, desde esta perspectiva contemplativa, son más o menos iguales, una puerta que lleva más allá de la experiencia ordinaria. Y, a nivel práctico, todas las formas de meditación comparten el mismo núcleo de entrenamiento: aprender a soltar las miles de distracciones que fluyen por nuestra mente y concentrar nuestra atención en un objeto o mantener una determinada actitud de conciencia.

Cuanto más nos familiarizamos con la dinámica de los diferentes caminos, más se dividen y agrupan estos. Alguien recitando en silencio un mantra e ignorando todo lo demás ejercita operaciones mentales muy distintas a quien se dedica a observar atentamente el discurrir de los pensamientos.

En un nivel más preciso, los detalles de cada camino son únicos. El *bhakti-yogui* que canta *bhajans* devocionales a una divinidad puede compartir algunos aspectos –pero no otros– con el practicante de Vajrayana que genera en silencio la imagen de una divinidad (Tara Verde compasiva, por ejemplo) y las cualidades que la acompañan.

Conviene señalar que los tres niveles de práctica que hemos estudiado hasta el momento (principiante, avanzado y yogui) giran en torno a tres grandes tipos de meditación: mindfulness para los principiantes; *vipassana* para los avanzados y, en algunos estudios, hemos tenido en cuenta también el Zen, y los caminos tibetanos conocidos como Dzogchen y Mahamudra en el caso de los yoguis. Esta es la trayectoria, sin ir más lejos, que históricamente ha seguido nuestra práctica y existen, según nuestra experiencia, diferencias muy significativas entre estos tres métodos.

El mindfulness, por ejemplo, lleva al meditador a atestiguar la aparición y desaparición de los pensamientos y de los sentimientos. Ese es el momento en que empieza precisamente *vipassana*, cuando se produce la transición a una metaconciencia que no se centra tanto en los contenidos cambiantes de la mente como en sus procesos. Y el Dzogchen y el Mahamudra incluyen ambos estadios (y muchos otros tipos de meditación), pero desembocan en una postura «no dual», descansando en un nivel más sutil de «metaconciencia». Esto nos lleva a preguntarnos por el vector responsable la transformación: ¿Podemos extrapolar las conclusiones del mindfulness y aplicarlas al *vipassana* (su transición tradicional) y hacer lo propio con la transición que lleva desde el *vipassana* hasta las prácticas tibetanas?

Las taxonomías ayudan a la ciencia a organizar este tipo de preguntas y Dan intentó esbozar una para el caso de la meditación.[11] Su inmersión en el *Visuddhimagga* le proporcionó una lente para categorizar la desconcertante cantidad de estados y métodos de meditación que descubrió en sus viajes a la India. Y, para ello, esbozó una clasificación basada fundamentalmente en las diferencias que existen entre la concentración unidireccional y la conciencia flotante propia del mindfulness, una división mayor dentro de la práctica del *vipassana* (y también en los caminos tibetanos pero con significados muy diferentes, algo muy complicado).

Richie y sus colegas Cortland Dahl y Antoine Lutz esbozaron una tipología más comprehensiva –y habitual– que organiza el pensamiento sobre los «clústeres» de meditación partiendo del cuerpo de los descubrimientos realizados al respecto por la ciencia cognitiva y la psicología clínica.[12] Según ellos, existen las tres categorías siguientes:

- *Atencional.* Este tipo de meditaciones se concentra en aspectos de entrenamiento de la atención, ya sea en la concentración (como sucede cuando concentramos nuestra atención en la respiración, la observación atenta de la experiencia, un mantra) o en la metaconciencia (como sucede en el caso de la presencia abierta).
- *Constructiva.* Este es un tipo de meditación basado en el cultivo de cualidades virtuosas como, por ejemplo, la bondad.

• *Deconstructiva*. Como bien ilustra la práctica del *vipassana*, estos métodos emplean la autoobservación como herramienta para penetrar en la naturaleza de la experiencia. Son métodos que incluyen enfoques «no duales» que se adentran en una modalidad ajena al dominio de la cognición ordinaria.

Esta tipología inclusiva deja muy claro que la investigación sobre la meditación se ha centrado en un subconjunto muy estrecho de métodos ignorando, al mismo tiempo, el amplio universo de técnicas existentes. El grueso de la investigación se ha centrado en el MBSR y enfoques similares basados en el mindfulness, y también ha habido muchos estudios sobre la bondad amorosa y la TM y unos cuantos sobre Zen.

Pero bien puede ser que las muchas variedades de meditación que todavía no se han estudiado afecten a un rango de circuitos cerebrales distintos y cultiven también, en consecuencia, un conjunto diferente de cualidades concretas. Esperamos que, a medida que la ciencia contemplativa vaya desarrollándose, los investigadores no se centren exclusivamente en una rama del árbol de la contemplación, sino que, ampliando su objeto de estudio, lo apliquen a todo el árbol. Pues, por más alentadores que sean los descubrimientos realizados hasta el momento, bien puede haber otros de los que todavía no tengamos la menor sospecha.

Cuanto más amplia es la red, más cuenta nos damos del modo en que el entrenamiento de la meditación configura nuestro cerebro y nuestra mente. ¿Cuáles son, por ejemplo, los beneficios proporcionados por la danza giróvaga de algunas escuela sufíes, o por los cantos devocionales de la rama *bhakti* del hinduismo? ¿O cuáles son los beneficios de la meditación analítica practicada por algunos budistas tibetanos o algunas escuelas del yoga hindú?

Lo cierto es que, independientemente de cuales sean los detalles de una determinada práctica meditativa, todas ellas comparten el mismo objetivo: el logro de rasgos alterados.

Lista de control de los rasgos alterados

Cerca de 40 periodistas, fotógrafos y operadores de cámara de tele-
visión se agolpaban en una habitación del sótano, parte de la cripta
que hay debajo del piso principal de la catedral de Westminster en
Londres. Ese había sido el lugar elegido para una conferencia de
prensa que iba a dar el Dalái Lama, que estaba a punto de recibir
el premio Templeton de un millón de dólares que anualmente se
otorga a personalidades «que han contribuido a la investigación o el
descubrimiento de la dimensión espiritual de la vida».

Richie y Dan estaban en Londres en esa conferencia de prensa
para presentar a los periodistas un informe oficial de la conclusión
a la que había llegado el Dalái Lama, según la cual la ciencia y la
religión comparten el mismo objetivo: la búsqueda de la verdad y el
servicio a la humanidad.

En respuesta a la última cuestión que cerró la conferencia de
prensa, el Dalái Lama explicó lo que haría con el dinero del premio:
darlo. Según dijo, no necesitaba dinero porque no es más que un
simple monje y un huésped del Gobierno indio, que se ocupa de
satisfacer todas sus necesidades.

De modo que, en el momento en que recibió el premio, entregó
más de un millón de dólares a Save the Children como muestra de
agradecimiento por su trabajo con los niños más pobres del planeta
y por haber ayudado a los refugiados tibetanos en su huida de China.
Luego entregó lo que le quedaba al Mind and Life Institute y a la
Universidad Emory por su programa en tibetano para educar a los
monjes en la ciencia.

Esto es algo que le hemos visto hacer una y otra vez. Su generosidad parece espontánea y despojada de todo arrepentimiento y sin
quedarse nada para sí. Esta generosidad instantánea y sin apego es
una de las cualidades enumeradas en las listas tradicionales de las

paramitas (que literalmente significa «ir a la otra orilla» y se refiere a las «perfecciones»), es decir, los rasgos virtuosos que, según las tradiciones contemplativas, jalonan el avance.

La obra definitiva sobre las *paramitas* es *The Way of the Bodhisattva*, escrito por Shantideva, un monje del siglo VIII de la Universidad de Nalanda (India), uno de los primeros centros de enseñanza superior del mundo. Este es un texto que el Dalái Lama enseña habitualmente, sin dejar de reconocer su deuda con Khunu Lama, su tutor en este sentido, el mismo monje humilde que Dan conoció en Bodhgaya.

Entre las *paramitas*, abrazadas por la tradición de los yoguis que llegaban al laboratorio de Richie, cabe destacar la *generosidad*, ya sea material o la generosidad personal, como ilustra el caso del Dalái Lama que entregó el premio económico que acababan de concederle, así como la simple presencia, que consiste en entregarse a uno mismo, y la *conducta ética*, que consiste en no dañarse uno mismo ni a los demás y en seguir ciertas directrices de autodisciplina.

Otras paramitas son la *paciencia*, la tolerancia y la receptividad y también implica una ecuanimidad serena. «La verdadera paz –dijo el Dalái Lama a una audiencia del MIT– se da cuando la mente permanece sin miedo ni ansiedad las 24 horas del día».

Luego están el *esfuerzo* y la diligencia; la *concentración* y la no distracción, y la *sabiduría*, es decir, las comprensiones derivadas de la práctica de la meditación profunda.

La idea de actualizar lo mejor de nosotros como rasgos duraderos resuena ampliamente con lo que al respecto dicen las tradiciones espirituales. Como ya hemos visto en el capítulo 3, titulado «El después es el antes del siguiente durante», los filósofos grecorromanos anunciaban un conjunto extraordinario de virtudes. Y, según un dicho sufí, «el carácter bondadoso es suficiente prosperidad».[13]

Consideremos el relato del rabino Leib, discípulo del rabino Dov Baer, un maestro hasidí del siglo XVIII. En esos tiempos, los discípulos de esa tradición estudiaban temas religiosos y escuchaban conferencias sobre cuestiones de la Torá, su libro sagrado. Pero Leib tenía un objetivo diferente.

Él no había ido a visitar a Dov Baer, su mentor religioso, para estudiar textos y escuchar sermones, dijo Leib, sino para «ver cómo se ataba los zapatos».[14] O, dicho en otras palabras, su interés era el de ver y absorber las cualidades de ser encarnadas por su maestro.

Existen sorprendentes similitudes entre los datos científicos y los antiguos mapas de los rasgos alterados. Un texto tibetano del siglo XVIII, por ejemplo, advierte que, entre los signos de avance espiritual, se cuentan la bondad y la fuerte compasión hacia todo el mundo, el contento y «el debilitamiento de los deseos».[15]

Estas cualidades parecen coincidir con indicadores de cambios cerebrales que hemos rastreado en anteriores capítulos: amplificar los circuitos asociados a la preocupación empática y el amor parental, una amígdala más relajada, y una reducción del volumen de los circuitos cerebrales asociados al apego.

Todos los yoguis que van al laboratorio de Richie han practicado en una tradición tibetana que, en ocasiones, puede resultar confusa, según la cual todos tenemos la naturaleza del Buda, pero simplemente no lo advertimos. Desde esta perspectiva, el núcleo de la práctica no consiste tanto en el desarrollo de nuevas cualidades internas como en el reconocimiento de nuestras cualidades intrínsecas. En consecuencia, los considerables descubrimientos neurológicos y biológicos descubiertos en los yoguis no son el signo de una cualidad desarrollada, sino el reconocimiento de cualidades preexistentes.

¿Son los rasgos alterados de los que estamos hablando facetas añadidas a nuestra naturaleza o aspectos descubiertos que siempre han estado ahí? Esta es una pregunta para la que, en este estadio de su desarrollo, la ciencia contemplativa todavía no tiene una respuesta clara. Con lo que sí contamos, sin embargo, es con un cuerpo cada vez mayor de descubrimientos científicos que muestran por ejemplo que, cuando un niño tiene la oportunidad de elegir entre marionetas que se relacionan de un modo agresivo y egoísta u otras que mantienen relaciones amables y cordiales, casi todos eligen esta última opción.[16] Esta es una tendencia natural que prosigue durante toda la infancia.

Estos descubrimientos son coherentes con la visión de virtudes preexistentes, como la bondad intrínseca básica, y abren la posibilidad de que el entrenamiento en la bondad amorosa y la compasión implique el reconocimiento y el fortalecimiento temprano de cualidades fundamentales que ya están presentes. En este sentido, los practicantes no estarían desarrollando una nueva habilidad, sino redescubriendo una competencia básica (de manera semejante a lo que ocurre con el caso del lenguaje).

Será la investigación futura, a fin de cuentas, la que determine si el abanico de cualidades cultivadas por diferentes prácticas meditativas es algo innato o desarrollado por la práctica. Nosotros simplemente sostenemos la idea de que algunos aspectos, al menos, de la práctica meditativa no consisten tanto en el aprendizaje de una nueva habilidad, como en el reconocimiento de una tendencia básica presente desde el mismo comienzo.

¿Qué hemos perdido?

La meditación, desde una perspectiva histórica, no apunta a mejorar nuestra salud, relajarnos o mejorar el desempeño laboral. Aunque estas sean el tipo de afirmaciones que han convertido a la meditación en algo actualmente ubicuo, esos beneficios han sido, a lo largo de los siglos, algo meramente fortuito, efectos secundarios que han pasado inadvertidos. El verdadero objetivo de la práctica contemplativa siempre ha apuntado al logro de rasgos alterados.

Las pruebas más claras de estas cualidades nos las muestran los yoguis que llegan al laboratorio de Richie. Esto nos lleva a preguntarnos cómo opera la práctica contemplativa. Todos estos yoguis practican lo que, al comienzo de este libro, hemos denominado «camino profundo» de una determinada tradición espiritual. En el mundo actual, sin embargo, la mayoría elegimos un camino más sencillo (y breve), un enfoque pragmático que tiende a quedarse con lo que funciona y se olvida del resto.

Son muchas las cosas que dejamos atrás cuando nos quedamos con las formas más amables de las ricas tradiciones contemplativas del mundo. Y, en la medida en que la meditación emigró desde su entorno original hasta adaptaciones más populares, las cosas que se abandonan acaban ignorándose y olvidándose.

Hay algunos componentes importantes de la práctica contemplativa que no tienen que ver con la meditación. Pues, en el camino profundo, la meditación solo representa una parte del amplio abanico de métodos destinados a aumentar la autoconciencia, contribuir a la comprensión de las sutilezas de la conciencia y conseguir, en última instancia, una transformación duradera, una tarea abrumadora cuyo logro requiere una dedicación de toda una vida.

Todos los yoguis que han pasado por el laboratorio de Richie practican en una tradición tibetana según la cual es posible, en último término, liberarse de todo tipo de sufrimiento, una tarea extraordinaria a la que el meditador se enfrenta mediante un proceso de entrenamiento mental. Una parte importante de este entrenamiento mental yóguico consiste en el desarrollo de una mayor ecuanimidad hacia nuestro mundo emocional y se basa en la convicción de que la meditación y otras prácticas relacionadas pueden producir una transformación duradera; es decir, rasgos alterados.

Aunque algunas personas sigan, en Occidente, el camino «profundo» y sostengan, en consecuencia, convicciones que implican a toda su vida, otros utilizan los mismos métodos como un simple camino de renovación, es decir, tomándose una especie de vacaciones internas. (Pero hay que decir que, con el paso del tiempo, las cosas pueden cambiar y la motivación original también puede, en consecuencia, variar).

La sensación de una vida centrada fundamentalmente en la práctica es uno de los muchos elementos que, pese a su importancia extraordinaria, suele quedar arrumbado en algún recodo del camino. Y cabe destacar también, en este mismo sentido, la importancia de los siguientes elementos fundamentales para el cultivo de los rasgos alterados al nivel puesto de manifiesto por los yoguis:

- Una *postura ética*, es decir, un conjunto de guías morales que faciliten el cambio interno a lo largo del camino. Muchas tradiciones emplean esa brújula interna para no malgastar en beneficio propio ninguna de las capacidades desarrolladas.
- *Intención altruista*, en la que el practicante invoca, desde el comienzo, la motivación clara de que la práctica sea beneficiosa para todos los seres, no solo para uno mismo.
- Una *fe arraigada*, es decir, la actitud mental de que un determinado camino es valioso y contribuye al logro de la transformación que se pretende. Algunos textos advierten en contra de la fe ciega e instan a los discípulos a hacer lo que hoy en día denominamos «diligencia debida» para encontrar un maestro.
- *Guía personalizada*. Un maestro conocedor que nos dé los consejos necesarios, durante el camino, para dar el siguiente paso. La ciencia cognitiva sabe bien que la mejora del desempeño requiere de ese tipo de retroalimentación.
- *Devoción*, es decir, una valoración profunda de todas las personas, principios, etcétera, que hacen posible la práctica. También puede dirigirse a las cualidades de una figura divina o de un maestro o a los rasgos o cualidades alteradas del maestro.

- *Comunidad*. Un grupo de amigos que sirva de apoyo en el camino y que, en sí mismo, esté dedicado a la práctica, algo que contrasta profundamente con el aislamiento característico de muchos meditadores modernos.
- Una *cultura de apoyo*. Las culturas tradicionales orientales han reconocido desde hace mucho el valor de las personas que dedican su vida a transformarse a sí mismas para encarnar las virtudes de la atención, la paciencia, la compasión, etcétera. Quienes trabajan y tienen familia apoyan voluntariamente, en esas culturas, a quienes se dedican a practicar con profundidad dándoles dinero, alimentándolos y facilitando, de un modo u otro, su vida, nada de lo cual ocurre en las sociedades modernas.
- *Potencial para rasgos alterados*. La misma idea de que estas prácticas puedan liberarnos de nuestros estados mentales ordinarios –no solo mejorar el yo– ha dado forma desde siempre a estas prácticas, alentando el respeto y la veneración por el camino y por quienes lo siguen.

No tenemos forma de alguna saber si «lo que hemos dejado atrás» son ingredientes activos que la investigación científica de los rasgos alterados ha empezado a documentar en el laboratorio.

Despertar

Poco después de que Siddharta Gautama, el príncipe convertido en renunciante, hubiese completado su viaje interno en Bodhgaya, se encontró con unos yoguis errantes que, reconociendo que había experimentado algún tipo de transformación, le preguntaron: «¿Eres acaso un Dios?».

–No –replicó Gautama–. Soy un despierto.

El término sánscrito que significa «despierto» (es decir, *bodhi*), dio a Gautama el nombre con el que hoy en día le conocemos, Buda, el despierto. Aunque nadie pueda saber con absoluta certeza lo que ese despertar entraña, los datos recopilados por la investigación de los yoguis más avanzados pueden proporcionarnos algunos indicios. Hay, por ejemplo, un elevado nivel de ondas gamma continuas que parece correlacionarse con una sensación de espaciosa amplitud y sentidos completamente abiertos que enriquecen nuestra experiencia cotidiana –hasta en el sueño profundo–, sugiriendo una cualidad del despertar que perdura las 24 horas del día.[17]

La metáfora de nuestra conciencia ordinaria como una especie de sueño y de un cambio interno que conduce al verdadero «despertar» tiene una larga historia y una amplia difusión. Aunque son varias las escuelas de pensamiento que afirman este punto, no estamos cualificados para adentrarnos en los incontables debates sobre lo que significa exactamente el «despertar», ni sobre si la ciencia puede arbitrar adecuadamente los debates metafísicos al respecto.

Del mismo modo que las matemáticas y la poesía son formas diferentes de conocer la realidad, la ciencia y la religión representan *magisterios*, reinos de autoridad, áreas de indagación y formas de conocimiento separados, ya que esta habla de valores, creencias y trascendencia, mientras que aquella lo hace de hechos, hipótesis y razones.[18] A fin de cuentas, nuestro intento de medir la mente de los meditadores no aspira a determinar el valor de verdad de lo que las distintas religiones afirman acerca de esos estados mentales.

Nuestro objetivo es bastante más pragmático: ¿Hay algo en los procesos de transformación de los que habla el camino profundo que pueda ser de aplicación universal? ¿Cómo podemos servirnos de la mecánica del camino profundo de un modo que resulte útil para un número mayor de personas?

Resumen

Son varios los beneficios que acompañan a la meditación desde las primeras semanas, días y hasta horas de práctica. Por una parte, el cerebro de los principiantes presenta una menor reactividad amigdalar al estrés. La investigación realizada al respecto ha puesto de relieve, al cabo de un par de semanas de práctica, mejoras en la atención (como una mayor concentración, menos distracciones y un aumento de la memoria operativa) y una evidente mejora en las puntuaciones del test de entrada en la escuela de graduados. Algunos de los beneficios más tempranos tienen que ver con la meditación de la compasión, incluyendo un aumento de la conectividad de los circuitos asociados a la empatía y los marcadores de inflamación, que se reducen al cabo de 30 horas de práctica. Estos beneficios hacen acto de presencia al cabo de muy pocas horas de práctica, pero probablemente sean muy frágiles y necesiten verse sostenidos con el ejercicio cotidiano.

Los beneficios documentados por la investigación de los meditadores avanzados (es decir, de personas que han hecho 1.000 horas o más de práctica) son mucho mayores y añaden nuevos efectos a la mezcla. Hay indicadores cerebrales y hormonales de una menor reactividad al estrés y de una atenuación de la inflamación, un fortalecimiento de los circuitos prefrontales que favorecen la gestión del estrés y una tasa inferior de cortisol, lo que indica una menor reactividad general al estrés. En este nivel, la meditación de la compasión aumenta nuestra conexión con quienes sufren y aumenta la probabilidad de hacer algo para ayudar.

En cuanto a la mejora de la atención, los beneficios provocados por la meditación son los siguientes: una mayor atención selectiva, una atenuación del parpadeo atencional, una mayor facilidad para mantener la atención, una mayor predisposición a responder a lo que pueda presentarse, y una menor divagación mental. Y, junto a menos pensamientos relacionados con uno mismo, también cabe advertir un debilitamiento de los circuitos relacionados con el apego. Entre otros cambios biológicos y cerebrales, cabe destacar una reducción de la tasa cardiaca (evidenciando un enlentecimiento del ritmo metabólico). Un retiro de un día fortalece el sistema inmunitario y los signos del estado meditativo prosiguen durante el sueño. Todos estos cambios sugieren la emergencia de rasgos alterados.

Finalmente están los yoguis de nivel «olímpico» (cuyo promedio de horas de meditación gira en torno a las 27.000 horas). Ellos muestran claros indicios de rasgos alterados, como la presencia de una sincronización de ondas gamma entre regiones cerebrales muy alejadas (una pauta de onda cerebral completamente inédita) que aparece también durante el estado de reposo de los yoguis que más horas han dedicado a la práctica. Si bien más intensas durante las prácticas de la presencia abierta y de la compasión, las ondas gamma también se hallan continuamente presentes –aunque con menor intensidad– cuando la mente descansa. Y hay asimismo indicios de que, comparado con el de otras personas de su edad, el cerebro de los yoguis envejece más lentamente.

Otros signos cerebrales de la experiencia de los yoguis son la capacidad de iniciar y detener el estado meditativo en cuestión de segundos y la necesidad de invertir menos esfuerzo durante la meditación (sobre todo entre los yoguis más avanzados). La reacción al dolor de los yoguis también es muy característica, mostrando apenas signos de ansiedad anticipatoria, una reacción corta pero intensa al dolor y una pronta recuperación. Durante la meditación de la compasión, la conexión entre el cerebro y el corazón de los yoguis es superior a la habitual en otras personas. Y lo más significativo de todo es que el estado cerebral de los yoguis mientras descansan se asemeja al de otras personas mientras meditan; o, dicho de otro modo, que ese estado se ha convertido, para ellos, en un rasgo.

14. Una mente sana

La doctora Susan Davidson, esposa de Richie, es especialista en obstetricia de alto riesgo y, como Richie, una meditadora avanzada. Hace ya varios años, Susan y otros médicos decidieron organizar un grupo de meditación en su hospital de Madison. El grupo se encontraba los viernes por la mañana, y, antes del encuentro, Susan enviaba regularmente un correo electrónico a sus compañeros recordándoles el encuentro y, con mucha frecuencia, se cruzaba en los pasillos con colegas que le decían algo así como: «Estoy muy contento de que estés haciendo esto... –a lo que solían añadir–, pero no voy a poder acudir».

Y, a decir verdad, había, para ello, buenas razones porque, como no se contaba con los registros electrónicos actuales y todavía no existía la especialidad médica de los «hospitalistas» (es decir, de los médicos y del personal que dedican gran parte de su tiempo al cuidado de los pacientes hospitalizados, liberando así a otros de tener que hacer «rondas»), los médicos de aquel tiempo estaban sobrecargados de trabajo. Curiosamente, ese grupo de meditación hubiera sido, para ellos, una bendición, porque les habría proporcionado la oportunidad de recuperarse un poco.

Solo 6 o 7 médicos asistieron a ese grupo que, ante tal falta de motivación, no tardó en disolverse.

Esa sensación de falta de tiempo parece ser la principal excusa entre las personas que, queriendo meditar, nunca acaban de decidirse. Conscientes de ello, Richie y su equipo están desarrollando una plataforma digital denominada Healthy Minds destinada a enseñar estrategias basadas en la meditación para el cultivo del bienestar, incluso para quienes afirman «no tener tiempo». Si uno insiste en que está demasiado ocupado para llevar a cabo una meditación formal, Healthy Minds puede ayudarle a diseñar una práctica que pueda llevarse a cabo en una actividad cotidiana, como ir o volver del trabajo o limpiar la casa. Y, siempre que se trate de una actividad que no requiera toda su atención, puede escuchar, mientras la lleva a cabo, una serie de instrucciones prácticas. Y, como algunos de los beneficios de la meditación tienen que ver con el modo en que nos preparan para la vida cotidiana, la posibilidad de practicar en mitad de la vida puede acabar convirtiéndose en una fortaleza.

Healthy Minds es, obviamente, una más de las muchas aplicaciones destinadas a la enseñanza de la meditación, pero, mientras que esas aplicaciones utilizan los descubrimientos científicos de los beneficios de la meditación como argumento para la venta, Healthy Minds da todavía un paso, porque el laboratorio de Richie investiga científicamente sus efectos para determinar la verdadera eficacia de esa práctica.

¿Cuál es, por ejemplo, el efecto relativo de una práctica de 20 minutos al día en el metro comparado con 20 minutos de práctica en un rincón tranquilo de casa? No sabemos muy bien cuál es la respuesta a esta pregunta. Y tampoco sabemos si es mejor practicar un periodo de 20 minutos, 2 periodos de 10 minutos o 4 periodos de 5 minutos. Estas son algunas de las muchas preguntas que el equipo de Richie está tratando de responder.

Nosotros consideramos esta plataforma digital y la investigación en la que se basa como un prototipo del siguiente paso que consiste en abrir el camino de acceso a los muchos efectos positivos que la ciencia ha descubierto sobre la práctica contemplativa. Ya contamos con formatos de fácil acceso, como MBSR, TM, y formas genéricas de mindfulness de las que, sin necesidad de abrazar ni conocer sus raíces orientales, cualquiera puede beneficiarse.

Son muchas las empresas que han implementado estos enfoques tan útiles para sus empleados y para su cuenta de resultados, ofreciendo métodos contemplativos como parte de sus menús de formación y desarrollo hasta el punto de que las hay que cuentan incluso con una sala de meditación para los empleados. (Obviamente, tal posibilidad requiere de una determinada cultura laboral que le sirva de apoyo porque, en una empresa en la que los trabajadores se hallaban de cara al ordenador durante jornadas agotadoras, le contaron a Dan que los que pasaban demasiado tiempo en la sala de meditación corrían el riesgo de ser despedidos).

El equipo de Amishi Jha en la Universidad de Miami ofrece ahora entrenamiento en mindfulness a grupos de personas sometidas a situaciones muy estresantes que van desde tropas de combate hasta jugadores de fútbol, bomberos y maestros. El Garrison Institute, ubicado en las proximidades de Nueva York, ofrece un programa basado en el mindfulness para ayudar a los trabajadores que se enfrentan a situaciones traumáticas en África y en Oriente Medio a abordar los traumas derivados de luchar con una epidemia como, por ejemplo, el Ébola, o ayudar a refugiados desesperados. Y Fleet Maull, mientras cumplía una condena de 14 años por contrabando de drogas, fundó el Prison Mindfulness Institute, que actualmente enseña a internos de casi 80 prisiones de los Estados Unidos.

La ciencia contemplativa es, para nosotros, un cuerpo de información básico sobre los muchos modos en que nuestra mente, nuestro cuerpo y nuestro cerebro pueden verse modelados, en un sentido amplio, hacia la salud que, según la definición de la Organización Mundial de la Salud, no se limita a la ausencia de afecciones o enfermedades, sino que apunta a «un estado de completo bienestar físico, mental y social». La meditación y sus derivados pueden ser, de varios modos, un ingrediente activo para el logro de ese bienestar, tener un largo alcance y llegar a rincones muy distantes.

Los descubrimientos realizados por la ciencia contemplativa pueden generar enfoques innovadores basados, fundamentalmente, en la evidencia, pero que no se parecen en nada a la meditación. Estas aplicaciones derivadas de la meditación pueden ser muy interesantes para ayudar a resolver problemas personales o sociales, pero nadie sabe todavía lo que, al respecto, nos deparará el futuro.

Alejar estos métodos de sus raíces puede estar bien –siempre y cuando sigan arraigados en la ciencia–, posibilitando el acceso de estas soluciones a un número más amplio de personas. ¿Por qué, después de todo, deberían beneficiarse de ello exclusivamente los meditadores?

Guiando la neuroplasticidad

–¿Qué necesitan las plantas para crecer? –preguntó Laura Pinger, una especialista en currículos del centro de Richie y que desarrolló el Kindness Curriculum para preescolares.

Esa mañana, la mayoría de los 15 preescolares que estaban aprendiendo a empatizar con la bondad levantaron ansiosamente la mano para responder.

–La luz del sol –dijo uno.

–Agua –respondió otro.

Y un tercero, que pese a tener problemas de atención, se había beneficiado mucho del programa de la bondad, levantó la mano y dijo: «el amor».

Esa respuesta despertó una respuesta palpable de agradecimiento por la lección asociada de que la bondad es una forma de amor.

El Kindness Curriculum empieza con un ejercicio de mindfulness básico adaptado a niños de 4 años que, mientras están acostados de espaldas en el suelo, escuchan el sonido de una campana y prestan atención al modo en que pequeñas piedras colocadas sobre su vientre suben y bajan con cada respiración.

Esos niños aprendieron a utilizar el mindfulness para concentrar la atención en su cuerpo, aprendiendo a prestar una atención plena a sus sensaciones mientras se relacionaban con otros niños (especialmente en el caso de que esos niños estuvieran enfadados). Esos enfados se convierten en oportunidades para que los niños no solo adviertan lo que ocurre en su cuerpo, sino que imaginen también lo que puede estar ocurriendo en el cuerpo de su compañero enfadado, una auténtica exploración de la empatía.

Los niños se vieron alentados a practicar ayudándose y expresando su gratitud. Cuando los niños agradecen la ayuda de otro, pueden recompensar ese acto pidiéndole al profesor que premie al niño que les ha ayudado colocando una pegatina en un póster llamado «jardín de la bondad».

Para evaluar el impacto de este programa, el grupo de Davidson invitó a los niños a compartir sus pegatinas (una especie de moneda importante para un niño) con uno de los cuatro niños siguientes: su mejor compañero de clase, el menos favorito de todos ellos, un extraño (es decir, un niño al que no conocían), o un niño que parecía enfermo.

Los niños pequeños que participan en el programa de la bondad comparten más con el niño que menos les gusta y con el niño enfermo que los niños que van a la guardería, que dan la mayoría de las pegatinas al compañero que más les gusta.[1] Otro importante descubrimiento es que, a diferencia de lo que sucede con la mayoría, los niños bondadosos no se centran tanto, al llegar al jardín de infancia, en ellos mismos.

Aunque ayudar a los niños a desarrollar la bondad parezca un idea muy interesante, lo cierto es que se trata de una capacidad humana a la que el sistema educativo no presta la menor atención. Y, aunque muchas familias infundan, obviamente, estos valores a sus hijos, también son muchas las que no lo hacen. Por eso, la implatación de estos programas en el entorno escolar garantizaría que todos los niños aprendiesen las lecciones que fortalecen el músculo de su corazón.[2]

La bondad, el cuidado y la compasión siguen una línea del desarrollo completamente ignorada por nuestro sistema educativo, lo mismo que sucede con la atención, la autorregulación, la empatía y la capacidad de conexión interpersonal. ¿Por qué, sin dejar de insistir en el desarrollo de habilidades académicas tradicionales como la lectura y las matemáticas, no nos dedicamos a enseñar a los niños el desarrollo de estas habilidades tan importantes para el logro de una vida plena?

Los psicólogos del desarrollo nos dicen que el desarrollo de la atención, la empatía, la bondad, la calma y la conexión social discurren a un ritmo diferente. Los indicios conductuales de esta maduración –como el bullicio del jardín de infancia *versus* el mejor comportamiento de los niños de cuarto grado– son signos externos del desarrollo de las correspondientes redes neuronales subyacentes. Y la neuroplasticidad nos dice que esos circuitos cerebrales pueden ser adecuadamente guiados gracias a un entrenamiento como el proporcionado por el Kindness Curriculum.

El modo en que nuestros niños desarrollan estas habilidades ha quedado, hasta el momento, en manos del azar. Podemos ser más inteligentes en el modo de ayudar a nuestros hijos a cultivarlas. Todos los métodos de meditación son, por ejemplo, prácticas destinadas al fortalecimiento de la atención. Adaptar estas técnicas de un modo que contribuyan al desarrollo de la atención de los niños es algo que tiene muchas ventajas; no olvidemos que, en ausencia de atención, no hay posible aprendizaje.

Es lamentable la poca consideración que otorgamos al fortalecimiento de la atención en los niños, especialmente teniendo en cuenta que la infancia constituye una excelente oportunidad para el desarrollo de los circuitos cerebrales y que cualquier ayuda al respecto podría fortalecer esos circuitos. La ciencia del cultivo de la atención es muy sólida y el camino para lograr ese objetivo se halla a nuestro alcance.

Y son muchas las razones que, en este sentido, podríamos aducir: nuestra sociedad padece de un gran déficit de atención. Los niños de hoy en día crecen con un dispositivo digital continuamente en sus manos que, al tiempo que les proporciona mucha más información que a cualquier otra generación del pasado, es también, obviamente, una fuente continua de distracción. No es de extrañar que consideremos el desarrollo de las capacidades atencionales como un problema urgente de salud pública.

Dan fue uno de los cofundadores del movimiento llamado «aprendizaje emocional/social» (SEL) en el que hoy en día participan miles de escuelas de todo el mundo. Según su opinión, el desarrollo de la atención y la preocupación empática son los siguientes pasos.[3] A decir verdad, ha aparecido un amplio movimiento destinado a llevar mindfulness al ámbito escolar y, muy especialmente, a los jóvenes pobres o con problemas.[4] Pero estos no son, por el momento, más que esfuerzos piloto aislados y esperamos que, un buen día, todos los niños tengan acceso a programas centrados en el desarrollo de la atención y la bondad.

Como es tanto el tiempo que los niños en edad escolar pasan hoy jugando a videojuegos, tal vez convenga emplear esa ruta para el aprendizaje de esas lecciones. Aunque hay veces en que esos juegos se demonizan por contribuir al déficit de atención que caracteriza colectivamente a la cultura moderna, también es posible orientar su poder hacia el cultivo de estados y rasgos sanos y positivos. En este sentido, el grupo de Richie ha colaborado con diseñadores de juegos de vídeo especializados en juegos educativos en la creación de algunos juegos para adolescentes.[5]

Tenacity es el nombre de un videojuego basado en la investigación sobre el control de la atención llevada a cabo en el laboratorio de Richie.[6] Resulta que la mayoría de las personas no tienen problema alguno en tocar con un dedo la pantalla de un iPad con cada inspiración. Cuando, sin embargo, se les pide que, cada 9 inspiraciones, toquen la pantalla con un par de dedos, cometen errores, lo que indica que su mente se ha distraído.

Esta fue la información utilizada por Richie y sus colegas como mecánica básica para el desarrollo de *Tenacity*. El juego consiste en tocar la pantalla con un dedo en cada inspiración y con 2 dedos cada 5. Como la mayoría de los niños son muy precisos en tocar la pantalla en cada inspiración, el equipo de Richie puede determinar si tocan la pantalla con 2 dedos cada 5 inspiraciones. La puntuación obtenida depende del número de toques exactos con 2 dedos. Y, a cada nuevo toque correcto con 2 dedos, el escenario del iPad va enriqueciéndose y, en una de las versiones, por ejemplo, un paisaje desértico acaba decorado con hermosas flores.

El grupo de Richie descubrió, en los niños que jugaron a este juego entre 20 y 30 minutos al día durante 2 semanas, una mayor conectividad entre el centro ejecutivo del cerebro ubicado en la corteza prefrontal y los circuitos cerebrales destinados a la atención concentrada.[7] Y, en otro estudio, los jugadores se mostraron más capaces de ignorar las distracciones y de concentrarse en la expresión facial de alguien, indicios claros de un aumento de la empatía.

Nadie cree en la posibilidad de que, en ausencia de ejercicio (lo que, en este caso, significa en ausencia de juego), estos cambios se mantengan. Pero la presencia de esos cambios beneficiosos tanto en el cerebro como en la conducta es una prueba de que los videojuegos pueden ayudarnos a mejorar la atención plena y la empatía.

La gimnasia mental

La difusión de la conferencia de Richie en el National Institute of Health iba acompañada de la siguiente pregunta: «¿Podríamos ejercitar nuestra mente del mismo modo en que ejercitamos nuestro cuerpo con una práctica especialmente diseñada para ello?».

La industria del *fitness* se asienta en nuestro deseo de estar sanos y todo el mundo –haga o no algo al respecto– tiene en alta estima el ejercicio físico. ¿No podríamos desarrollar hábitos de higiene mental semejantes a los hábitos de higiene personal que hemos incorporado hasta el punto de convertirlos en una práctica tan regular como ducharnos o cepillarnos los dientes?

La neuroplasticidad –es decir, la configuración del cerebro fruto de las experiencias repetidas– se produce sin que habitualmente nos demos cuenta de ello. Pasamos horas engullendo lo que nos ofrece la pantalla de nuestros dispositivos digitales, o sumidos en tareas mecánicas, mientras nuestras neuronas fortalecen o debilitan los circuitos cerebrales implicados. Una dieta mental tan irregular va acompañada de cambios igualmente irregulares en la musculatura de nuestra mente.

La ciencia contemplativa nos dice que podemos asumir la responsabilidad del cuidado de nuestra mente. Y, como han puesto de relieve los resultados de la investigación realizada sobre la práctica de la bondad amorosa, los beneficios derivados de una configuración más deliberada de nuestra mente pueden presentarse bastante temprano. Consideremos el trabajo llevado a cabo por Tracy Shors, una neurocientífica que elaboró un programa de entrenamiento llamado Mental and Physical Training (MAP) que contribuiría, en su opinión, a favorecer la neurogénesis (es decir, el desarrollo de nuevas células cerebrales).[8] Los resultados obtenidos por los participantes en ese programa, que llevaron a cabo media hora de meditación de concentración de la atención seguida de otra media hora de ejercicio aeróbico de moderado a intenso un par de veces por semana durante 8 semanas, pusieron de relieve una clara mejora en la función ejecutiva que parecía corroborar la hipótesis de un recableado positivo del cerebro.

De la misma manera que el ejercicio intenso fortalece el músculo y aumenta la duración de sus efectos, pero, cuando lo abandonamos, volvemos a la flacidez y a tener problemas respiratorios, lo mismo ocurre con los cambios mentales y cerebrales que acompañan al trabajo interno, la meditación y sus derivados.

¿Por qué no elaborar, pues, dado que el cerebro se asemeja a un músculo que mejora con el ejercicio, un equivalente mental a la gimnasia física? Esta gimnasia mental no requeriría, para su práctica, de un espacio físico concreto, sino que podría consistir en una serie de aplicaciones con ejercicios internos que podrían realizarse en cualquier lugar.

Las aplicaciones digitales pueden llevar la práctica contemplativa a un mayor número de personas. Aunque las aplicaciones de la meditación son ya de amplio uso, todavía no se ha establecido su eficacia. Lo más habitual es que estas aplicaciones citen estudios sobre algún tipo de meditación realizados en algún lugar (y no necesariamente los mejores de esos estudios), pero no son muy transparentes sobre su eficacia. Una de esas aplicaciones, que supuestamente mejoraba las funciones mentales, se vio obligada a pagar una multa muy elevada cuando las agencias gubernamentales cuestionaron sus afirmaciones, que demostraron ser infundadas.

Las pruebas recopiladas hasta el momento sugieren, por el contrario, la eficacia de las aplicaciones digitales bien diseñadas y rigurosamente controladas. Un estudio sobre una aplicación web de la bondad amorosa (que hemos mencionado en el capítulo 6, titulado «Predispuestos al amor») ha demostrado hacer más relajadas y generosas a las personas que la utilizan.[9]

Y el grupo de Sona Dimidjian conectó con personas que presentaban síntomas de una depresión leve, un grupo más expuesto que el promedio a padecer un brote de depresión grave. El equipo de Sona desarrolló un programa derivado del MBCT llamado Mindful Mood Balance para su empleo *online* cuyos resultados descubrieron que bastaba con 8 sesiones para aliviar síntomas de depresión, ansiedad, preocupación y rumiación constante.[10]

Pero estos resultados no implican automáticamente que todas las aplicaciones web de meditación o sus derivados sean beneficiosos. La investigación realizada al respecto todavía debe responder si algunas son más eficaces que otras y, en caso afirmativo, por qué.

No existe, por lo que sabemos, ninguna publicación en la literatura científica dominante que se haya dedicado a evaluar la eficacia de la multitud de aplicaciones de meditación que afirman tener un fundamento científico. Ojalá llegue el día en que esa evaluación pueda estandarizarse y podamos corroborar si una determinada aplicación cumple o no lo que promete.

Sea como fuere, la investigación realizada sobre la meditación parece confirmar los beneficios del entrenamiento mental. Esperamos que llegue el día en que nuestra cultura trate la mente del mismo modo en que trata el cuerpo, y los ejercicios destinados al cuidado de la mente formen parte de nuestra rutina cotidiana.

Hackeo neuronal

La nieve de Nueva Inglaterra estaba, esa mañana de marzo, empezando a derretirse y la sala de estar de la casa victoriana del campus del Amherst College parecía una pequeña arca de Noé llena de parejas de especialistas de multitud de disciplinas científicas, desde eruditos religiosos hasta psicólogos experimentales, neurocientíficos y filósofos.

El grupo se había reunido bajo los auspicios del Mind and Life Institute con la intención de explorar los rincones de la mente que se ponen en marcha con cada deseo, un camino que va desde el capricho hasta la adicción (a las drogas, el porno o las compras).

El problema, en opinión de los eruditos religiosos, comienza en el momento de la identificación, ese impulso emocional que, independientemente de la forma que asuma, nos lleva a inclinarnos hacia el placer. Una vez atrapados por el deseo, especialmente en la medida en que su intensidad crece y nos adentramos en los dominios de la avidez y la adicción, hay una sensación de incomodidad que moviliza el apego y el seductor susurro mental de que ese objeto concreto nos librará del malestar.

Esos momentos pueden ser tan sutiles que, en medio de las distracciones frenéticas de nuestro estado mental habitual, nos pasen inadvertidos. Y esto es más probable, según la investigación, cuanto más distraídos estamos, y que atrape a los adictos apenas aparezcan los más pequeños indicios, como la camiseta que llevaban durante la última ocasión en que se encontraron bien, que les inunda con recuerdos de pasadas fijaciones.

Este estado contrasta, como advirtió el filósofo Jake Davis, con la sensación de soltura que experimentamos cuando estamos libres de motivaciones compulsivas. Una «mente que no se identifica» nos torna inmunes a esos impulsos y satisfechos siendo como somos.

El mindfulness nos permite observar lo que ocurre en nuestra mente en lugar de vernos arrastrados por ello. «Para soltarlo adecuadamente, necesitas ver el impulso a aferrarte –afirma Davis– apenas empieza a destacar». Mientras estamos atentos advertimos la emergencia de esos impulsos, pero los contemplamos del mismo modo que a los demás pensamientos que afloran de manera espontánea.

En opinión del psiquiatra y neurocientífico Judson Brewer, que acaba de convertirse en director de Investigación del Center for Mindfulness de la Facultad de Medicina de la Universidad de Massachusetts en Worcester, lugar de nacimiento del MBSR, la actividad neuronal gira aquí en torno a la PCC (corteza postcingulada). Las actividades mentales en las que participa la PCC incluyen el hecho de estar distraídos, dejar que la mente divague, gustarnos una determinada decisión por más inmoral que nos parezca y sentirnos culpables; y, obviamente, también el deseo.

El grupo de Brewer, como ya hemos dicho en el capítulo 8, titulado «La levedad del ser», ha investigado con técnicas de imagen lo que sucede en el cerebro de las personas durante el mindfulness con la intención de identificar una estrategia que aquiete la PCC. La investigación realizada en este sentido ha descubierto que, cuanto menos esfuerzo se invierte en el mindfulness, más inactiva está la PCC.[11] En el laboratorio de Brewer, el mindfulness ha ayudado a adictos al tabaco a abandonar el hábito.[12] Él mismo ha desarrollado un par de aplicaciones utilizando los descubrimientos realizados sobre la PCC para la superación de adicciones como fumar o comer en exceso.

Brewer llega a traducir este descubrimiento neuronal en un enfoque práctico utilizando «neurofeedback», con el que monitoriza la actividad cerebral de la persona y le indica instantáneamente si una determinada región está más o menos activa. Esto permite a la persona experimentar lo que su mente puede hacer para reducir la actividad de la PCC. Habitualmente no nos damos cuenta de lo que pasa en nuestro cerebro, sobre todo en el nivel al que se refieren los escáneres cerebrales y similares. Esta es una de las razones que explican la importancia de los descubrimientos realizados por la neurociencia. Pero el *neurofeedback*, al atravesar la frontera que separa la mente del cerebro, nos abre una ventana de información muy valiosa para establecer un bucle de retroalimentación con el cerebro. Esto nos proporciona una información inmediata sobre el efecto cerebral de una determinada maniobra mental. Bien podemos imaginar una nueva generación de aplicaciones derivadas de la meditación que, utilizando como prototipo el *neurofeedback* de la PCC de Brewer, operen con procesos biológicos o neuronales relevantes.

Otro objetivo del *neurofeedback* pueden ser las ondas gamma, esa pauta del EEG presente en el cerebro de los yoguis avanzados. Pero, si bien podríamos obtener alguna simulación de ondas gamma de la inmensa abertura de un yogui, no nos parece que el *neurofeedback* sea un atajo para la consecución de los rasgos alterados que presenta un yogui. Las ondas gamma, o cualquier medida concreta tomada del estado mental de un yogui, solo nos proporcionan una imagen limitada y arbitraria de la rica plenitud de la que el yogui parece gozar. Aunque el feedback de las ondas gamma u otra profundización en tales elementos contraste profundamente con nuestro estado mental ordinario, en modo alguno podemos equipararlo a los frutos de años de práctica contemplativa.

Pero también hay otros posibles beneficios. Consideremos, por ejemplo, el caso del ratón que medita.

¿¡Un ratón que medita!? Esta grotesca posibilidad –o una muy parecida– ha sido explorada recientemente por neurocientíficos de la Universidad de Oregon. El ratón, obviamente, no medita; los investigadores utilizaron una luz estroboscópica especializada para provocar, en el cerebro de los ratones, ondas de determinadas frecuencias, un método llamado guía fótica, que induce a las ondas EEG a acoplarse a esos destellos luminosos. Y esto, a juzgar por la reducción de los signos de ansiedad, parece resultar relajante para el ratón.[13] Cuando otros investigadores indujeron así, con una guía fótica, el cerebro del roedor a una frecuencia gamma, descubrieron, en los ratones más viejos al menos, la placa neural asociada a la enfermedad de Alzheimer.[14]

¿Puede el feedback de ondas gamma (esa frecuencia de onda tan abundante en los yoguis) reducir o invertir la enfermedad de Alzheimer? Los anales de la investigación farmacológica están llenos de medicaciones que, pese a parecer exitosas cuando se administraban a ratones, fracasaron apenas se aplicaron al ser humano.[15] Por eso, el *neurofeedback* de ondas gamma para impedir la enfermedad de Alzheimer en humanos puede –o quizás no– ser una quimera.

Pero el modelo básico según el cual las aplicaciones del *neurofeedback* pueden facilitar a un número mayor de personas el acceso a esos estados rarificados parece más prometedor. Conviene advertir en este punto que lo que tales dispositivos pueden producir no son rasgos duraderos, sino estados provisionales. Existe un auténtico abismo entre años de meditación intensiva y el simple hecho de utilizar un tiempo una nueva aplicación.

Pese a ello, imaginamos una nueva generación de aplicaciones útiles derivadas de los métodos y comprensiones desveladas por la ciencia contemplativa, aunque ignoramos lo que finalmente ocurrirá con todo esto.

Nuestro viaje

A lo largo de las décadas, hemos ido acumulando pruebas sólidas de la existencia de los rasgos alterados. Éramos estudiantes graduados cuando entraron en escena y ahora, cuando recopilamos todas las pruebas disponibles, estamos entrando en la jubilación.

Durante casi todo este tiempo hemos seguido nuestra intuición científica con pocos datos de apoyo, pero nos sentimos reconfortados por la máxima según la cual «la ausencia de pruebas no significa pruebas de ausencia». Nuestra convicción hunde sus raíces en la lectura de textos meditativos que hablaban de esas transformaciones positivas, de los pocos seres humanos con los que nos hemos encontrado que parecían encarnar rasgos alterados y de nuestra experiencia en retiros meditativos.

Desde una perspectiva estrictamente académica, sin embargo, esto solo indica una ausencia de pruebas, porque no hay datos empíricos imparciales. Cuando emprendimos nuestro viaje contábamos con muy pocos métodos para explorar los rasgos alterados. Durante la década de 1970, estábamos frustrados porque solo podíamos hacer estudios que abordasen tangencialmente esta idea. Además, tampoco teníamos acceso a los sujetos apropiados y, en lugar de trabajar con yoguis expertos procedentes de remotas ermitas montañosas, teníamos que conformarnos con hacerlo con universitarios de los primeros cursos de Harvard.

Y, lo que todavía es más importante, la neurociencia humana se hallaba entonces en pañales. Y ello implica que, comparados con los actuales, los métodos con los que entonces contábamos para estudiar el cerebro eran muy rudimentarios y que los más avanzados se limitaban a ser medidas difusas e indirectas de la actividad cerebral.

En la década previa a nuestros años de Harvard, el filósofo Thomas Kuhn publicó el libro *La estructura de las revoluciones científicas*, en el que sostenía que la ciencia cambiaba abruptamente de vez en cuando en la medida en que nuevas ideas y paradigmas radicalmente innovadores provocaban esos cambios en el pensamiento. Esta idea atrapó nuestra imaginación cuando buscamos paradigmas que sugiriesen posibilidades humanas impensables para nuestra psicología. Las ideas de Kuhn, apasionadamente discutidas en el mundo científico, sirvieron de acicate, pese a la oposición de nuestros tutores, a nuestra búsqueda.

La ciencia necesita sus aventureros. Eso es precisamente lo que éramos cuando Richie se sentó en su zafu horas enteras sin moverse con Goenka-ji y lo que Dan hacía cuando estaba con yoguis y lamas y pasaba meses estudiando el *Visuddhimagga*, ese manual de meditación del siglo v.

Nuestra convicción de la existencia de los rasgos alterados nos dejó muy atentos a los estudios que pudiesen corroborar nuestra intuición y filtrábamos los descubrimientos a través de las lentes de nuestra experiencia, extrayendo nuestras conclusiones de lo que otros parecían estar viendo.

Las ciencias operan dentro de una red de creencias dependientes de la cultura que limita nuestra visión de lo que es posible, de un modo más poderoso todavía en el caso de las ciencias conductuales. La psicología moderna ignora que los sistemas orientales son medios para transformar el ser de una persona. Y, cuando miramos a través de una perspectiva oriental, advertimos la existencia de nuevas posibilidades.

Los estudios empíricos actuales confirman nuestras corazonadas iniciales: el entrenamiento mental sostenido modifica la estructura y funcionamiento del cerebro, lo que corrobora el fundamento neuronal de los rasgos alterados descritos, desde hace milenios, por los textos de los practicantes. Y, lo que es más, todos podemos avanzar a lo largo de ese espectro, que parece atenerse a un algoritmo simple dosis-respuesta, según el cual los beneficios son proporcionales al esfuerzo invertido.

La neurociencia contemplativa, una especialidad emergente que estudia la ciencia que hay detrás de los rasgos alterados, ha alcanzado ya su madurez.

Conclusión

¿Y qué sucedería si, transformando nuestra mente, no solo mejorásemos nuestra salud y bienestar, sino también la salud y el bienestar de nuestra comunidad y del mundo en general?

Esa pregunta retórica era también el mensaje central de la charla de Richie a los National Institutes of Health.

Nosotros imaginamos un mundo en el que el ejercicio mental modifica positivamente nuestra sociedad. Esperamos que el fundamento científico aquí esbozado ilustre el enorme potencial de bienestar duradero derivado del cuidado de nuestra mente y de nuestro cerebro y convenza al lector de lo mucho que la práctica cotidiana de un pequeño ejercicio mental puede hacer para el cultivo de ese bienestar.

Entre los muchos signos que acompañan a tal florecimiento cabe destacar el aumento de la generosidad, la bondad y la concentración y una división menos estricta entre «nosotros» y «ellos». A la luz del aumento de la empatía y de la perspectiva que acompañan a los diferentes tipos de meditación, creemos que estas prácticas pueden intensificar la sensación de interdependencia que nos une a los demás y al planeta.

Cultivadas a gran escala, estas cualidades –especialmente la bondad y la compasión– provocan cambios muy positivos en nuestras comunidades, nuestras naciones y nuestras sociedades. Estos rasgos alterados positivos tienen la capacidad de transformar nuestro mundo de un modo que mejore nuestra supervivencia individual y la supervivencia también de nuestra especie.

Estamos inspirados por la visión del Dalái Lama cuando al cumplir 80 años nos alentó a hacer tres cosas: lograr la serenidad, asumir el timón moral de la compasión y hacer lo que esté en nuestra mano para mejorar el mundo. La primera (el logro de la calma interior) y la segunda (navegar con compasión) pueden alcanzarse mediante la práctica meditativa y pueden llevarnos a la tercera (la acción diestra). Pero la acción que asumamos dependerá de cada uno de nosotros y de nuestras posibilidades y capacidades individuales, y cada uno de nosotros puede convertirse en un agente al servicio del bien.[16]

Nosotros imaginamos este «programa» como una solución a una necesidad imperiosa de salud pública: reducir la codicia, el egoísmo, el pensamiento nosotros/ellos y las inminentes calamidades ecológicas que nos acecha; y alentar la bondad, la claridad y la calma. Apuntar y actualizar directamente estas capacidades puede ayudar a romper el ciclo de enfermedades sociales, de otro modo incurables, como la pobreza, el odio intergrupal y la indiferencia hacia el bienestar de nuestro planeta.[17]

A decir verdad, todavía quedan muchas preguntas sin responder sobre el modo en que ocurren los rasgos alterados y será necesaria, para responderlas, mucha más investigación. Pero los datos científicos acumulados que respaldan la noción de rasgos alterados han alcanzado un punto tal que cualquier científico razonable admitiría la posibilidad del cambio interno que estamos señalando. Pero pocos se dan cuenta, sin embargo, de esto y menos todavía son los que consideran que esa posibilidad llegue a afectarles.

Ahora bien, no basta con los datos científicos, por más necesarios que estos sean, para llevar a cabo el cambio que vislumbramos. En un mundo cada vez más fracturado y en peligro, necesitamos alternativas a la actitud sarcástica y cínica derivadas de centrarnos en las cosas malas en lugar de hacerlo en los muchos actos de bondad que ocurren a diario. Tenemos, en suma, una gran necesidad de alentar los rasgos alterados de las cualidades humanas.

Necesitamos más personas de buena voluntad, personas más tolerantes, pacientes, amables y compasivas. Y estas no deben limitarse a ser cualidades en las que creamos, sino cualidades que encarnemos.

Nosotros –junto a muchos otros viajeros– llevamos más de 40 años explorando los rasgos alterados en el campo y en el laboratorio de nuestra mente. ¿Por qué este libro, pues, ahora?

Es muy simple. Nosotros creemos que, cuanto más actualizado esté nuestro cerebro, nuestra mente y nuestro ser, más podrá cambiar el mundo en un sentido positivo. Dejando a un lado la larga historia de utopías fracasadas, lo que esta estrategia aporta al mejoramiento humano llega ahora al campo de la ciencia.

Hemos presentado pruebas de la posibilidad de cultivar estas cualidades positivas en la profundidad de nuestro ser y de que el viaje interno es un camino al que cualquiera puede acceder. Quizás muchos no seamos capaces de llevar a cabo el esfuerzo intenso necesario para adentrarnos en el camino profundo; pero el camino amplio muestra la posibilidad de aprender cualidades como la ecuanimidad y la compasión y enseñarlas a nuestros hijos.

Cualquier paso que demos en este sentido es un regalo a nuestra vida y a nuestro mundo.

Recursos adicionales

Los lectores que quieran tener una visión clara del estado de la investigación realizada sobre la meditación pueden encontrarla en:

https://centerhealthyminds.org Center for Healthy Minds, University of Wisconsin (Madison)
https://www.mindandlife.org/ Mind & Life Institute
https://nccih.nih.gov National Center for Complementary and Integrative Health
http://ccare.stanford.edu Center for Compassion and Altruism Research and Education, Stanford University
http://mbct.com/–Mindfulness-based cognitive therapy

Grupos de investigación clave sobre la meditación

https://centerhealthyminds.org/science/studies laboratorio de Richie Davidson
http://www.umassmed.edu/cfm laboratorio de Judson Brewer y centro de MBSR
https://www.resource-project.org/en/home.html investigación llevada a cabo por Tania Singer
http://www.amishi.com/lab laboratorio de Amishi Jha
http://saronlab.ucdavis.edu laboratorio de Clifford Saron
https://www.psych.ox.ac.uk/research/mindfulness Oxford Mindfulness Centre
http://marc.ucla.edu UCLA Mindful Awareness Research Center

Implicaciones sociales

Visión del Dalái Lama: www.joinaforce4good.org

Agradecimientos

Este libro no hubiera sido posible sin la inspiración inicial de aquellos seres espiritualmente avanzados que conocimos y habían avanzado en el camino de la meditación.

Queremos dar las gracias, para empezar, a las personas que Dan conoció en Asia y muy especialmente a Neem Karoli Baba, Khunu Lama y Ananda Mayee Ma. Gracias también a nuestros maestros S.N. Goenka, Munindra-ji, Sayadaw U Pandita, Nyo-shul Khen, Adeu Rinpoché, Tulku Urgyen y sus hijos, todos ellos también rinpochés (Chokyi Nyima, Tsikey Chokling, Tsoknyi y, obviamente, Mingyur).

Gracias también a los muchos yoguis tibetanos que accedieron a viajar al otro lado del mundo para ser estudiados en el laboratorio de Richie y a los muchos occidentales retirados en su centro en Dordoña (Francia). Estamos especialmente en deuda con Matthieu Ricard, que nos ayudó a establecer el vínculo entre los mundos de la ciencia y de la contemplación y contribuyó muy positivamente al desarrollo de esta línea de investigación.

Aunque son demasiados ya los científicos cuyos estudios han contribuido a la masa creciente de investigación contemplativa como para enumerarlos, estamos muy agradecidos a todos ellos por su labor científica. Gracias especiales a los integrantes del laboratorio de Riche, especialmente Antoine Lutz, Cortland Dahl, John Dunne, Melissa Rosenkranz, Heleen Slagter y Helen Weng, entre muchos otros cuyo trabajo tanto ha contribuido a la elaboración de este libro. El trabajo en el centro de Richie no hubiera sido posible sin la incansable colaboración del personal y los directores del departamento administrativo, especialmente Isa Dolski, Susan Jensen y Barb Mathison.

Damos también las gracias a los muchos amigos y colegas que han hecho valiosos comentarios, entre los cuales destacamos a Jack Kornfield, Joseph Goldstein, Dawa Tarchin Phillips, Tania Singer, Avideh Shashaani, Sharon Salzberg, Mirabhai Bush y Larry Brilliant, por nombrar solo a unos pocos.

Y, obviamente, tampoco hubiéramos podido escribir este libro sin el amoroso apoyo y aliento de nuestras esposas, Susan y Tara.

Nuestra mayor deuda, sin embargo, la tenemos con Su Santidad el Dalái Lama, cuya simple presencia no solo nos inspiró, sino que también sugirió directamente que la investigación sobre la meditación podía acercar estas prácticas a un gran número de personas.

Notas

Capítulo 1. El camino ancho y el camino profundo

1. Probablemente no estaba refiriéndose tanto a alguien que sufre de un trastorno obsesivo-compulsivo como a los exabruptos de la persona que padece del síndrome de Tourette, una condición con la que, a comienzos de la década de 1970, la psicología clínica todavía no estaba muy familiarizada.
2. www.mindandlife.org.
3. Daniel Goleman, *Destructive Emotions: How Can We Overcome Them?* (Nueva York: Bantam, 2003). Véase también www.mindandlife.org. [*Versión en castellano: Emociones destructivas: cómo entenderlas y superarlas.* Barcelona: Editorial Kairós, 2003.]
4. El laboratorio en cuestión estaba dirigido por David Shapiro, nuestro profesor de psicología. El grupo de investigación estaba compuesto, entre otros, por Jon Kabat-Zinn, que entonces estaba empezando a enseñar lo que, con el tiempo, ha acabado convirtiéndose en el programa de reducción del estrés basado en mindfulness, y Richard Surwit, psicólogo interno, por aquel entonces, del Massachusetts Mental Health Center, que luego pasó a ser profesor de psiquiatría y medicina conductual de la Facultad de Medicina de la Universidad Duke. David Shapiro dejó Harvard para formar parte del equipo docente de UCLA donde, entre otros muchos temas, se dedicó al estudio de los beneficios fisiológicos del yoga.
5. Las palabras clave utilizadas en esta investigación fueron las siguientes: meditación, meditación mindfulness, meditación de la compasión y meditación de la bondad amorosa.

Capítulo 2. Pistas antiguas

1. Los lectores interesados en tener una visión caleidoscópica de Neem Karoli Baba a través de los occidentales que le conocieron pueden echar un vistazo al libro: Parvati Markus, *Love Everyone: The Transcendent Wisdom of Neem Karoli Baba Told Through the Stories of the Westerners Whose Lives He Transformed* (San Francisco: HarperOne, 2015).
2. Mirka Knaster, *Living This Life Fully: Stories and Teachings of Munindra* (Boston: Shambhala, 2010).

3. Entre los muchos meditadores que estuvieron con *maharaji* se hallaban Krishna Das y el mismo Ram Dass. También cabe destacar a Sharon Salzberg, John Travis y Wes Nisker, que acabaron convirtiéndose en maestros de *vipassana*. Mirabai Bush, otra de las asistentes, fundó luego el Center for Contemplative Mind in Society, una organización dedicada a alentar la pedagogía contemplativa a nivel universitario y contribuyó también a diseñar el primer curso de mindfulness e inteligencia emocional en Google.

4. A decir verdad, algunos fragmentos de estos textos parecen demasiado fantasiosos como para ser tomados en serio –especialmente los relativos al logro de poderes supranormales– que cuadran perfectamente con la correspondiente sección de los *Yogasutras* de Patañjali. Esos textos desdeñan «poderes» como la escucha a distancia por carecer, en su opinión, de todo sentido espiritual y, en algunos poemas épicos como el *Ramayana*, por ejemplo, se dice que los villanos obtienen esos poderes después de años de prácticas de meditación ascética despojada del correspondiente marco de referencia ético protector (lo que explica su maldad).

5. Véase Daniel Goleman, «The Buddha on Meditation and States of Consciousness, Part I: The Teachings», *Journal of Transpersonal Psychology* 4:1 (1972): 1-44.

6. Daniel Goleman, «Meditation as Meta-Therapy: Hypotheses Toward a Proposed Fifth Stage of Consciousness», *Journal of Transpersonal Psychology* 3:1 (1971): 1-25. Al leer esto de nuevo después de cuarenta años, Dan se siente tan avergonzado por su ingenuidad como complacido por su clarividencia.

7. B.K. Anand *et al*., «Some Aspects of EEG Studies in Yogis», *EEG and Clinical Neurophysiology* 13 (1961): 452-56. Además de ser un informe anecdótico, este estudio se llevó a cabo mucho tiempo antes del advenimiento de los programas de análisis de datos asistidos por ordenador.

8. La noción clave del «conductismo extremo» de Skinner fue que toda actividad humana se deriva de la asociación entre un determinado estímulo (siendo el más famoso la campana utilizada por Pavlov) y una determinada respuesta (un perro salivando en respuesta al tañido de la campana) que se ve luego reforzada (inicialmente mediante comida).

9. El director del departamento de Richie obtuvo su doctorado en Harvard bajo la tutela del mismo B.F. Skinner y llevó a Universidad de Nueva York sus estudios sobre el entrenamiento de palomas a través del condicionamiento en un laboratorio lleno de palomas enjauladas. Y, aunque el jefe del departamento no sostenía una visión tan extrema del conductismo, seguía siendo, en opinión de Richie, demasiado rígido y fanático. En esos años, el conductismo se había hecho cargo de los más pretigiosos departamentos de psicología como parte de un intento general de la psicología académica de hacer el campo más «científico» a través de la investigacion experimental como reacción al psicoanálisis, que no se sustentaba tanto en la experimentación como en meras anécdotas clínicas.

10. Como alumno de un seminario en honor a los presidentes del departamento de Psicología, Richie se quedó horrorizado al descubrir *Verbal Behavior*, un texto escrito por Skinner en 1957 en el que afirmaba que todos los hábitos humanos, entre ellos el lenguaje, se aprendían a través del refuerzo. Algunos años antes, el libro de Skinner recibió un ataque claro y directo en una revisión crítica llevada a cabo por el lingüista del MIT Noam Chomsky. La crítica sostiene que, independientemente de las recompensas que le ofrezcamos, ningún perro aprende a hablar, mientras que el bebé humano lo hace

sin refuerzo concreto alguno. Esto indica que el dominio del lenguaje no depende tanto de asociaciones aprendidas como de capacidades cognitivas inherentes. Para su presentación en el seminario, Richie recapituló la crítica de Noam Chomsky al libro de Skinner, momento a partir del cual tuvo en su contra al jefe del departamento que quiso incluso echarle. Ese seminario enloqueció a Richie hasta tal punto que llegó a soñar en ir al laboratorio del director a las tres de la mañana para liberar a las palomas. Véase Noam Chomsky, «The Case Against Behaviorism», *New York Review of Books*, 30 de diciembre de 1971. [Versión en castellano: *Conducta verbal*. Ciudad de México: Editorial Trillas, 1981.]

11. Judith Rodin, la tutora de Richie, acababa de obtener su doctorado en la Universidad de Columbia. Rodin acabó obteniendo una carrera distinguida en psicología, convirtiéndose en decana del Graduate School of Arts and Science de Yale, luego rectora de la universidad y finalmente en la primera mujer presidenta de la Universidad de Pennsylvania (una de las universidades de la prestigiosa Ivy League). En el momento de escribir esto acaba de renunciar a su cargo como presidenta de la Rockefeller Foundation.

12. Para ello, Richie se dirigió a John Antrobus, que enseñaba en el City College of New York, en cuyo laboratorio buscó refugio de la atmósfera irrespirable de su departamento.

13. Daniel Goleman, *Intelligentia emotional* (Nueva York: Bantam, 1995). [*Versión en castellano: Inteligencia emocional*. Barcelona: Editorial Kairós, 1996.]

14. William James, *The Varieties of Religious Experience* (CreateSpace Independent Publishing Platform, 2013), p. 388. [Versión en castellano: *Las variedades de la experiencia religiosa: estudio de la naturaleza humana*. Barcelona: Ediciones Península, 1986.]

15. Freud y Rolland: Véase Sigmund Freud, *Civilization and Its Discontents*. Posteriormente, sin embargo, las experiencias trascendentales se vieron incluidas en las teorías de Abraham Maslow, que las llamaba «experiencias cumbre». En los 70, hubo un movimiento en el borde de la ya periférica psicología humanista llamado psicología «transpersonal», que se tomaba muy en serio los estados alterados y en cuya revista, llamada *Journal of Transpersonal Psychology*, Dan publicó su primer artículo (y hay que decir también que acabó siendo uno de los primeros presidentes de la Association for Transpersonal Psychology). [Versión en castellano: *El malestar en la cultura*. Madrid: Alianza Editorial, 1985.]

16. Charles Tart, ed., *Altered States of Consciousness* (Nueva York: Harper & Row, 1969).

17. El entusiasmo y la fascinación cultural que despertaron los psicodélicos fue, en parte, una consecuencia del estado de las ciencias cerebrales de la época que, desde hacía años, había estado avanzando en su conocimiento de los neurotransmisores. Decenas de ellos habían sido identificados a comienzos de los años 70, aunque sus funciones eran poco conocidas. Cuarenta años después, hemos identificado más de un centenar y tenemos una lista muy compleja del papel que desempeñan en el cerebro junto a una comprensión más clara de sus interacciones.

18. Becado por el Social Science Research Council para estudiar los sistemas psicológicos dentro de las tradiciones espirituales orientales.

19. Esta definición de *mindfulness* procede de Nyanaponika, *The Power of Mindfulness* (Kandy, Sri Lanka: Buddhist Publication Society, 1986).

20. Luria Castell Dickinson, citado en Sheila Weller, «Suddenly That Summer», *Vanity Fair*, julio de 2012, p. 72. De manera parecida, el neurólogo Oliver Sacks escribió sus

propios descubrimientos sobre un amplio abanico de sustancias que alteran la mente, «algunas personas pueden alcanzar estados trascendentes a través de la meditación o técnicas similares de inducción de un trance, pero las drogas nos ofrecen un atajo y nos proporcionan una trascendencia a la carta». Oliver Sacks, «Altered States», *The New Yorker*, 27 de agosto de 2012, p. 40. Pero, por más que las drogas puedan inducir estados alterados, no sirven gran cosa para el logro de rasgos alterados.

Capítulo 3. El después es el antes del siguiente durante

1. Sanos e insanos: en las traducciones académicas son conocidos como factores mentales «sanos» y factores mentales «insanos».
2. El nombre original de Nyanaponika era Sigmund Feniger. Fue un judío nacido en Alemania en 1901 que, a eso de los 20 años, era budista y descubrió los escritos especialmente inspiradores de Nyanatiloka Thera (Anton Gueth), otro budista de origen alemán. Durante la época de Hitler, Feniger viajó a lo que entonces era Ceilán para unirse a Nyanatiloka en un monasterio cercano a Colombo con el fin de estudiar meditación con un monje birmano del que se decía que estaba iluminado (es decir, con un *arhant*); y estudió luego con el legendario maestro birmano de meditación y erudito Mahasi Sayadaw, que fue maestro de Munindra.
3. El curso también atrajo a muchos no estudiantes como, por ejemplo, Mitch Kapor, que posteriormente fundó Lotus, una exitosa empresa de *software*.
4. Otra asistente que tuvo una carrera ilustre fue Shoshanah Zuboff, posteriormente profesora de la Harvard Business School, que escribió, entre otros, el libro *In The Age of the Smart Machine* (Basic Books, 1989). Uno de los alumnos, Joel McCleary, se convirtió en miembro de la administración de Jimmy Carter y desempeñó un papel fundamental para obtener la aprobación del Departamento de Estado para que el Dalái Lama visitara por vez primera los Estados Unidos.
5. Los millones de personas que practican yoga en centros modernos no siguen los métodos habitualmente utilizados por los yoguis orientales que todavía se retiran, para practicar, a lugares remotos. Tradicionalmente, la enseñanza de estas prácticas requiere de un maestro (o «gurú») y de un discípulo y no se dirige, por tanto, a un grupo en una sala en un centro de yoga. Y el conjunto de posturas propias de los entornos modernos difiere fundamentalmente de las tradicionales del yoga: las posturas de pie son una innovación reciente y el formato de una serie de posturas se esbozó partiendo de las rutinas occidentales de ejercicios físicos. Por otra parte, los yoguis del bosque practican mucho más *pranayama* para tranquilizar la mente y provocar estados meditativos, lo que no ocurre, por ejemplo, en los programas de yoga al uso destinados a la mejora de la salud física más que como apoyo para las largas sentadas de meditación sedente (que es el objetivo fundamental de las *asanas* del yoga). Véase William Broad, *The Science of Yoga* (New York: Simon & Schuster, 2012). [Versión en castellano: *La ciencia del yoga*. Barcelona: Ediciones Destino, 2014.]
6. Richard J. Davidson y Daniel J. Goleman, «The Role of Attention in Meditation and Hypnosis: A Psychobiological Perspective on Transformations of Consciousness», *International Journal of Clinical and Experimental Hypnosis* 25:4 (1977): 291-308.
7. David Hull, *Science as a Process* (Chicago: University of Chicago Press, 1990).

8. Joseph Schumpeter, *History of Economic Analysis* (Nueva York: Oxford University Press, 1996), p. 41. [Versión en castellano: *Historia del análisis económico*. Barcelona: Editorial Ariel, 1982.]

9. Eran los años en los que estaba formándose el campo de la neurociencia, que no se basaba tanto en el estudio de seres humanos, sino de animales. La Society for Neuroscience celebró su congreso inaugural en 1971 y el primer encuentro al que Richie asistió fue el quinto.

10. E.L. Bennett *et al.*, «Rat Brain: Effects of Environmental Enrichment on Wet and Dry Weights», *Science* 163:3869 (1969): 825-26. http://www.sciencemag.org/content/163/3869/825.short. Sabemos que el crecimiento puede también añadir nuevas neuronas.

11. Los lectores interesados en el modo en que el entrenamiento configura el cerebro pueden ver C. Pantev y S.C. Herholz, «Plasticity of the Human Auditory Cortex Related to Musical Training», *Neuroscience Biobehavioral Review* 35:10 (2011): 2140-54; doi:10.1016/j.neubiorev.2011.06.010; S.C. Herholz y R.J. Zatorre, «Musical Training as a Framework for Brain Plasticity: Behavior, Function, and Structure, *Neuron* 2012: 76(3): 486-502; doi:10.1016/j.neuron.2012.10.011.

12. T. Elbert *et al.*, «Increased Cortical Representation of the Fingers of the Left Hand in String Players», *Science* 270: 5234 (1995): 305-7; doi:10.1126/science.270.5234.305. Seis violinistas, dos violoncelistas y un guitarrista y seis no músicos de edad parecida que formaban parte del grupo de control fueron los sujetos de uno de los estudios más influyentes sobre el impacto cerebral del entrenamiento musical. La edad y el género de músicos y no músicos eran equiparables y el tiempo que aquellos habían dedicado al entrenamiento iba desde los siete hasta los diecisiete años. También hay que decir que todos los músicos que tocaban instrumentos de cuerda eran diestros y que su mano izquierda está continuamente implicada en tocar el instrumento. Tocar un instrumento de cuerda requiere una considerable destreza manual y el cultivo de la sensibilidad táctil es clave para su adecuado desempeño. La medida de las señales magnéticas generadas por el cerebro prueba (como la medida de las señales eléctricas generadas por el cerebro, pero con una mayor resolución espacial) que el tamaño de la superficie cortical dedicada a representar los dedos de la mano izquierda es considerablemente mayor en los músicos que en los no músicos. Y el tamaño de esta área es también mayor en los músicos que comenzaron antes el aprendizaje.

13. Técnicamente hablando, esta es la llamada visión parafoveal. Recordemos que la fóvea es la región de la retina que recibe el estímulo procedente de los objetos que se hallan situados exactamente delante de uno, mientras que la información que queda a la derecha o a la izquierda de la fóvea es parafoveal.

14. Un equipo dirigido por Neville estudió a 10 personas profunda y congénitamente sordas de una edad promedio de 30 años y los comparó con un grupo de personas de desarrollo, edad y género parecidos que no presentaban déficit alguno de audición. Luego determinó su desempeño en una tarea destinada a evaluar su visión parafoveal. Para ello, presentaban en una pantalla *flashes* de círculos amarillos, algunos de los cuales destellaban más rápidamente, anque la gran mayoría lo hacían más lentamente. La tarea de los participantses consistía en presionar un botón cuando veían aparecer los círculos amarillos menos frecuentes que destellaban más rápidamente. Esos círculos aparecían a veces en el centro de la pantalla mientras que, en otras, lo hacían en la zona derecha o

izquierda de la visión parafoveal. El estudio descubrió una mayor precisión en los sordos que en los individuos pertenecientes al grupo de control en la detección de los círculos amarillos que aparecían en la periferia del campo visual. Este era un descubrimiento esperable, puesto que la experiencia de los sordos en el lenguaje de los signos los ha convertido en sujetos regularmente expuestos a información que no está en el centro de su campo visual. Pero el descubrimiento más sorprendente de esta investigación fue una considerable activación de la corteza auditiva primaria (es decir, la región cortical que habitualmente recibe los *inputs* procedentes del oído) en respuesta a los círculos presentados en la periferia, pero solo en el caso de los sujetos sordos. O, dicho de otro modo, los sujetos no sordos no mostraban, en respuesta a un *input* visual, la menor activación de esa corteza auditiva primaria. Véase G.D. Scott, C.M. Karns, M.W. Dow, C. Stevens, H.J. Neville, «Enhanced Peripheral Visual Processing in Congenitally Deaf Humans Is Supported by Multiple Brain Regions, Including Primary Auditory Cortex», *Frontiers in Human Neuroscience* 2014:8 (marzo): 1-9; doi:10.3389/fnhum.2014.00177.

15. Esta investigación puso fin al mito de la neurología según el cual, en un mapa semejante al nefrológico del cerebro, cada área se ocupa de un conjunto concreto de funciones y que esas funciones no pueden cambiar.

16. La misma idea pone en aprietos muchas creencias supuestamente sagradas de la psicología como la que sostiene, por ejemplo, que al comienzo de la madurez, la personalidad se halla ya bien establecida y que, durante el resto de la vida, uno sigue siendo la misma persona, es decir, la creencia de que la personalidad es algo estable e independiente del contexto en el que nos movemos. La neuroplasticidad sugiere algo muy diferente, es decir, que la experiencia de la vida puede modificar, hasta cierto punto, los rasgos de nuestra personalidad.

17. Véase, por ejemplo, Dennis Charney *et al.*, «Psychobiologic Mechanisms of Post-Traumatic Stress Disorder», *Archives of General Psychiatry* 50 (1993): 294-305.

18. D. Palitsky *et al.*, «The Association between Adult Attachment Style, Mental Disorders, and Suicidality», *Journal of Nervous and Mental Disease* 201:7 (2013): 579-86; doi:10.1097/NMD.0b013e31829829ab.

19. Más formalmente, un rasgo alterado representa cualidades beneficiosas y sostenidas de pensamiento, sentimiento y acción resultantes de un entrenamiento deliberado de la mente que necesariamente va acompañado de sus correspondientes correlatos cerebrales duraderos.

20. Cortland Dahl *et al.*, «Meditation and the Cultivation of Wellbeing: Historical Roots and Contemporary Science», *Psychological Bulletin,* en prensa, 2016.

21. Entrevista a Carol Ryff en http://blogs.plos.org/neuroanthropology/2012/07/19 / psychologist-carol-ryff-on-wellbeing-and-aging-the-fpr-interview/.

22. Rosemary Kobau *et al.*, «Well-Being Assessment: An Evaluation of Well-Being Scales for Public Health and Population Estimates of Well-Being among US Adults», *Applied Psychology: Health and Well-Being* 2:3 (2010): 272-97.

23. Viktor Frankl, *Man's Search for Meaning* (Boston: Beacon Press, 2006). [Versión en castellano: *El hombre en busca de sentido*. Barcelona: Editorial Herder, 1979.]

24. Tonya Jacobs *et al.*, «Intensive Meditation Training, Immune Cell Telomerase Activity, and Psychological Mediators», *Psychoneuroendocrinology* 2010; doi: 10.1016/j.psyneurn.2010.09.010.

25. Omar Singleton *et al.*, «Change in Brainstem Gray Matter Concentration Following a Mindfulness-Based Intervention Is Correlated with Improvement in Psychological Well-Being», *Frontiers in Human Neuroscience*, 18 de febrero de 2014; doi: 10.3389/fnhum.2014.00033.
26. Shauna Shapiro *et al.*, «The Moderation of Mindfulness-Based Stress Reduction Effects by Trait Mindfulness: Results from a Randomized Controlled Trial», *Journal of Clinical Psychology* 67:3 (2011): 267-77.

Capítulo 4. Lo mejor que tenemos

1. Richard Lazarus, *Stress, Appraisal and Coping* (Nueva York: Springer 1984). [Versión en castellano: *Estrés y procesos cognitivos*. Barcelona: Ediciones Martínez Roca, 1986.]
2. Daniel Goleman, «Meditation and Stress Reactivity», tesis doctoral de la Harvard University PhD, 1973; Daniel Goleman y Gary E. Schwartz, «Meditation as an Intervention in Stress Reactivity», *Journal of Consulting and Clinical Psychology* 44:3 (junio de 1976): 456-66; http://dx.doi.org/10.1037/0022-006X.44.3.456.
3. Daniel T. Gilbert *et al.*, «Comment on "Estimating the Reproducibility of Psychological Science"», *Science* 351: 6277 (2016); doi: 10.1126/science.aad7243.
4. La autoevaluación empleada por Dan, la State Trait Anxiety Measure, sigue siendo muy utilizada en la investigación sobre el estrés y la ansiedad, incluidos los estudios sobre meditación. Charles D. Spielberger *et al.*, *Manual for the State-Trait Anxiety Inventory* (Palo Alto, CA: Consulting Psychologists Press, 1983).
5. Aconsejado por su tutor, Dan pasó semanas y semanas estudiando textos en la Biblioteca Baker de la Facultad de Medicina de Harvard relativos al camino neuronal seguido por la GSR que, por aquel entonces, era un circuito neuroanatómico que todavía no se entendía muy bien. El tutor de Dan tenía la idea de publicar un artículo al respecto, cosa que nunca llegó a ocurrir.
6. A decir verdad, las principales medidas eléctricas utilizadas por Richie eran avanzadas para su tiempo. Pero aun la lectura de esos registros proporcionaba una sensación muy difusa de lo que realmente ocurre en el interior del cerebro, especialmente si los comparamos con los sistemas actuales de análisis del EEG.
7. Pese a todo, sin embargo, las medidas periféricas utilizadas en el estudio de Dan eran bastante toscas. Junto a la tasa cardiaca y la sudoración, Dan utilizó también un electromiograma (EMG) para determinar el nivel de tensión del músculo frontal (que frunce el entrecejo cuando estamos preocupados), pero sus resultados tuvieron que ser descartados porque Dan no había utilizado, para garantizar la conexión de los sensores con la frente, la pasta adecuada.
8. El tutor de Dan le instruyó a saltarse, para su tesis, la medida de la tasa cardiaca. Solo más tarde, para un artículo publicado conjuntamente en una revista académica, logró su consejero una subvención del departamento para contratar algunos estudiantes que llevasen a cabo la puntuación. Pero no hubo suficiente dinero para puntuar la evolución de la tasa cardiaca durante todo el tiempo del registro, sino solo ciertos periodos que el tutor de Dan decidió que eran críticos como, por ejemplo, el gradiente de recuperación posterior al visionado de los accidentes. Pero también aquí hubo

problemas, porque los meditadores mostraron una mayor reacción a los accidentes que los sujetos pertenecientes al grupo de control. Aunque su gradiente de recuperación era más pronunciado –lo que indicaba una recuperación más veloz del estado basal de partida–, esta medida no implicaba que se hallaran más relajados después del accidente que los sujetos pertenecientes al grupo de control. Esta, como han señalado algunas críticas al estudio, es una de sus debilidades manifiestas. Véase, por ejemplo, David S. Holmes, «Meditation and Somatic Arousal Reduction: A Review of the Experimental Evidence», *American Psychologist* 39:1 (1984): 1-10.

9. La comparación crucial que indicaría la existencia de un posible efecto rasgo sería entre meditadores avanzados y principiantes en el caso de que ninguno de ambos grupos meditasen antes de ver la película sobre el accidente.

10. Joseph Henrich *et al.*, «Most People Are Not WEIRD», *Nature* 466:28 (2010). Publicado *online* el 30 de junio de 2010; doi:10.1038/466029a.

11. Anna-Lena Lumma *et al.*, «Is Meditation Always Relaxing? Investigating Heart Rate, Heart Rate Variability, Experienced Effort and Likeability During Training of Three Types of Meditation», *International Journal of Psychophysiology* 97 (2015): 38-45.

12. Eileen Luders *et al.*, «The Unique Brain Anatomy of Meditation Practitioners' Alterations in Cortical Gyrification», *Frontiers in Human Neuroscience* 6:34 (2012): 1-7.

13. La complejidad para determinar a qué intervención concreta se deben los cambios (es decir, si se deben a la meditación, a la psicoterapia o a un fármaco, en lugar de deberse a efectos «no específicos» de la intervención) sigue siendo un punto esencial en el diseño de un experimento.

14. S.B. Goldberg *et al.*, «Does the Five Facet Mindfulness Questionnaire Measure What We Think It Does? Construct Validity Evidence from an Active Controlled Randomized Clinical Trial», *Psychological Assessment* 28:8 (2016): 1009-14; doi:10.1037/pas0000233.

15. R.J. Davidson y Alfred Kazniak, «Conceptual and Methodological Issues in Research on Mindfulness and Meditation», *American Psychologist* 70:7 (2015): 581-92.

16. Véase también, por ejemplo, Bhikkhu Bodhi, «What Does Mindfulness Really Mean? A Cannonical Perspective». Contemporary Buddhism 12:1 (2001): 19-39; y John Dunne, «Toward an Understanding of Non-Dual Mindfulness», *Contemporary Buddhism* 12:1 (2011) 71-88.

17. Véase, por ejemplo, http://www.mindful.org/jon-kabat-zinn-defining-minfulness/. Véase también J. Kabat-Zinn, «Mindfulness-Based Interventions in Context: Past, Present, and Future», *Clinical Psychology Science and Practice* 10 (2003): 145.

18. The Five Facet Mindfulness Questionnaire: R.A. Baer *et al.*, «Using Self-Report Assessment Methods to Explore Facets of Mindfulness», *Assessment* 13 (2009): 27-45

19. S.B. Goldberg *et al.*, «The Secret Ingredient in Mindfulness Interventions? A Case for Practice Quality over Quantity», *Journal of Counseling Psychology* 61 (2014): 491-97.

20. J. Leigh *et al.*, «Spirituality, Mindfulness, and Substance Abuse», *Addictive Behavior* 20:7 (2005): 1335-41.

21. E. Antonova *et al.*, «More Meditation, Less Habituation: The Effect of Intensive Mindfulness Practice on the Acoustic Startle Reflex», *PLoS One* 10:5 (2015): 1-16; doi:10.1371/journal.pone.0123512.

22. D.B. Levinson *et al*., «A Mind You Can Count On: Validating Breath Counting as Behavioral Measure of Mindfulness», *Frontiers in Psychology* 5:1202 (2014); http://journal.frontiersin.org/Journal/110196/abstract.

23. *Ibíd*.

Capítulo 5. Una mente imperturbable

1. San Abba Dorotheus, citado en E. Kadloubovsky y G.E.H. Palmer, *Early Fathers from the Philokalia* (Londres: Faber & Faber, 1971), p. 161.

2. Thomas Merton, «When the Shoe Fits», *The Way of Chuang Tzu* (Nueva York: New Directions, 2010), p. 226. [Versión en castellano: *El camino de Chuang Tzu*. Madrid: Editorial Debate, 1999.]

3. Bruce S. McEwen, «Allostasis and Allostatic Load», *Neuropsychoparmacology* 22 (2000): 108-24.

4. Jon Kabat-Zinn, «Some Reflexions on tje Origins of MBSR, Skillful Means, and the Trouble with Maps», *Contemporary Buddhism* 12:1 (2011); doi:10.1080 /14639947.2011.564844.

5. *Ibid*.

6. Philippe R. Goldin y James J. Gross, «Effects of Mindfulness-Based Stress Reduction (MBSR) on Emotion Regulation in Social Anxiety Disorder», *Emotion* 10:1 (2010): 83-91; http://dx.doi.org/10.1037/a0018441.

7. Phillipe Goldin *et al*., «MBSR vs. Aerobic Exercise in Social Anxiety: fMRI of Emotion Regulation of Negative Self-Beliefs», *Social Cognitive and Affective Neuroscience Advance Access*, publicado el 27 de agosto de 2012; doi:10.1093/scan/nss054.

8. Alan Wallace, *The Attention Revolution: Unlocking the Power of the Focused Mind*. Somerville, MA: Wisdom Publications, 2006. Para una explicación de los distintos significados del término «mindfulness», véase B. Alan Wallace, «A Mindful Balance», *Tricycle* (primavera de 2008): 60.

9. Gaelle Desbordes, «Effects of Mindful-Attention and Compassion Meditation Training on Amygdala Response to Emotional Stimuli in an Ordinary, Non-Meditative State», *Frontiers in Human Neuroscience* 6:292 (2012): 1-15; doi: 10.399/fnhum.2012.00292.

10. V.A. Taylor *et al*., «Impact of Mindfulness on the Neural Responses to Emotional Pictures in Experienced and Beginner Meditators», *NeuroImage* 57:4 (2011): 1524-1533; doi:10.1016/j.neuroimage.2011.06.001.

11. Tor D. Wager *et al*., «An fMRI-Based Neurologic Signature of Physical Pain», *NEJM* 368:15 (11 de abril de 2013): 1388-97. 305

12. Véase, por ejemplo, James Austin, *Zen and the Brain: Toward an Understanding of Meditation and Consciousness* (Cambridge, MA: MIT Press, 1999).

13. Isshu Miura y Ruth Filler Sasaki, *The Zen Koan* (Nueva York: Harcourt, Brace & World, 1965), p. xi.

14. Joshua A. Grant *et al*., «A Non-Elaborative Mental Stance and Decoupling of Executive and Pain-Related Cortices Predicts Low Pain Sensitivity in Zen Meditators», *Pain* 152 (2011): 150-56.

15. A. Golkar *et al*., «The Influence of Work-Related Chronic Stress on the Regulation of Emotion and on Functional Connectivity in the Brain», *PloS One* 9:9 (2014): e104550.

16. Stacey M. Schaefer *et al.*, «Purpose in Life Predicts Better Emotional Recovery from Negative Stimuli», *PLoS One* 8:11 (2013): e80329; doi:10.1371/journal. pone.0080329.

17. Clifford Saron, «Training the Mind – The Shamatha Project», en A. Fraser, ed., *The Healing Power of Meditation* (Boston, MA: Shambhala Publications, 2013), pp. 45-65.

18. Baljinder K. Sahdra *et al.*, «Enhanced Response Inhibition During Intensive Meditation Training Predicts Improvements in Self-Report Adaptive Socioemotional Functioning», *Emotion* 11:2 (2011): 299-312.

19. Margaret E. Kemeny *et al.*, «Contemplative/Emotion Training Reduces Negative Emotional Behavior and Promotes Prosocial Responses», *Emotion* 1:2 (2012): 338.

20. Melissa A. Rosenkranz *et al.*, «Reduced Stress and Inflammatory Responsiveness in Experienced Meditators Compared to a Matched Healthy Control Group», *Psychoneuroimmunology* 68 (2016): 117-25. Todos los meditadores avanzados tenían una experiencia de no menos de 3 años de unos 30 minutos diarios de práctica cotidiana de *vipassana* y meditación de la bondad amorosa y también habían participado en varios retiros intensivos de meditación. El grupo de control estaba formado por el mismo número de sujetos no meditadores de edad y sexo parecidos. También se les tomaron, en distintos momentos del experimento, muestras de saliva para determinar sus niveles de cortisol. Dos razones diferentes explican que, en este estudio, no se empleara grupo de control activo alguno: la primera es que los resultados obtenidos cuando las medidas utilizadas son biológicas, en lugar de autoinformes, son menos susceptibles al sesgo, y la imposibiidad de crear, como ocurrió con el curso de 3 meses de Cliff, un grupo de control activo equiparable con 9.000 horas de meditación promedio durante 3 años al menos.

21. T.R.A. Kral *et al.*, «Meditation Training Is Associated with Altered Amygdala Reactivity to Emotional Stimuli», en revisión, 2017.

22. Esas diferencias no se hubieran puesto de relieve si Richie hubiese analizado los datos como solía hacerse en los demás estudios. El pico de la respuesta amigdalar fue idéntico en esos grupos. Sin embargo, la respuesta de los meditadores que más tiempo habían practicado presentaba una tasa de recuperación más rápida. Este puede ser un eco neuronal de la ausencia de pegajosidad que, si bien muestra una respuesta inicial apropiada ante una imagen perturbadora, también evidencia una menor identificación con la respuesta.

Capítulo 6. Predispuestos al amor

1. Los Padres del Desierto eran eremitas cristianos que vivían en comunidades ubicadas en remotas áreas del desierto de Egipto en los primeros siglos de nuestra era porque, de ese modo, podían concentrarse mejor en sus prácticas religiosas mediante la recitación del mantra cristiano *Kyrie Eleison* (una expresión griega que significa «Señor, ten piedad»). Estas comunidades de eremitas fueron los predecesores históricos de las órdenes monásticas cristianas. La repeticion del *Kyrie Eleison* sigue siendo una práctica básica entre los monjes ortodoxos cristianos que viven, por ejemplo, en el Monte Athos. Los registros históricos sugieren que los monjes cristianos de Egipto se asentaron en el Monte Athos en el siglo VII huyendo de las conquistas islámicas. Helen Waddell, *The Desert Fathers* (Ann Arbor: University of Michigan Press, 1957).

2. El experimento del buen samaritano engloba una serie de estudios extensivos y sistemáticos de las condiciones que alientan la conducta altruista. Daniel Batson, *Altruism in Humans* (New York: Oxford University Press, 2011).

3. Sharon Salzberg, *Lovingkindness: The Revolutionary Art of Happiness* (Boston: Shambhala, 2002). [Versión en castellano: *Amor incondicional*. Madrid: Editorial Edaf, 1997.]

4. Arnold Kotler, ed., *Worlds in Harmony: Dialogues on Compassionate Action* (Berkeley: Parallax Press, 1992).

5. Los investigadores advierten de que la autocrítica no está limitada a la depresión, sino que acompaña a un amplio abanico de problemas emocionales. Como estos investigadores, querríamos ver un estudio que mostrase un aumento en la compasión por uno mismo inducida por la meditación acoplada a un cambio parecido en los circuitos cerebrales asociados. Véase Ben Shahar, «A Wait-List Randomized Controlled Trial of Loving-Kindness Meditation Programme for Self-Criticism», *Clinical Psychology and Psychotherapy* (2014); doi:10.1002 /cpp.1893.

6. Véase, por ejemplo, Jean Decety, «The Neurodevelopment of Empathy». *Developmental Neuroscience* 32 (2010): 257-67.

7. Olga Klimecki *et al.*, «Functional Neural Plasticity and Associated Changes in Positive Affect after Compassion Training», *Cerebral Cortex* 23:7 (julio de 2013) 1552-6.

8. Olga Klimecki *et al.*, «Differential Pattern of Functional Brain Plasticity after Compassion and Empathy Training», *Social Cognitive and Affective Neuroscience* 9:6 (junio de 2014): 873-79; doi:10.1093/scan/nst060.

9. Thich Nhat Hanh, «The Fullness of Emptiness», *Lion's Roar,* 6 de agosto de 2012. «Kuan» se traduce, en ocasiones, como «Kwan», «Guan» o «Quan».

10. Gaelle Desbordes, «Effects of Mindful-Attention and Compassion Meditation Training on Amygdala Response to Emotional Stimuli in an Ordinary, Non-Meditative State», *Frontiers in Human Neuroscience* 6:292 (2012): 1-15; doi: 10.399/fnhum.2012.00292.

11. Cendri A. Hutcherson *et al.*, «Loving-Kindness Meditation Increases Social Connectedness», *Emotion* 8:5 (2008): 720-24.

12. Helen Y. Weng *et al.*, «Compassion Training Alters Altruism and Neural Responses to Suffering», *Psychological Science,* publicado online el 21 de mayo de 2013; http://pss.sagepub.com/content/early/2013/05/20/0956797612469537.

13. Julieta Galante, «Loving-Kindness Meditation Effects on Well-Being and Altruism: A Mixed-Methods Online RCT», *Applied Psychology: Health and Well-Being* (2016); doi:10.1111/aphw.12074.

14. Antoine Lutz *et al.* «Regulation of the Neural Circuitry of Emotion by Compassion Meditation: Effects of Meditative Expertise», *PLoS One* 3:3 (2008): e1897; doi:10.1371/journal.pone.0001897.

15. J.A. Brefczynski-Lewis *et al.*, «Neural Correlates of Attentional Expertise in Long-Term Meditation Practitioners», *Proceedings of the National Academy of Sciences* 104:27 (2007): 11483-88.

16. Clifford Saron, presentación en la Second International Conference on Contemplative Science celebrada en San Diego el mes de noviembre de 2016.

17. Abigail A. Marsh *et al.*, «Neural and Cognitive Characteristics of Extraordinary Altruists», *Proceedings of the National Academy of Sciences* 111:42 (2014), 15036-41; doi: 10.1073/pnas.1408440111.

18. Son muchos los factores que influyen en el altruismo, pero la capacidad de experimentar el sufrimiento ajeno parece ser un ingrediente clave. A decir verdad, los cambios de los meditadores no eran tan fuertes ni duraderos como las pautas cerebrales estructurales características de los donantes de riñón. Véase Desbordes, «Effects of Mindful-Attention and Compassion Meditation Training on Amygdala Response to Emotional Stimuli in an Ordinary, Non-Meditative State», 2012.

19. Tania Singer y Olga Klimecki, «Empathy and Compassion», *Current Biology*, 24:15 (2014): R875-R878.

20. Weng *et al.*, «Compassion Training Alters Altruism and Neural Responses to Suffering», 2013.

21. Tania Singer *et al.*, «Empathy for Pain Involves the Affective but Not Sensory Components of Pain», *Science* 303:5661 (2004): 1157-62; doi:10.1126 /science.1093535.

22. Klimecki *et al.*, «Functional Neural Plasticity and Associated Changes in Positive Affect after Compassion Training».

23. Bethany E. Kok y Tania Singer, «Phenomenological Fingerprints of Four Meditations: Differential State Changes in Affect, Mind-Wandering, Meta-Cognition, and Interoception Before and After Daily Practice Across 9 Months of Training», *Mindfulness*, publicado *online* el 19 de agosto de 2016; doi: 10.1007/ s12671-016-0594-9.

24. Yoni Ashar *et al.*, «Effects of Compassion Meditationon a Psychological Model of Charitable Donation», *Emotion*, publicado *online* el 28 de marzo de 2016, http://dx.doi.org/10.1037/emo0000119.

25. Paul Condon *et al.*, «Meditation Increases Compassionate Response to Suffering», *Psychological Science* 24:10 (agosto de 2013): 1171-80; doi:10.1177/0956797613485603.

26. Desbordes *et al.*, «Effects of Mindful-Attention and Compassion Meditation Training on Amygdala Response to Emotional Stimuli in an Ordinary, Non-Meditative State», 2012. Ambos grupos practicaron durante un total de no menos de 20 horas. Todos los voluntarios pasaban por un escáner cerebral antes y después del entrenamiento; el segundo grupo era escaneado mientras estaba simplemente en reposo, es decir, sin meditar.

27. Véase, por ejemplo, Derntl *et al.*, «Multidimensional Assessment of Empathic Abilities: Neural Correlates and Gender Differences», *Psychoneuroimmunology* 35 (2010): 67-82.

28. L. Christov-Moore *et al.*, «Empathy: Gender Effects in Brain and Behavior», *Neuroscience & Biobehavioral Reviews* 4:46 (2014): 604-27; doi:10.1016/j.neubiorev.2014.09.001.Empathy.

29. M.P. Espinosa y J. Kovářík, «Prosocial Behavior and Gender», *Frontiers in Behavioral Neuroscience* 9 (2015): 1-9; doi:10.3389/fnbeh.2015.00088.

30. El Dalái Lama extiende este sentimiento infinitamente. Aunque no tenemos pruebas, puede haber otros mundos en galaxias cercanas o distantes con sus propias formas de vida que, del mismo modo, querrían evitar, como nosotros, el sufrimiento y buscar la felicidad.

31. A.J. Greenwald y M.R. Banaji, «Implicit Social Cognition: Attitudes, Self-Esteem, and Stereotypes», *Psychological Review* 102:1 (1995): 4-27; doi:10.1037 /0033-295X.102.1.4.

32. Y. Kang *et al.*, «The Nondiscriminating Heart: Lovingkindness Meditation Training Decreases Implicit Intergroup Bias», *Journal of Experimental Psychology* 143:3 (2014): 1306-13; doi:10.1037/a0034150.

33. Como nos recuerda Jeremy Russell en www.Daláilama.org, el Dalái Lama hizo estas afirmaciones en Dunedin (Nueva Zelanda), el 10 de junio de 2013.

Capítulo 7. ¡Atención!

1. Charlotte Joko Beck, *Nothing Special: Living Zen* (Nueva York: HarperCollins, 1993), p. 168. [Versión en castellano: *La vida tal como es: enseñanzas zen*. Madrid: Gaia Ediciones, 2008.]
2. Akira Kasamatsu y Tomio Hirai, «An Electroencephalographic Study on Zen Meditation (Zazen)», *Psychiatry and Clinical Neurosciences* 20:4 (1966): 325-36.
3. Elena Antonova *et al.*, «More Meditation, Less Habituation: The Effect of Intensive Mindfulness Practice on the Acoustic Startle Reflex», *PLoS One* 10:5 (2015): 1-16; doi:10.1371/journal.pone.0123512. Los meditadores se veían instruidos a permanecer en «conciencia abierta» durante los ruidos y a los principiantes pertenecientes al grupo de control se les invitaba a «permanecer atentos y despiertos durante todo el experimento... y a redirigir su conciencia al entorno cada vez que descubrieran que su mente estaba divagando».
4. T.R.A. Kral *et al.*, «Meditation Training Is Associated with Altered Amygdala Reactivity to Emotional Stimuli», en revisión, 2017.
5. Amishi Jha *et al.*, «Mindfulness Training Modifies Subsystems of Attention», *Cognitive, Affective, & Behavioral Neuroscience* 7:2 (2007): 109-19; http://www.ncbi.nlm.nih. gov/pubmed/17672382.
6. Catherine E. Kerr *et al.*, «Effects of Mindfulness Meditation Training on Anticipatory Alpha Modulation in Primary Somatosensory Cortex», *Brain Research Bulletin* 85 (2011): 98-103.
7. Antoine Lutz *et al.*, «Mental Training Enhances Attentional Stability: Neural and Behavioral Evidence», *Journal of Neuroscience* 29:42 (2009): 13418-27; Heleen A. Slagter *et al.*, «Theta Phase Synchrony and Conscious Target Perception: Impact of Intensive Mental Training», *Journal of Cognitive Neuroscience* 21:8 (2009): 1536-49. Un grupo de control activo, al que se le enseñó mindfulness durante una sesión diaria de 1 hora al comienzo y al final del periodo de 3 meses y se les invitó a que practicaran 20 minutos al día no lo hicieron mejor después del entrenamiento que antes.
8. Katherine A. MacLean *et al.*, «Intensive Meditation Training Improves Perceptual Discrimination and Sustained Attention», *Psychological Science* 21:6 (2010): 829-39.
9. H.A. Slagter *et al.*, «Mental Training Affects Distribution of Limited Brain Resources», *PLoS Biology* 5:6 (2007): e138; doi:10.1371/journal.pbio.0050138. Los sujetos no meditadores pertenecientes al grupo de control testeados a iguales intervalos no mostraron cambio alguno en el parpadeo emocional.
10. Sara van Leeuwen *et al.*, «Age Effects on Attentional Blink Performance in Meditation», *Consciousness and Cognition*, 18 (2009): 593-99.
11. Lorenzo S. Colzato *et al.*, «Meditation-Induced States Predict Attentional Control over Time», *Consciousness and Cognition* 37 (2015): 57-62.
12. E. Ophir *et al.*, «Cognitive Control in Multi-Taskers», *Proceedings of the National Academy of Sciences* 106:37 (2009): 15583-87.
13. Clifford Nass, en una entrevista NPP, citado en *Fast Company*, 2 de febrero de 2014.

14. Thomas E. Gorman y C. Shawn Gree, «Short-Term Mindfulness Intervention Reduces the Negative Attentional Effects Associated with Heavy Media Multitasking», *Scientific Reports* 6 (2016): 24542; doi:10.1038/srep24542.

15. Michael D. Mrazek *et al.*, «Mindfulness and Mind Wandering: Finding Convergence through Opposing Constructs», *Emotion* 12:3 (2012): 442-48.

16. Michael D. Mrazek *et al.*, «Mindfulness Training Improves Working Memory Capacity and GRE Performance While Reducing Mind Wandering», *Psychological Science* 24:5 (2013): 776-81.

17. Bajinder K. Sahdra *et al.*, «Enhanced Response Inhibition During Intensive Meditation Predicts Improvements in Self-Reported Adaptive Socioemotional Functioning», *Emotion* 11:2 (2011): 299-312.

18. Sam Harris, *Waking Up: A Guide to Spirituality Without Religion* (NY: Simon & Schuster, 2015), p. 144. [Versión en castellano: *Despertar: una guía para una espiritualidad sin religión*. Barcelona: Editorial Kairós, 2015.]

19. Véase, por ejemplo, Daniel Kahneman, *Thinking, Fast and Slow* (Nueva York: Farrar, Straus and Giroux, 2011). [Versión en castellano: *Pensar rápido, pensar despacio*. Barcelona: Editorial Debate, 2012.]

20. R.C. Lapate *et al.* «Awareness of Emotional Stimuli Determines the Behavioral Consequences of Amygdala Activation and Amygdala-Prefrontal Connectivity», *Scientific Reports* 20:6 (2016): 25826; doi:10.1038/srep25826.

21. Benjamin Baird *et al.*, «Domain-Specific Enhancement of Metacognitive Ability Following Meditation Training», *Journal of Experimental Psychology: General* 143:5 (2014): 1972-79; http://dx.doi.org/10.1037/a0036882. Tanto los sujetos pertenecientes al grupo de mindfulness como los del grupo de control activo recibieron clases de 45 minutos 4 veces por semanas durante 2 semanas, junto a un cuarto de hora de práctica diaria en casa.

22. Amishi Jha *et al.*, «Mindfulness Training Modifies Subsystems of Attention», *Cognitive Affective and Behavioral Neuroscience* 7:2 (2007): 109-19; doi: 10.3758/ cabn.7.2.109.

Capítulo 8. La levedad del ser

1. Marcus Raichle *et al.*, «A Default Mode of Brain Function», *Proceedings of the National Academy of Sciences* 98 (2001): 676-82.

2. M.F. Mason *et al.*, «Wandering Minds: The Default Network and Stimulus-Independent Thought», *Science* 315:581 (2007): 393-95; doi:10.1126/science.1131295.

3. Judson Brewer *et al.*, «Meditation Experience Is Associated with Differences in Default Mode Network Activity and Connectivity», *Proceedings of the National Academy of Sciences* 108:50 (2011): 1-6; doi:10.1073/pnas.1112029108.

4. Fakhruddin Iraqi, un poeta sufí del siglo XIII, citado en James Fadiman y Robert Frager, *Essential Sufism* (Nueva York: HarperCollins, 1997).

5. Abu Said of Mineh, citado en P. Rice, *The Persian Sufis* (Londres: Allen & Unwin, 1964), p. 34.

6. David Creswell *et al.*, «Alterations in Resting-State Functional Connectivity Link Mindfulness Meditation with Reduced Interleukin-6: A Randomized Controlled Trial», *Biological Psychiatry* 80 (2016): 53-61.

7. Brewer *et al.*, «Meditation Experience Is Associated with Differences in Default Mode Network Activity and Connectivity».

8. Kathleen A. Garrison *et al.*, «BOLD Signals and Functional Connectivity Associated with Loving Kindness Meditation», *Brain and Behavior* 4:3 (2014): 337-47.

9. Aviva Berkovich-Ohana *et al.*, Alterations in Task-Induced Activity and Resting-State Fluctuations in Visual and DMN Areas Revealed in Long-Term Meditators», *NeuroImage* 135 (2016): 125-34.

10. Giuseppe Pagnoni, «Dynamical Properties of BOLD Activity from the Ventral Posteromedial Cortex Associated with Meditation and Attentional Skills», *Journal of Neuroscience* 32:15 (2012): 5242-49.

11. V.A. Taylor *et al.*, «Impact of Meditation Training on the Default Mode Network during a Restful State», *Social Cognitive and Affective Neuroscience* 8 (2013): 4-14.

12. D.B. Levinson *et al.*, «A Mind You Can Count: Validating Breath Counting as a Behavioral Measure of Mindfulness», *Frontiers in Psychology* 5 (2014); http://journal.frontiersin.org/Journal/110196/abstract.

13. Cole Koparnay, Center for Healthy Minds, University of Wisconsin, en preparación. Este estudio utilizó criterios más estrictos de cambios cerebrales que otros estudios anteriores que habían informado de aumentos en el volumen del cerebro del meditador.

14. Quizás, para compensar la tendencia de ciertos meditadores a seguir un camino «seco» que les torna más fríos, distantes o indiferentes, sean tantas las tradiciones que subrayan la importancia de caminos «húmedos» como la compasión y la devoción.

15. Arthur Zajonc, comunicación personal.

16. Kathleen Garrison *et al.*, «Effortless Awareness: Using Real Time Neurofeedback to Investigate Correlates of Posterior Cingulate Cortex Activity in Meditators' Self-Report», *Frontiers in Human Neuroscience* 7:440 (agosto de 2013): 1-9.

17. Anna-Lena Lumma *et al.*, «Is Meditation Always Relaxing? Investigating Heart Rate, Heart, Rate Variability, Experienced Effort and Likeability During Training of Three Types of Meditation», *International Journal of Psychophysiology* 97 (2015): 38-45.

18. Véase Daniel Goleman, *Destructive Emotions: How Can We Overcome Them?* (Nueva York: Bantam, 2003). [Versión en castellano: *Emociones destructivas: cómo entenderlas y superarlas*. Barcelona: Editorial Kairós, 2003.]

Capítulo 9. Mente, cuerpo y genoma

1. Natalie A. Morone *et al.*, «A Mind-Body Program for Older Adults with Chronic Low Back Pain: A Randomized Trial», *JAMA Internal Medicine* 176:3 (2016): 329-37.

2. M.M. Veehof, «Acceptance and Mindfulness-Based Interventions for the Treatment of Chronic Pain: A Meta-Analytic Review, 2016», *Cognitive Behaviour Therapy* 45:1 (2016): 5-31.

3. Paul Grossman *et al.*, «Mindfulness-Based Intervention Does Not Influence Cardiac Autonomic Control or Pattern of Physical Activity in Fibromyalgia in Daily Life: An Ambulatory, Multi-Measure Randomized Controlled Trial», *Clinical Journal of Pain* (2017); doi: 10.1097/AJP.0000000000000420.

4. Elizabeth Cash *et al.*, «Mindfulness Meditation Alleviates Fribromyalgia Symptoms in Women: Results of a Randomized Clinical Trial», *Annals of Behavioral Medicine* 49:3 (2015): 319-30.

5. Melissa A. Rosenkranz *et al.*, «Comparison of Mindfulness-Based Stress Reduction and an Active Control in Modulation of Neurogenic Inflammation», *Brain, Behavior, and Immunity* 27 (2013): 174-84.

6. Melissa A. Rosenkranz *et al.*, «Neural Circuitry Underlying the Interaction Between Emotion and Asthma Symptom Exacerbation», *Proceedings of the National Academy of Sciences* 102:37 (2005): 13319-24; http://doi.org/10.1073 /pnas.0504365102.

7. Jon Kabat-Zinn *et al.*, «Influence of a Mindfulness Meditation-Based Stress Reduction Intervention on Rates of Skin Clearing in Patients with Moderate to Severe Psoriasis Undergoing Phototherapy (UVB) and Photochemotherapy (PUVA)», *Psychosomatic Medicine* 60 (1988): 625-32.

8. Melissa A. Rosenkranz *et al.*, «Reduced Stress and Inflammatory Responsiveness in Experienced Meditators Compared to a Matched Healthy Control Group», *Psychoneuroimmunology* 68 (2016): 117-25.

9. E. Walsh, «Brief Mindfulness Training Reduces Salivary IL-6 and TNF-α in Young Women with Depressive Symptomatology», *Journal of Consulting and Clinical Psychology* 84:10 (2016): 887-97; doi:10.1037/ccp0000122; T.W. Pace *et al.*, «Effect of Compassion Meditation on Neuroendocrine, Innate Immune and Behavioral Responses to Psychological Stress», *Psychoneuroimmunology* 34 (2009): 87-98.

10. David Creswell *et al.*, «Alterations in Resting-State Functional Connectivity Link Mindfulness Meditation with Reduced Interleukin-6: A Randomized Controlled Trial», *Biological Psychiatry* 80 (2016): 53-61.

11. Daniel Goleman, «Hypertension? Relax», *New York Times Magazine,* 11 de diciembre de 1988.

12. Jeanie Park *et al.*, «Mindfulness Meditation Lowers Muscle Sympathetic Nerve Activity and Blood Pressure in African-American Males with Chronic Kidney Disease», *American Journal of Physiology – Regulatory, Integrative and Comparative Psychology* 307:1 (1 de julio de 2014), R93-R101; publicado *online* el 14 de mayo de 2014; doi:10.1152/ ajpregu.00558.2013.

13. John O. Younge, «Mind-Body Practices for Patients with Cardiac Disease: A Systematic Review and Meta-Analysis», *European Journal of Preventive Cardiology* 22:11 (2015): 1385-98.

14. Perla Kaliman *et al.*, «Rapid Changes in Histone Deacetylases and Inflammatory Gene Expression in Expert Meditators», *Psychoneuroendocrinology* 40 (2014): 96-107.

15. J.D. Creswell *et al.*, «Mindfulness-Based Stress Reduction Training Reduces Loneliness and Pro-Inflammatory Gene Expression in Older Adults: A Small Randomized Controlled Trial», *Brain, Behavior, and Immunity* 26 (2012): 1095-1101.

16. J.A. Dusek, «Genomic Counter-Stress Changes Induced by the Relaxation Response», *PLoS One* 3:7 (2008): e2576; M.K. Bhasin *et al.*, «Relaxation Response Induces Temporal Transcriptome Changes in Energy Metabolism, Insulin Secretion and Inflammatory Pathways», *PLoS One* 8:5 (2013): e62817.

17. H. Lavretsky *et al.*, «A Pilot Study of Yogic Meditation for Family Dementia Caregivers with Depressive Symptoms: Effects on Mental Health, Cognition, and Telomerase Activity», *International Journal of Geriatric Psychiatry* 28:1 (2013): 57-65.

18. N.S. Schutte y J.M. Malouff, «A Meta-Analytic Review of the Effects of Mindfulness Meditation on Telomerase Activity», *Psychoneuroendocrinology* 42 (2014): 45-48; http://doi.org/10.1016/j.psyneuen.2013.12.017.

19. Tonya L. Jacobs *et al.*, «Intensive Meditation Training, Immune Cell Telomerase Activity, and Psychological Mediators», *Psychoneuroendocrinology* 36:5 (2011): 664-81; http://doi.org/10.1016/j.psyneuen.2010.09.010.

20. Elizabeth A. Hoge *et al.*, «Loving-Kindness Meditation Practice Associated with Longer Telomeres in Women», *Brain, Behavior, and Immunity* 32 (2013): 159-63.

21. Christine Tara Peterson *et al.*, «Identification of Altered Metabolomics Profiles Following a *Panchakarma*-Based Ayurvedic Intervention in Healthy Subjects: The Self-Directed Biological Transformation Initiative (SBTI)», *Nature: Scientific Reports* 6 (2016): 32609; doi:10.1038/srep32609.

22. A.L. Lumma *et al.*, «Is Meditation Always Relaxing? Investigating Heart Rate, Heart Rate Variability, Experienced Effort and Likeability During Training of Three Types of Meditation», *International Journal of Psychophysiology* 97:1 (2015): 38-45.

23. Antoine Lutz *et al.*, «BOLD Signal in Insula Is Differentially Related to Cardiac Function during Compassion Meditation in Experts vs. Novices», *NeuroImage* 47:3 (2009): 1038-46; http://doi.org/10.1016/j.neuroimage.2009.04.081.

24. J. Wielgosz *et al.*, «Long-Term Mindfulness Training Is Associated with Reliable Differences in Resting Respiration Rate», *Scientific Reports* 6 (2016): 27533; doi:10.1038/srep27533.

25. Sara Lazar *et al.*, «Meditation Experience Is Associated with Increased Cortical Thickness», *Neuroreport* 16 (2005): 1893-97. El estudio comparó 20 practicantes de *vipassana* (con un promedio de 3.000 horas de práctica) con un grupo de control de edad y sexo parecidos.

26. Koeran C.R. Fox, «Is Meditation Associated wth Altered Brain Structure? A Systematic Review And Meta-Analysis of Morphometric Neuroimaging in Meditation Practicioners», *Neuroscience and Biobehavioral Reviews* 43 (2014): 48-73.

27. Eileen Luders *et al.*, «Estimating Brain Age Using High Resolution Pattern Recognition: Younger Brains in Long-Term Meditation Practitioners», *NeuroImage* (2016); doi:10.1016/j.neuroimage. 2016.04.007.

28. Eileen Luders *et al.*, «The Unique Brain Anatomy of Meditation Practitioners' Alterations in Cortical Gyrification», *Frontiers in Human Neuroscience* 6:34 (2012): 1-7.

29. Por ejemplo, B.K. Holzel *et al.*, «Mindfulness Meditation Leads to Increase in Regional Grey Matter Density», *Psychiatry Research: Neuroimaging* 191 (2011): 36-43.

30. S. Coronado-Montoya *et al.*, «Reporting of Positive Results in Randomized Controlled Trials of Mindfulness-Based Mental Health Interventions», *PLoS One* 11:4 (2016): e0153220; http://doi.org/10.1371/journal.pone.0153220.

31. Cole Korponay, en preparación.

32. A. Tusche *et al.*, «Decoding the Charitable Brain: Empathy, Perspective Taking, and Attention Shifts Differentially Predict Altruistic Giving», *Journal of Neuroscience* 36:17 (2016):4719-32. doi:10.1523/JNEUROSCI.3392-15.2016.

33. S.K. Sutton y R.J. Davidson, «Prefrontal Brain Asymmetry: A Biological Substrate of the Behavioral Approach and Inhibition Systems», *Psychological Science* 8:3 (1997): 204-10; http://doi.org/10.1111/j.1467-9280. 1997.tb00413.x.

34. Daniel Goleman, *Destructive Emotions: How Can We Overcome Them?* (Nueva York: Bantam, 2003). [Versión en castellano: *Emociones destructivas: cómo entenderlas y superarlas*. Barcelona: Editorial Kairós, 2003.]

35. P.M. Keune *et al.*, «Mindfulness-Based Cognitive Therapy (MBCT), Cognitive Style, and the Temporal Dynamics of Frontal EEG Alpha Asymmetry in Recurrently Depressed Patients», Biological Psychology, 88:2-3 3 (2011): 243-52, http://doi.org/10.1016/j.biopsycho.2011.08.008.

36. P.M. Keune *et al.*, «Approaching Dysphoric Mood: State-Effects of Mindfulness Meditation on Frontal Brain Asymmetry», *Biological Psychology* 93:1 (2013): 105-13; http://doi.org/10.1016/j.biopsycho.2013.01.016.

37. E.S. Epel *et al.*, «Meditation and Vacation Effects Have an Impact on Disease- Associated Molecular Phenotypes», *Nature* 6 (2016): e880; doi:10.1038/tp. 2016.164.

38. La conferencia Stephen E. Straus que tuvo lugar en el National Center for Complementary and Integrative Health.

Capítulo 10. La meditación como psicoterapia

1. Tara Bennett-Goleman, *Emotional Alchemy: How the Mind Can Heal the Heart* (Nueva York: Harmony Books, 2001). [Versión en castellano: *Alquimia emocional*. Madrid: Punto de Lectura, 2002.]

2. Zindel Segal, Mark Williams, John Teasdale, *et al.*, *Mindfulness-Based Cognitive Therapy for Depression* (Nueva York: Guilford Press, 2003); John Teasdale *et al.*, «Prevention of Relapse/Recurrence in Major Depression Mindfulness-Based Cognitive Therapy», *Journal of Consulting and Clinical Psychology* 68:4 (2000): 615-23. [Versión en castellano: *MBCT, Terapia cognitiva basada en el mindfulness para la depresión*. Barcelona: Editorial Kairós, 2017.]

3. Madhav Goyal *et al.*, «Meditation Programs for Psychological Stress and Well-Being: A Systematic Review and Meta-Analysis», *JAMA Internal Medicine,* publicado *online* el 6 de 2014; doi:10.1001/jamainternmed.2013.13018.

4. J. Mark Williams *et al.*, «Mindfulness-Based Cognitive Therapy for Preventing Relapse in Recurrent Depression: A Randomized Dismantling Trial», *Journal of Consulting and Clinical Psychology* 82:2 (2014): 275-86.

5. Alberto Chiesa, «Mindfulness-Based Cognitive Therapy vs. Psycho-Education for Patients with Major Depression Who Did Not Achieve Remission Following Anti-Depressant Treatment», *Psychiatry Research* 226 (2015): 174-83.

6. William Kuyken *et al.*, «Efficacy of Mindfulness-Based Cognitive Therapy in Pre-vention of Depressive Relapse», *JAMA Psychiatry* (27 de abril de 2016); doi:10.1001/jamapsychiatry.2016.0076.

7. Zindel Segal, presentación en la International Conference on Contemplative Science celebrada en San Diego entre el 18 y el 20 de noviembre de 2016.

8. Sona Dimidjian *et al.*, «Staying Well During Pregnancy and the Postpartum: A Pilot Randomized Trial of Mindfulness-Based Cognitive Therapy for the Prevention of Depressive Relapse/Recurrence», *Journal of Consulting and Clinical Psychology* 84:2 (2016): 134-45.

9. S. Nidich *et al.*, «Reduced Trauma Symptoms and Perceived Stress in Male Prison

Inmates through the Transcendental Meditation Program: A Randomized Controlled Trial», *Permanente Journal* 20:4 (2016): 43-47; http://doi.org /10.7812/TPP/16-007.

10. Filip Raes *et al*., «School-Based Prevention and Reduction of Depression in Adolescents: A Cluster-Randomized Controlled Trial of a Mindfulness Group», *Mindfulness*, marzo de 2013; doi:10.1007/s12671-013-0202-1.

11. Philippe R. Goldin y James J. Gross, «Effects of Mindfulness-Based Stress Reduction (MBSR) on Emotion Regulation in Social Anxiety Disorder», *Emotion* 10:1 (2010): 83-91; http://dx.doi.org/10.1037/a0018441.

12. David J. Kearney *et al*., «Loving-Kindness Meditation for Post-Traumatic Stress Disorder: A Pilot Study», *Journal of Traumatic Stress* 26 (2013): 426-34. Los investigadores de la VA señalan que sus prometedores resultados exigen un estudio longitudinal que, como este escrito, se halla también en proceso. En este seguimiento de 4 años participaron 130 veteranos con TEPT en un grupo de control activo aleatorizado. El estudio en cuestión comparó los efectos de la meditación de la bondad amorosa sobre el TEPT en los sujetos del grupo experimental con los efectos de una variedad de terapia cognitiva (el tratamiento de referencia para el TEPT) en los participantes del grupo de control activo. La hipótesis es que la meditación de la bondad amorosa también funciona, pero a través de mecanismos diferentes.

13. Otro informe anecdótico es el siguiente: P. Gilbert y S. Procter, «Compassionate Mind Training for People with High Shame and Self-Criticism: Overview and Pilot Study of a Group Therapy Approach», *Clinical Psychology & Psychotherapy* 13 (2006): 353-79.

14. Jay Michaelson, *Evolving Dharma: Meditation, Buddhism, and the Next Generation of Enlightenment* (Berkeley: Evolver Publications, 2013). La expresión «noche oscura» ha perdido un poco su sentido original en el viaje espiritual. Se trata de una expresión utilizada por vez primera por el místico español del siglo XVII san Juan de la Cruz para referirse al misterioso ascenso a través de un territorio desconocido hasta llegar a una fusión extática con lo divino. Hoy en día, sin embargo, la expresión «noche oscura» se refiere a quedarse atrapado en los miedos que amenazan nuestra identidad mundana.

15. Daniel Goleman, «Meditation as Meta-Therapy: Hypotheses Toward a Proposed Fifth State of Consciousness», *Journal of Transpersonal Psychology* 3:1 (1971): 1-26.

16. Jack Kornfield, *The Wise Heart: A Guide to the Universal Teachings of Buddhist Psychology* (Nueva York: Bantam, 2009). [Versión en castellano: *La sabiduría del corazón: una guía a las enseñanzas universales de la psicología budista*. Barcelona: Libros de la Liebre de Marzo, 2001.]

17. Daniel Goleman y Mark Epstein, «Meditation and Well-Being: An Eastern Model of Psychological Health», *ReVision* 3:2 (1980): 73-84. Reimpreso en Roger Walsh y Deane Shapiro, *Beyond Health and Normality* (Nueva York: Van Nostrand Reinhold, 1983).

18. *Thoughts Without a Thinker: Psychotherapy from a Buddhist Perspective* (Nueva York: Basic Books, 1995) fue el primer libro de Mark Epstein; *Advice Not Given: A Guide to Getting over Yourself* (Nueva York: Penguin Press, 2018) será el siguiente. [Versión en castellano: *Pensamiento sin pensador*. Madrid: Gaia Ediciones, 2011.]

Capítulo 11. El cerebro de un yogui

1. François Jacob descubrió que los niveles de expresión de las enzimas en las células ocurren a través de los mecanismos de transcripción del ADN, un descubrimiento por el que, en 1965, le otorgaron el Premio Nobel.
2. Matthieu fue, durante varios años, miembro del Mind and Life Institute y ha estado muy comprometido con los científicos conectados con esa comunidad, participando en muchos de los diálogos científicos con el Dalái Lama.
3. Antoine Lutz *et al.*, «Long-Term Meditators Self-Induce High-Amplitude Gamma Synchrony During Mental Practice», *Proceedings of the National Academy of Sciences* 101:46 (2004): 16369; http://www.pnas.org/content/101/46/16369.short.
4. Dilgo Khyentse Rinpoche (1910-1991).
5. Lawrence K. Altman, *Who Goes First?* (Nueva York: Random House, 1987). [Versión en castellano: *¿Quien va primero?* Barcelona: Editorial Labor, 1990.]
6. Francisco J. Varela y Jonathan Shear, «First-Person Methodologies: What, Why, How?» *Journal of Consciousness Studies* 6:2-3 (1999): 1-14.
7. H.A. Slagter *et al.*, «Mental Training as a Tool in the Neuroscientific Study of Brain and Cognitive Plasticity», *Frontiers in Human Neuroscience* 5:17 (2011); doi:10.3389/fnhum.2011.00017.
8. El programa ha sido elaborado por el Tibet-Emory Science Project bajo la dirección de Geshe Lobsang Tenzin Negi. Para celebrar el nuevo programa, Richie formó parte de un encuentro con el Dalái Lama, científicos, filósofos y contemplativos en el Drepung Monastery, una avanzadilla tibetana ubicada en el estado de Karnataka del sur de la India. Mind and Life XXVI, «Mind, Brain, and Matter: A Critical Conversation between Buddhist Thought and Science», Mundgod (India), 2013.
9. En ese tiempo, John Dunne era profesor adjunto del departamento de Lenguas y Culturas Orientales de la Universidad de Wisconsin. Hoy en día es profesor asociado de humanidades contemplativas en el programa de investigación de Richie.
10. Antoine Lutz *et al.*, «Long-Term Meditators Self-Induce High-Amplitude Gamma Synchrony During Mental Practice», *Proceedings of the National Academy of Sciences* 101:46 (2004): 16369. http://www.pnas.org/content/101/46/ 16369.short.
11. El padre de Tulku Urgyen, a su vez, se dice que estuvo más de 30 años en retiro en el curso de su vida. Y el bisabuelo de Tulku Urgyen, el legendario Chokling Rinpoche, fue un gigante espiritual que fundó un linaje de práctica espiritual todavía muy activo. Véase Tulku Urgyen, trad. por Erik Pema Kunzang, *Blazing Splendor* (Kathmandu: Blazing Splendor Publications, 2005).

Capítulo 12. Un tesoro oculto

1. Tercer Dzogchen Rinpoche, trad. Cortland Dahl, *Great Perfection, Volume Two: Separation and Breakthrough* (Ithaca, NY: Snow Lion Publications, 2008), p. 181.
2. F. Ferrarelli *et al.*, «Experienced Mindfulness Meditators Exhibit Higher Parietal-Occipital EEG Gamma Activity during NREM Sleep», *PLoS One* 8:8 (2013): e73417; doi:10.1371/journal.pone.0073417. Esto coincide con lo que afirman los yoguis y sospechamos que también lo encontraríamos en ellos (este estudio del sueño en los

yoguis tibetanos todavía no se ha llevado a cabo, aunque ellos tienen una práctica para el cultivo de la meditación durante el sueño).

3. Antoine Lutz *et al.*, «Long-Term Meditators Self-Induce High-Amplitude Gamma Synchrony During Mental Practice», *Proceedings of the National Academy of Sciences* 101:46 (2004): 16369; http://www.pnas.org/content/101/46/16369.short.

4. Antoine Lutz *et al.*, «Regulation of the Neural Circuitry of Emotion by Compassion Meditation: Effects of Meditative Expertise», *PLoS One* 3:3 (2008): e1897; doi:10.1371/journal.pone.0001897.

5. Durante la semana previa a la sesión de escáner cerebral, los principiantes dedicaron 20 minutos al día al cultivo de este estado positivo hacia todo.

6. Lutz *et al.*, «Regulation of the Neural Circuitry of Emotion by Compassion Meditation: Effects of Meditative Expertise».

7. Judson Brewer *et al.*, «Meditation Experience Is Associated with Differences in Default Mode Network Activity and Connectivity», *Proceedings of the National Academy of Sciences* 108:50 (2011): 1-6; doi:10.1073/pnas.1112029108.

8. https://www.freebuddhistaudio.com/texts/meditation/Dilgo_Khyentse_Rinpoche/FBA13_Dilgo_Khyentse_Rinpoche_on_Maha_Ati.pdf.

9. El tercer Khamtrul Rinpoche, trad. Gerardo Abboud, *The Royal Seal of Mahamudra* (Boston: Shambhala, 2014), p. 128.

10. Anna-Lena Lumma *et al.*, «Is Meditation Always Relaxing? Investigating Heart Rate, Heart Rate Variability, Experienced Effort and Likeability During Training of Three Types of Meditation», *International Journal of Psychophysiology* 97 (2015): 38-45.

11. R. van Lutterveld *et al.*, «Source-Space EEG Neurofeedback Links Subjective Experience with Brain Activity during Effortless Awareness Meditation», *NeuroImage* (2016); doi:10.1016/j.neuroimage.2016.02.047.

12. K.A. Garrison *et al.*, «Effortless Awareness: Using Real Time Neurofeedback to Investigate Correlates of Posterior Cingulate Cortex Activity in Meditators' Self-Report», *Frontiers in Human Neuroscience* 7 (agosto de 2013): 1-9; doi:10.3389/fnhum.2013.00440.

13. Antoine Lutz *et al.*, «BOLD Signal in Insula Is Differentially Related to Cardiac Function during Compassion Meditation in Experts vs. Novices», *NeuroImage* 47:3 (2009): 1038-46; http://doi.org/10.1016/j.neuroimage.2009.04.081.

Capítulo 13. Rasgos alterados

1. Milarepa en Matthieu Ricard, *On the Path to Enlightenment* (Boston: Shambhala, 2013), p. 122.

2. Judson Brewer *et al.*, «Meditation Experience Is Associated with Differences in Default Mode Network Activity and Connectivity», *Proceedings of the National Academy of Sciences* 108:50 (2011): 1-6; doi:10.1073/pnas.1112029108. V.A. Taylor *et al.*, «Impact of Mindfulness on the Neural Responses to Emotional Pictures in Experienced and Beginner Meditators», *NeuroImage* 57:4 (2011): 1524-33; doi:101016/j.neuroimage.2011.06.001.

3. Francico de Sales, citado en Aldous Huxley, *The Perennial Philosophy* (Nueva York: Harper & Row, 1947), p. 285. [Versión en castellano: *La filosofía perenne*. Barcelona: Editorial Edhasa, 1977].

4. Wendy Hasenkamp y su equipo utilizaron la RMf para identificar las regiones cerebrales asociadas a cada uno de estos pasos. Wendy Hasenkamp *et al.*, «Mind Wandering and Attention during Focused Meditation: A Fine-Grained Temporal Analysis during Fluctuating Cognitive States», *NeuroImage* 59:1 (2012): 750-60; Wendy Hasenkamp y L.W. Barsalou, «Effects of Meditation Experience on Functional Connectivity of Distributed Brain Networks», *Frontiers in Human Neuroscience* 6:38 (2012); doi:10.3389/fnhum.2012.00038.

5. El Dalái Lama contó esta historia y sus implicaciones en el vigesimotercer encuentro del Mind and Life XXIII celebrado en Dharamsala en 2011. Daniel Goleman y John Dunne, eds., *Ecology, Ethics and Interdependence* (Boston: Wisdom Publications, 2017).

6. Anders Ericsson y Robert Pool, *Peak: Secrets from the New Science of Expertise* (New York: Houghton Mifflin Harcourt, 2016). [Versión en castellano: *Número uno: secretos para ser el mejor en lo que nos propongamos*. Barcelona: Editorial Conecta, 2017.]

7. T.R.A. Kral *et al.*, «Meditation Training Is Asociated with Altered Amygdala Reactivity to Emotional Stimuli», en revisión, 2017.

8. J. Wielgosz *et al.*, «Long-Term Mindfulness Training Is Associated with Reliable Differences in Resting Respiration Rate», *Scientific Reports* 6 (2016): 27533; doi:10.1038/srep27533.

9. Jon Kabat-Zinn *et al.*, «The Relationship of Cognitive and Somatic Components of Anxiety to Patient Preference for Alternative Relaxation Techniques», *Mind/ Body Medicine* 2 (1997): 101-9.

10. Richard Davidson y Cortland Dahl, «Varieties of Contemplative Practice», *JAMA Psychiatry* 74:2 (2017): 121; doi:10.1001/jamapsychiatry.2016.3469.

11. Véase, por ejemplo, Daniel Goleman, *The Meditative Mind* (New York: Tarcher/Putnam, 1996, publicado originalmente en 1977 con el título *The Varieties of the Meditative Experience*). Dan considera hoy en día que esta es una categorización limitada por varias razones. Se trata, en su opinión, de una tipología binaria que omite o aglutina distintos importantes métodos contemplativos como, por ejemplo, la visualización, que consiste en la generación de una imagen y del conjunto de sensaciones y actitudes a ella asociadas. [Versión en castellano: *Los caminos de la meditación*. Barcelona: Editorial Kairós, 1986.]

12. Cortland J. Dahl, Antoine Lutz y Richard J. Davidson, «Reconstructing and Deconstructing the Self: Cognitive Mechanisms in Meditation Practice», *Trends in Cognitive Science* 20 (2015): 1-9; http//dx.doi.org/10.1016/j.tics.2015.07.001.

13. Hazrat Ali, citado en Thomas Cleary, *Living and Dying in Grace: Counsel of Hazrat Ali* (Boston: Shambhala, 1996).

14. Extraído de Martin Buber, *Tales of the Hasidim* (Nueva York: Schocken Books, 1991), p. 107. [Versión en castellano: *Cuentos jasídicos*. Barcelona: Ediciones Paidós Ibérica, 2 vols., 1993.]

15. El Tercer Khamtrul Rinpoche, trad. Gerardo Abboudd, *The Royal Seal of Mahamudra* (Boston: Shambhala, 2014).

16. J.K. Hamlin *et al.*, «Social Evaluation by Prfeverbal Infants», *Nature* 450: 7169 (2007): 557-59; doi:10.1038/nature06288.

17. F. Ferrarelli *et al.*, «Experienced Mindfulness Meditators Exhibit Higher Parietal-Occipital EEG Gamma Activity during NREM Sleep», *PLoS One* 8:8 (2013): e73417; doi:10.1371/journal.pone.0073417.

18. La idea de que la ciencia y la religión ocupan reinos diferentes de autoridad y formas de conocimiento y de que no se solapan ha sido defendida, por ejemplo, por Stephen Jay Gould en *Rocks of Ages: Science and Religion in the Fullness of Life* (Nueva York: Ballantine, 1999). [Versión en castellano: *Ciencia versus religión: un falso conflicto*. Barcelona: Editorial Crítica, 2000.]

Capítulo 14. Una mente sana

1. L. Flook *et al.*, «Promoting Prosocial Behavior and Self-Regulatory Skills in Preschool Children through a Mindfulness-Based Kindness Curriculum», *Developmental Psychology* 51:1 (2015): 44-51; doi:http://dx.doi.org/10.1037 /a0038256.

2. R. Davidson *et al.*, «Contemplative Practices and Mental Training: Prospects for American Education», *Child Development Perspectives* 6:2 (2012): 146-53; doi:10.1 111/j.1750-8606.2012.00240.

3. Daniel Goleman y Peter Senge, *The Triple Focus: A New Approach to Education* (Northampton, MA: MoreThanSound Productions, 2014). [Versión en castellano: *Triple focus: un nuevo acercamiento a la educación*. Barcelona: Ediciones B, 2016.]

4. Daniel Rechstschaffen, *Mindful Education Workbook* (Nueva York: W.W. Norton, 2016); Patricia Jennings, *Mindfulness for Teachers* (Nueva York: W.W. Norton, 2015); R. Davidson *et al.*, «Contemplative Practices and Mental Training: Prospects for American Education».

5. Este trabajo está todavía en pañales y, en el momento en que estamos escribiendo esto, está elaborándose, para su publicación, el primer artículo científico evaluando este tipo de juegos.

6. D.B. Levinson *et al.*, «A Mind You Can Count On: Validating Breat Counting as a Behavioral Measure of Mindfulness», *Frontiers in Psychology* 5 (2014); http:// journal. frontiersin.org/Journal/110196/abstract. *Tenacity* probablemente esté a punto a finales de 2017. Para más información: http://centerhealthyminds.org/.

7. E.G. Patsenko *et al.*, «Resting State (rs)-fMRI and Diffusion Tensor Imaging (DTI) Reveals Training Effects of a Meditation-Based Video Game on Left Fronto-Parietal Attentional Network in Adolescents», presentado para su publicación en 2017.

8. B.L. Alderman *et al.*, «Mental and Physical (MAP) Training: Combining Meditation and Aerobic Exercise Reduces Depression and Rumination while Enhancing Synchronized Brain Activity», *Translational Psychiatry* 2 (aceptado para su publicación en 2016) e726–9; doi:10.1038/tp.2015.225.

9. Julieta Galante, «Loving-Kindness Meditation Effects on Well-Being and Altruism: A Mixed-Methods Online RCT», *Applied Psychology: Health and Well-Being* 8:3 (2016): 322-50; doi:10.1111/aphw.12074.

10. Sona Dimidjian *et al.*, «Web-Based Mindfulness-Based Cognitive Therapy for Reducing Residual Depressive Symptoms: An Open Trial and Quasi-Experimental Comparison to Propensity Score Matched Controls», *Behaviour Research and Therapy* 63 (2014): 83-89; doi:10.1016/j.brat.2014.09.004.

11. Kathleen Garrison, «Effortless Awareness: Using Real Time Neurofeedback to Investigate Correlates of Posterior Cingulate Cortex Activity in Meditators' Self-Report», *Frontiers in Human Neuroscience* 7:440 (agosto de 2013): 1-9.

12. Judson Brewer *et al*., «Mindfulness Training for Smoking Cessation: Results from a Randomized Controlled Trial», *Drug and Alcohol Dependence* 119 (2011b): 72-80.

13. A.P. Weible *et al*., «Rhythmic Brain Stimulation Reduces Anxiety-Related Behavior in a Mouse Model of Meditation Training», *Proceedings of the National Academy of Sciences*, en prensa, 2017. El impacto fótico de la luz estroboscópica puede resultar peligroso en personas que padecen de epilepsia, porque los ritmos pueden desencadenar un ataque.

14. H.F. Iaccarino *et al*., «Gamma Frequency Entrainment Attenuates Amyloid Loas and Modifies Microglia», *Nature*, 540:7632 (2016):230-35; doi:10.1038/nature20587.

15. Los mapas biológicos de mamíferos básicos como el ratón son semejantes a los humanos, aunque no completamente y, en lo que se refiere al cerebro, las diferencias son muy grandes.

16. Para más detalles, véase Daniel Goleman, *A Force for Good: The Dalái Lama's Vision for Our World* (Nueva York: Bantam, 2015); www.joinaforce4good.org. [Versión en castellano: *La fuerza de la compasión: la enseñanza del Dalái Lama sobre nuestro mundo*. Barcelona: Editorial Kairós, 2015.]

17. Algunas pruebas de esta estrategia: C. Lund *et al*., «Poverty and Mental Disorders: Breaking the Cycle in Low-Income and Middle-Income Countries», *Lancet* 378:9801 (2011): 1502-14; doi:10.1016/S0140-6736(11)60754-X.

Índice